D1193602

Du même auteur, chez le même éditeur :

La guérison en ECHO; (1ʳᵉ éd.); préface de Gilles Bibeau;
1994, 454 pages.

***

La personne en ECHO; un cheminement dans la complexité;
     préface de Guy Corneau; 1998, 206 pages.

La guérison en ECHO; un appel de l'indéfini
     (nouvelle édition), préface de Jacques Dufresne;
     2003, 264 pages.

La méthode en ECHO; préface de Gilles Bibeau;
     2003, 264 pages.

***

La réparation: la face cachée du deuil,
     in «Le deuil comme processus de guérison»,
     Luc Bessette (dir.); 1995, 424 pages.

***

Aux Éditions Quintessence :
     La guérison en Écho; maîtriser un monde qui nous surpasse,
jouer avec une réalité qui nous dépasse;
     préface de Gilles Bibeau; 2002, 430 pages.

LA GUÉRISON
EN ECHO

JEAN-CHARLES CROMBEZ

LA GUÉRISON EN ECHO

Un appel de l'indéfini

Préface de Jacques Dufresne

MNH

Nous remercions la SODEC pour son programme d'aide aux entreprises du livre et de l'édition spécialisée.

Nous reconnaissons l'aide financière du gouvernement du Canada par l'entremise du Programme d'aide au développement de l'industrie de l'édition (PADIE) pour nos activités d'édition.

Données de catalogage avant publication (Canada)

Crombez, Jean-Charles

La guérison en écho : un appel de l'indéfini

Nouv. éd.

Comprend des réf. bibliogr. et un index.

ISBN 2-921912-89-9

1. Guérison. 2. Médecine psychomatique. 3. Esprit et corps. 4. Psychothérapie. 5. Guérison par l'esprit. I. Titre.

RC49.C76 2003   613.8'51   C2003-940583-4

Illustration de la couverture :
Conception de Jean-Charles Crombez
Réalisé par Pierre Vaillancourt

ISBN 2-921912-89-9

Approche ECHO ® : Service de consultation-liaison
Hôpital Notre-Dame du CHUM, Pavillon Mailloux
1560, rue Sherbrooke Est, Montréal, Québec H2L 4M1
Boîte vocale : (514) 890-8000 poste 25657
À l'extérieur de Montréal: 1-866-524-7018
www.approche-echo.net   info@approche-echo.net

Tous droits réservés.
© Publications MNH inc. — 2003
3947, rue Chabanel, (Québec), Canada G1E 4M7.
Téléphone / télécopieur : (418) 666-8961 / (888) 666-8961
Cour. élec. : mnh@videotron.ca / site web : http:www//mnh.ca

Imprimé au Canada

*Aux cellules
qui nous composent et nous entourent.*

*Aux musiques et aux paroles
qu'elles nous inspirent.*

PRÉFACE

Éloge de la raison imaginative

> *L'homme dégénéré est celui qui ne sait plus distinguer ce qui lui fait du mal. (Nietzsche)*

De mes réflexions sur la santé et la maladie, de mes travaux en anthropologie médicale, un souvenir en forme de question émerge au point d'éclipser tous les autres : quelle est cette faculté en nous qui distingue ce qui nous fait du bien de ce qui nous fait du mal ? Comment se développe-t-elle, comment s'atrophie-t-elle ? Cette question m'avait été inspirée à la fois par l'expérience commune et par cet aphorisme de Nietzsche : « L'homme dégénéré est celui qui ne sait plus distinguer ce qui lui fait du mal ». Et voici que le livre de Crombez ravive cette question.

Le professeur Henri F. Ellenberger, auteur de *L'histoire de la psychiatrie dynamique* de même que de l'article sur la guérison dans notre *Traité d'anthropologie médicale*, me disait qu'il s'agissait là en effet d'une question cruciale. C'est lui qui avait attiré mon attention sur les nombreux cas de guérison spontanée reconnus par la science et sur le fait que bien loin d'en tirer tout l'enseignement qu'ils recèlent, on les considérait comme des phénomènes dénués d'intérêt pour la science.

À la même époque, au début de la décennie 1980, je rencontrais régulièrement René Dubos. Il s'intéressait vivement à la guérison par le rire de l'un de ses amis new-yorkais, le journaliste Norman Cousins. René Dubos a décrit cette guérison de soi par soi dans un article publié dans l'une des grandes revues médicales américaines. Par la suite, Norman Cousins lui-même raconta son histoire dans un livre paru en français sous le titre *La volonté de guérir*. Cousins était atteint d'une polyarthrite aiguë et on ne lui donnait plus que quelques mois de sursis. Tous les indicateurs de la mort confirmaient le pronostic. Sachant qu'il n'avait plus rien à perdre, Norman Cousins avait quitté un hôpital peu hospitalier pour un hôtel où il pouvait recevoir ses amis convenablement. C'était un homme cultivé qui, au hasard de ses lectures, avait noté plusieurs allusions, chez le philosophe Emmanuel Kant notamment, au fait que le rire a des vertus curatrices. Avec la complicité de son médecin, et le soutien de ses amis, il entreprit une cure par le rire et la vitamine C, ce qui lui valut sinon une guérison complète du moins une rémission d'une dizaine d'années qu'il consacra à l'enseignement dans une faculté de médecine de Californie.

Ellenberger, Dubos, Cousins, Kant comme guides... et Hippocrate comme ancêtre, j'étais en excellente compagnie pour continuer à chercher une réponse à une question si simple et si naïve que je n'aurais peut-être pas osé m'y arrêter si j'avais été seul dans ma démarche.

Je trouve aujourd'hui un nouvel allié en la personne de Jean-Charles Crombez. Sa recherche porte sur l'autoguérison, qu'Ellenberger appelle la guérison de soi par soi. Quel est, se demande-t-il, ce processus de guérison à l'œuvre en permanence en chacun de nous ? Comment le rétablir dans la plénitude de son dynamisme en cas de maladie, plus précisément en cas de maladie incurable ? Socrate de la médecine, Jean-Charles Crombez soulève plus de questions qu'il ne fournit de réponses.

En mettant, comme il le fait résolument, l'accent sur le pouvoir curateur de la nature en chacun de nous, il se condamne en effet à la méthode socratique en médecine, il s'oblige à appliquer le premier principe d'Hippocrate avec la plus grande rigueur : d'abord ne pas nuire. Il aide le malade qui l'a choisi comme allié à accoucher de son propre pouvoir de guérison par un dialogue avec les signes non verbaux du corps et de l'âme de l'autre aussi bien qu'avec ses mots.

Les animaux sauvages distinguent ce qui leur fait du bien de ce qui leur fait du mal. Les animaux domestiques ont souvent perdu ce sens, en raison des croisements dont ils sont le produit. Il y a quelques années il y eut chez un voisin éleveur de chevaux une catastrophe fort instructive. Toutes les bêtes avaient pu pénétrer dans la partie de la grange où était entreposée l'avoine. Elles moururent des excès du festin, à l'exception d'un humble poney qui avait su quand s'arrêter. Un vétérinaire nous apprit alors que les poneys, probablement plus près de l'origine dans la lignée évolutive que les chevaux de race, savaient distinguer ce qui leur fait du mal.

Mais quel est donc précisément ce processus de prévention en même temps que de guérison qui était à l'œuvre dans le poney et atrophié dans les chevaux de race ? S'agirait-t-il de ce que les neurologues appellent la proprioception ? Mes lectures sur la question m'on convaincu que ce n'est pas la bonne piste. La proprioception m'a semblé être de l'ordre du réflexe et des mécanisme moteurs élémentaires.

Volonté de guérir, volonté de vivre ! *Will to live* ! *Will to live* ! Cette expression était à jamais associée dans mon esprit à un commentaire de Lewis Mumford sur une fête dans la Florence du Moyen Âge : « La vie s'épanouit dans cette dilatation des sens : sans elle, le battement du cœur est plus lent, le tonus musculaire plus faible, la prestance disparaît, les nuances de l'œil et du toucher s'estompent, il se peut même que la volonté de vivre (*the will to live*) soit atteinte. Affamer l'œil, l'oreille, la peau, c'est courtiser la mort tout autant que de se priver de nourriture »[1].

Mon cher Crombez, ce que j'ai découvert ensuite dans un essai du romancier anglais John Cowper Powys intitulé *L'apologie des sens*, m'a aidé à comprendre votre méthode et, ne serait-ce que pour cette raison, devrait vous intéresser au plus haut point. Je note d'abord cette observation de Powys : « L'ouverture et la fermeture des vannes qui peuvent livrer immédiatement passage au bonheur obéissent à des lois de notre être intime qui nous demeurent à ce jour obscures et mystérieuses »[2]. Dans le contexte où ils sont utilisés, le mot bonheur est synonyme de vie, de guérison en acte et le mot vannes est une métaphore évoquant la mystérieuse faculté de guérison et de prévention que nous cherchons.

---

1. Lewis Mumford, *Culture of Cities*, Harcourt Brace Jovanovitch, New York, 1970, p. 95
2. John Cowper Powys; *L'apologie des sens*, Jean-Jacques Pauvert, Paris, 1975.

Powys nous apprend que la mystérieuse faculté qui préside à l'ouverture et à la fermeture des vannes a reçu divers noms au cours de l'histoire, dont celui d'*intellect agent* ou *d'estimative* dans un certain Moyen Âge, et plus récemment, celui de *raison imaginative*, « cette faculté, précise-t-il, que le cardinal Newman appelait le sens illatif. Terme par lequel il entendait, je présume, sensiblement la même chose que ce que le poète Matthew Arnold entendait par l'expression raison imaginative ; ce qui me paraît désigner une sorte de vision complexe et sublimée de la totalité de la nature individuelle de chacun, y compris ses cinq sens, ses facultés d'intuition et de connaissance, ses réactions imaginatives et émotionnelles, en même temps que ce que les dieux dans leur bonté, lui ont donné en sus de raison et de logique »[3].

Or saint Thomas avait traité de cette question dans sa *Somme théologique*. On verra que c'est l'intellect passif qu'il met en cause et non l'intellect agent : « Pour une parfaite connaissance du sens, qui suffit à l'animal, cinq conditions sont requises. Premièrement que le sens reçoive l'espèce de [l'objet] sensible, ce qui appartient au sens propre. Deuxièmement qu'il juge des sensibles perçus et les discerne les uns des autres, ce qui doit être fait par la puissance à laquelle parviennent tous les sensibles et qu'on appelle sens commun. Troisièmement que soient conservées les espèces reçues des sensibles : en effet l'animal a besoin de l'appréhension des sensibles, non seulement en leur présence, mais encore en leur absence ; il est donc nécessaire qu'elles soient reconduites dans une puissance autre, car, dans les réalités corporelles, autre est le principe de réception, autre celui de conservation (car parfois ce qui reçoit bien conserve mal) : une puissance de ce genre s'appelle imagination ou fantaisie. Quatrièmement que soient disponibles des informations que le sens n'appréhende pas, comme le nuisible et l'utile et autres choses de ce genre ; et de fait l'homme parvient à les connaître en cherchant et en comparant, tandis que les autres animaux le font par un instinct naturel : ainsi la brebis fuit naturellement le loup comme nuisible ; à cela chez les autres animaux, est ordonnée na-

---

3. *Powys, op. cit.*, p. 33.

turellement l'estimative, mais chez l'homme la faculté cogitative, dont le rôle est de collecter les informations particulières, c'est pourquoi on l'appelle et raison particulière et intellect passif. Cinquièmement, il est requis que les informations préalablement saisies par les sens et conservées intérieurement puissent être convoquées pour un examen présent ; et ceci appartient à la faculté de mémoration, laquelle s'exerce, chez les autres animaux, sans enquête, mais chez les hommes par enquête et examen, d'où l'existence chez les hommes non seulement de la mémoire mais de la réminiscence »[4].

L'animal distingue par l'estimative ce qui lui est nuisible, l'homme le fait en cherchant et en comparant, au moyen d'une faculté prolongeant chez lui l'estimative, appelée cogitative. Il entre une part de raison dans cette dernière tout comme dans la réminiscence. La réminiscence ne peut être efficace que dans la mesure d'abord où les sens externes : le goût, la vue, etc., se sont exercés sans entraves, où le sens commun, un sens interne, a opéré une discrimination convenable, où l'imagination conserve vraiment ce qui y a été déposé et où enfin l'intellect passif a associé l'idée du nuisible ou de l'utile à une image particulière. Notons seulement que l'ensemble de ce processus correspond parfaitement à ce que Crombez appelle autonomie. Une image conservée dans un livre ou un ordinateur, une opinion sur le nuisible acquise de façon hétéronome plutôt que par l'expérience ne peuvent pas produire une réminiscence aussi efficace.

Imaginons un homme du Moyen Âge enraciné à la ville ou à la campagne. Son imagination sera remplie d'un nombre limité d'images, revivifiées sans cesse par d'autres images qui sont les mêmes à quelques nuances près. Comparons-la à celle d'un homme rivé à sa télévision 4 heures par jour, qui a déménagé dix fois pendant sa vie tout en passant d'un continent à l'autre pendant ses voyages. Son imagination ne sera-t-elle pas remplie en surabondance d'images floues et inconsistantes auxquelles il deviendra bien difficile d'associer fermement l'idée du nuisible ou de l'utile ?

---

4. *De l'âme*, question 13.

Telles semblent être les raisons pour lesquelles Powys, dès qu'il l'a pu, s'est enraciné dans une campagne américaine qu'il n'a plus quittée. Pour désigner la faculté qui prévient et guéri, il a adopté l'expression *raison imaginative*. « La raison imaginative de l'homme a conscience, dit-il, d'une foule de régressions ataviques le reliant à la vie sub-humaine des univers animal et végétal ». Et il poursuit : « Analysant ensuite notre *Je suis moi*, j'ai découvert qu'il contient des éléments de conscience organique relevant du sub-humain aussi bien que du super-humain »[5].

C'est le thème de l'homme coupé à la fois de ses racines dans la terre et de ses racines dans le ciel, de l'élémentaire et du transcendant, pour n'être plus qu'*humain, trop humain*. Powys reproche à cet homme d'être grégaire, d'en être réduit à chercher dans ses rapports avec ses semblables, à la manière des animaux inférieurs où ne compte que l'espèce, les extases que son double enracinement lui procurait.

« Si nous semblons de nos jours lamentablement malheureux, tous tant que nous sommes, c'est que les éléments humains grégaires de notre *Je suis moi* ont chassé de celui-ci les éléments sub-humains et super-humains. Ces éléments grégaires, ajoute Powys, sont en passe d'exterminer à petit feu toute forme de bonheur calme et extatique, le seul qui soit réellement digne d'organismes comme les nôtres, avec derrière eux cette longue histoire et devant eux ces amples espérances. [...] Une certaine jouissance concentrée des sens et de toutes ces subtiles harmoniques et connotations qui les auréolent - c'est sur ce terrain, mouvant et cependant éternel, que je me place pour défendre mes théories. Je plaide la cause d'un culte de la vie basé sur la contemplation statique, en réaction contre la fièvre d'activité de notre temps »[6].

« Notre idéal c'est notre lacune ». « Je suis, disait ensuite Nietzsche, un dégénéré et le contraire d'un dégénéré »[7]. Powys pourrait dire la même chose de lui-même et il l'a probablement déjà fait.

---

5. J. C. Powys, *op. cit., p. 31.*
6. *Ibid.p. 27.*
7. *Ibid.p. 34.*

L'un et l'autre sont nos contemporains. On ne fait pas l'apologie des sens si on n'a pas constaté en soi-même leur atrophie. Toute sa vie, Powys a cherché un mode de vie propre à raviver à chaque instant ce bonheur qui ressemble à s'y méprendre à ce processus de guérison au-dessus duquel Crombez fait osciller sa baguette de sourcier. Il l'a trouvé dans une vie simple et solitaire menée d'une façon telle que son moi, son *moi ichtyosaure* (poisson, reptile et même oiseau, comme le dauphin) pour reprendre son expression, soit constamment nourri par ses racines dans le sur-humain et dans le sub-humain.

Spinoza lui-même est au rendez-vous. « La béatitude n'est pas la récompense de la vertu, mais la vertu elle-même ». Celui qui a écrit cette pensée après avoir affirmé l'union intime de l'âme et du corps est aussi l'un des maîtres de Crombez comme il le fut de Powys.

À chaque moment de bonheur extatique, précise Powys, est associée une chose simple, un objet, une scène, une mimique, qu'il suffira ensuite de se remémorer pour retrouver, dans un moment plus désertique, sinon le même bonheur, du moins son paysage familier : « Une fois admis que l'ouverture et la fermeture des vannes qui peuvent livrer immédiatement passage au bonheur obéissent à des lois de notre être intime qui nous demeurent à ce jour obscures et mystérieuses, il est en tout cas du ressort de la volonté de concentrer intensément les facultés mentales sur les objets ainsi choisis, ainsi que sur les réactions émotionnelles provoquées par ces objets et qui, venant y ajouter leur effet, évoquent immanquablement, lorsque ces mystérieuses lois opèrent harmonieusement, le sentiment désiré. Il faut remarquer que, même en mettant les choses au pire, même si restent closes ces mystiques écluses, naîtra cependant une certaine satisfaction, si faible soit-elle, satisfaction austère, due à la simple constatation du fait suivant : en dépit de tout ce qui conspire à nous faire obstacle, à nous détourner de notre but, à nous gêner, en dépit même de la souffrance véritable, nous avons contraint nos mécanismes mentaux à se plier à ce qu'on pourrait nommer l'attitude ritualiste. Cela du moins nous l'avons accompli :

nous avions préparé l'autel, consacré le pain, versé le vin. Si les ailes du dieu ne font pas alors frémir l'air, nous n'en portons pas la responsabilité. Et même si ce moment propice s'écoule - comme il est fort possible - sans que frissonnent les divines plumes, il n'en subsistera pas moins dans notre esprit ce sentiment bien particulier de satisfaction obstinée - non pas le bonheur même, mais *le paysage* familier du bonheur - que le simple fait de vaincre la difficulté, de parvenir à une « catharsis » que l'on s'est soi-même imposée, et qui se voit couronnée d'un triomphal succès, a le pouvoir d'évoquer »[8].

On trouve dans le même ouvrage de Powys de nombreux passages qui évoquent avec autant de force le processus de guérison. « Le « Je suis moi » en nous prend conscience de ce qui l'entoure par le regard et par *les sens,* jour après jour, comme si chaque matin il se sentait renaître à une existence étrange et nouvelle. Rassemblant ainsi ses forces pour affronter le jour nouveau, le moi reprend un à un les fils de son expérience antérieure, éparpillés par le sommeil, et s'empresse d'en tisser une voile ample et solide, prête à résister aux vents, d'où qu'ils soufflent. Ce « Je suis moi », ce moi conscient, découvre, en se replongeant de la sorte dans les vagues de l'expérience, qu'il a acquis certaines réactions émotionnelles face à la vie, qui lui sont à la longue devenues habituelles et coutumières, et que ces nouvelles secousses ne font qu'accentuer et renforcer encore »[9].

Aider ses patients à tisser ou retisser cette voile ample et solide, c'est le sens même de la relation thérapeutique telle que la conçoit Jean-Charles Crombez.

> *Le vent se lève !... Il faut tenter de vivre !*
> *L'air immense ouvre et referme mon livre,*
> *La vague en poudre ose jaillir des rocs !*
> *Envolez-vous, pages tout éblouies !*
> *Rompez, vagues ! Rompez d'eaux réjouies*
> *Ce toit tranquille où picoraient des focs !*[10]

Jacques Dufresne
2 juillet 2002

---

8. *Ibid.p.* 34.
9. *Ibid.p.* 32.
10. Paul Valery, *Le cimetière marin,* dernière strophe.

REMERCIEMENTS

Ce livre est le premier tome d'un ouvrage décrivant l'Approche ECHO. Il est la condensation d'une partie importante de ma vie professionnelle et de ma recherche épistémologique. Il présente le développement d'une conception et le témoignage d'un parcours. Le deuxième tome[1] décrira les différentes composantes de l'approche et les diverses utilisations de cet outil de travail. Le troisième tome[2] examine certains fondements épistémologiques et expose plusieurs réflexions cliniques.

Si mon nom est écrit sur la couverture, c'est aussi parce que d'autres noms, d'autres personnes, ont rendu possible cette inscription, certaines en permettant l'élaboration de son contenu, d'autres en soutenant sa publication. C'est à tous ceux-là que je veux exprimer mes remerciements, à la fin de cette écriture qui sera le début de votre lecture. La création de toute pensée est chose délicate ; elle nécessite une liberté, un appui, un élan.

Mes parents, Antoinette et Jean-Marie, ont fait naître en moi cette indépendance d'esprit. Mes maîtres et protecteurs l'ont nourri : Michel Fontan lors de mes premiers pas en psychiatrie, Lucien Bonnafé par un questionnement incessant des soins, Gilles Lange pour cette discussion d'un matin qui détermina ma venue au Canada, Camille Laurin qui m'y accueillit dès le début, James Naiman qui m'introduisit dans ma psychanalyse, Paul Lefebvre qui m'assura de la pertinence de mes inspirations.

Les milieux qui m'ont reçu, milieux d'enseignement et milieux de travail, ont certainement dû exercer une bienveillance soutenue

---

1. Jean-Charles Crombez, *La méthode en Echo*, Québec, MNH, 2003.

2. Jean-Charles Crombez, *La personne en Echo, cheminements dans la complexité*, Québec, MNH, 1998.

à mon égard, vu mes gaucheries et mes insouciances : la Société Psychanalytique de Montréal, mes confrères psychanalystes et Julien Bigras qui m'ouvrit la porte de son séminaire ; le Département de Psychiatrie de l'Université de Montréal et son directeur Yvon Gauthier, attentif à ma carrière professorale ; l'Hôpital Notre-Dame à Montréal, mes collègues psychiatres et mon chef de département, Jean-Marie Albert, pour la tolérance de leurs esprits et la variété de leurs modèles ; le Service de Consultation-Liaison, mes partenaires de travail au quotidien, Jean Imbeault pour nos convictions communes et Yves Quenneville pour nos barouds endiablés ; ma Corporation Professionnelle et son président, Augustin Roy, pour sa passion et son opiniâtreté employées à parfaire notre pratique médicale.

Au cours de mes différentes formations, de mes diverses explorations, j'ai eu la chance de faire route avec des gens passionnés, curieux, inventifs. Nous échangions espoirs et doutes, trouvailles et questions, lors de soirées immenses et de nuits lumineuses. Ce furent des compagnons de recherche et de découvertes : Bernard Sigg à Paris, Elizabeth Bigras, Anne Brazeau et Luc Morissette, Aimé Hamann, Denis Laurendeau, Edouard Finn, Colette et Albert Destombes à Lille, Jean Harbonnier de l'Abitibi à la Flandre, Carlo Sterlin, Maurice Clermont, Guy Corneau.

Des personnes partagèrent mon enthousiasme, écoutèrent mes élucubrations, me manifestèrent leur assentiment, leur étonnement ou leur perplexité ; elles participèrent de leur intelligence à la lente élaboration d'un corps d'idées et à l'édification graduelle d'un style de pratique en Echo. Il y a les premières, de l'époque des balbutiements : Sara Liebman, Danièle Massé, Philippe Lévesque, le groupe du camp de base. Il y a celles qui se sont jointes à nous pour former une équipe et continuer l'escalade : Marie Normandin, Lise Ouellet, Lucie Desjardins, Jean-Luc Dubreucq, Claire Paquette, Geneviève Beaudet, Johanne Gendron, Fernande Larochelle, Francine Séguin. Il y a celles qui sont passées, nous apportant leurs connaissances et leur expérience, des nourritures essentielles pour pouvoir poursuivre : Louise Gaston et ses recherches objectives dans l'humain subjectif, toutes les personnes qui ont suivi nos groupes et d'autres que j'ai accompagnées dans leur démarche, les ont enrichis de leur présence et de leurs commentaires.

Quant au livre, de la conception à la parution, il fut comme un bébé : exubérant, fragile, intense, naïf et un peu fou, vivant somme toute. Mon épouse, Diane, et mes fils, Alexandre et Emmanuel, ont néanmoins réussi à me supporter, dans les deux sens du terme, au travers des hauts et des bas de cet enfantement. Josette Ghedin-Stanké a fait germer en moi l'idée qu'un livre était possible. Jean-Luc Dubreucq m'a suivi pas à pas, mot à mot, pensée à pensée dans ma tenace intention de donner jour à cet ouvrage. Nago Humbert fut cet ange venu de Suisse qui m'a couvé de son aile, me protégeant de toute critique prématurée, et particulièrement des miennes. Gilles Bibeau, Michel Taléghani et Pierre Verrier, à partir de leur culture panoramique, ont repris patiemment le texte pour le questionner, le commenter, le relancer. Danielle Ros m'a conseillé et guidé pour que mes pages écrites aient la chance d'être un jour imprimées. Jeannine Mc Carthy et Michaël Thompson m'ont aidé, souvent au pied levé, pour le produire. André Martin enfin, mon éditeur dirais-je avec familiarité, l'a accepté avec conviction, l'a produit avec célérité et a permis qu'il me ressemble.

Merci à tous !

Jean-Charles Crombez

INTRODUCTION

Dans le contexte actuel de la société occidentale et dans cette ère de la post-modernité[1], il semble bien que les pratiques médicales en sont venues à se diviser en deux groupes : d'un côté les médecines officielles et de l'autre des méthodes alternatives. Les unes et les autres se réclament d'un même projet, celui de soulager, et parfois même de guérir. En fait, et depuis toujours, on a recours à des procédés inhabituels pour compléter ou remplacer des approches conventionnelles. On le fait parfois ouvertement, mais le plus souvent avec discrétion. Cette réserve plus ou moins grande dépend de la manière dont les institutions officielles considèrent les approches non orthodoxes, ainsi que du statut que celles-ci revendiquent : sont-elles des médecines différentes et illégales ou des pratiques complémentaires orientées vers la santé ?

Dans une ambiance néo-archaïque plus récente, caractérisée par des intentions de retour à des sources et à des matières naturelles, on ne peut s'empêcher de noter l'importance que les gens donnent de plus en plus à ces approches multiples et le nombre sans cesse croissant de toutes les nouvelles méthodes. Peut-être est-ce une conséquence de l'intérêt excessif accordé à la vie matérielle ou du climat social qui se désagrège ? Est-ce la désillusion vis-à-vis des médecines conventionnelles ou la déshumanisation des soins technologiques qui expliquent ce recours à d'autres médecines et à d'autres soins ? Quelle que soit la réponse, il n'en demeure pas moins que les gens, à travers ces pratiques, cherchent assidûment un soulagement à leurs maux. Reprenons l'un après l'autre chacun de ces points.

---

1. Michel Freitag, *Dialectique et Société*. Tome 2. *Culture, pouvoir contrôle : les modes formels de reproduction de la société*, Montréal, Éditions Saint-Martin, 1986, 443 p.

Par vie matérielle, on entend les habitudes de consommation que les gens veulent parfois appliquer à des domaines de « l'être » (sentiments, souffrance) après les avoir utilisés avec un certain bonheur dans les domaines de « l'avoir » (possessions, pouvoirs). La maladie est alors considérée comme un produit avarié dont il faut se débarrasser, et la santé comme un achat indispensable que l'on peut posséder.

Le climat social joue un rôle prépondérant dans la détermination de la maladie. Il s'agit certes de la façon dont les cultures nomment leurs maladies, mais aussi de l'effet qu'exerce la déstructuration d'un tissu social, familial, communautaire sur l'ampleur de la morbidité et la perception de la douleur[2].

Les médecines conventionnelles, c'est-à-dire celles qui sont acceptées officiellement et reconnues communément, se sont souvent posées comme suffisantes et parfois comme exclusives quant aux soins auxquels les malades peuvent avoir recours. Pourtant, même quand elles ne se targuent pas d'une assurance de réussite dans leurs entreprises, elles restent la cible d'attentes de résultats tangibles auxquels elles ne peuvent pas toujours répondre.

Quant aux soins technologiques, ils ont été autant décriés qu'acclamés ; à la puissance morale des médecines, ils leur ont ajouté une puissance technique. Et l'on sait l'arme à double tranchant que constitue tout pouvoir en développement : l'espoir d'attentes insensées et le désespoir d'échecs inattendus.

La recherche de guérison, particulière au contexte actuel, ne représente que la version contemporaine d'une quête de tous les temps qui, aujourd'hui, s'oriente différemment. Elle résulte de problèmes universels et naturels ; mais elle s'est intensifiée à la mesure où ces problèmes sont aussi devenus plus criants et mieux médiatisés. Il y a belle lurette que la maladie n'est plus uniquement considérée comme faisant partie du destin de l'homme, comme une loi

---

2. T.S. Szasz, *Douleur et plaisir*, Paris, Payot, 1986.

divine[3], une règle sociale ou une fatalité acceptable. Les connaissances accumulées, les découvertes récentes, les nouveaux outils soutiennent et vulgarisent la capacité à éradiquer les maux. Au moins en est-il ainsi à première vue, car il n'est pas toujours évident que ces aspirations soient réalisées et réalisables : la lutte contre les maladies n'apparaît pas aussi totale qu'on pourrait le désirer, ni à la portée de tous comme on aimerait le croire.

Dès lors, diverses méthodes de guérison surgissent ou refont surface publiquement, certaines plus mystiques, d'autres plus techniques, d'autres enfin plus parapsychologiques. Les méthodes mystiques reprennent les canons connus de la religion envers des dieux et avec des prêtres qui ont changé leurs noms. Les techniques sont devenues plus concrètes ; elles utilisent, entre autres, un mélange de concepts orientaux d'énergie et de méditation pour légitimer certains exercices pratiques. Enfin, les méthodes parapsychologiques ou psilogiques[4] retrouvent sous une forme moderne les accès anciens ou exotiques aux pouvoirs occultes.

Entre les techniques médicales qui, en deçà de leurs bienfaits, ont tendance à morceler les individus et les approches alternatives qui, au-delà de leurs promesses, risquent de mystifier les gens, il importe d'offrir des outils personnels. On entend par outils personnels des procédés humanistes, orientés vers des « personnes », procédés qui, tout en minimisant les souffrances, n'entravent pas la croissance.

Ce livre vise à offrir une réflexion sur le sens de cette approche et une présentation de son élaboration. Il amorce l'introduction d'une méthode qui s'en inspire. Il ne s'agit pas d'une solution de remplacement, mais d'un complément. Ce n'est même pas, d'une certaine manière, une nouvelle technique, mais plutôt un nouveau

---

3. Livre de Job, 6 et 7, *La Bible de Jérusalem*, Sainte-Foy (Québec), Éd. Anne Sigier, 1994, p. 853-856.

4. C'est un autre nom pour désigner la parapsychologie. Il a été formulé pour la première fois par Robert H. Thouless en 1942 (*From Anecdote to Experiment in Psychical Research* , Londres, Routledge and Kegan, 1972). Ce terme a été repris par Louis Bélanger qui l'a d'ailleurs utilisé pour sa dénomination de professeur de psilogie à la Faculté de théologie de l'Université de Montréal.

regard sur des approches connues. Un nouveau regard pour une nouvelle manière de prendre ce qui se trouve déjà là, de la médecine et de la guérison.

***

L'ouvrage se divise en deux parties.

La première précise d'abord notre conception de la santé en tant qu'équilibre dynamique, puis situe le domaine de la guérison sur l'horizon d'une autre logique, d'un autre paradigme. Dans ce cadre, nous présentons les caractéristiques de notre méthode, comme en écho aux processus naturels.

La seconde racontera les différentes étapes qui ont amené la naissance d'Echo : la traversée d'une expérience artistique, un parcours dans l'étude des phénomènes psychosomatiques, la démarche au sujet d'expériences de greffes corporelles et la formation de notre groupe de recherche.

Les processus de guérison sont innés, complexes et limités. L'Echo tente de replacer la personne au centre de ses processus de guérison par une méthode qui tient compte du paradoxe de la situation : être en maîtrise d'un monde qui nous surpasse, ne pas être dépassé par une réalité qui nous inclut.

L'ÉCHO DE LA GUÉRISON

Les sciences ne dévoilent pas des vérités universelles. Elles sont des aventures.

(Isabelle Stengers, D'une science à l'autre, 1987)

L'ÉCHO DE LA GUÉRISON

On vient d'annoncer à Marie que les signes de maladie qu'elle ressent depuis un certain temps sont considérés comme des symptômes de sclérose en plaques. Paul sort de son rendez-vous avec le médecin, obnubilé par la forme qu'il a aperçue, au coeur de lui-même, sur les clichés radiologiques : un cancer, lui a-t-on déclaré. Jacques a vu peu à peu apparaître sur sa peau de curieuses croûtes disgracieuses qui s'étendent par vagues et au gré des saisons ; on a parlé de psoriasis. Michèle ne compte plus ses malaises, fluctuants et persistants à la fois ; personne ne trouve de nom particulier à son mal et elle traîne sans fin à la recherche d'un soulagement.

Il est question, dans cet ouvrage, de ces quatre personnes et de bien d'autres. Leur point commun ? Elles sont en proie à une maladie dont elles se perçoivent plus ou moins les victimes. Nous aborderons le drame de cette rencontre soudaine avec la maladie et nous approcherons des gens qui la vivent. Ce monde, ces gens... il n'y a là qu'un jeu de langage, car c'est bien de nous dont il s'agit et de cette éventualité toujours présente qu'est l'apparition d'une maladie.

Lorsqu'on est assailli par un mal, on risque d'en être complètement submergé. Son annonce, la signification épouvantable de certains diagnostics, le pronostic défavorable ou fatal annoncé par les soignants sont des chocs. Cet état peut être désespérant ou alarmant ; et, qu'il soit manifesté clairement ou ressenti profondément, c'est un des points majeurs de notre réflexion.

On traitera donc d'une certaine guérison, d'une certaine conception de la guérison, différente de ses acceptions communes. Car ce mot évoque la plupart du temps des pensées nostalgiques de santé perdue ou idéalisatrices de pouvoir salvateur. Il n'est pas étonnant d'aspirer à un passé merveilleux ou à un avenir parfait lorsqu'on se retrouve dans l'état d'abattement auquel nous réduit la maladie déclarée.

Notre intention, à partir de notre étude du domaine des maladies, est de déployer un champ qui n'est ni celui de la médecine ni celui de la psychothérapie. En effet, nous comprenons la médecine comme un art qui s'adresse directement à la maladie en tant que chose objective et qui s'y focalise[1]. La médecine déploie ses efforts pour la trouver, la définir, l'étudier, la combattre. La psychothérapie, au contraire, ne s'adresse pas directement à la maladie. La psychothérapie concerne le psychisme et ne considère pas la maladie comme la cible directe de son action. Elle ne l'aborde pas en tant que maladie, mais plutôt en rapport avec la signification qu'elle peut avoir ou ne pas avoir. Elle tente ainsi de la comprendre, de la transformer en pensées et de la réinsérer comme partie intégrante du mental, en la poussant vers la découverte d'un sens[2].

Notre objectif, en ouvrant un champ particulier, non médical et non thérapeutique, est d'offrir à ces gens malades quelque chose de différent et de complémentaire à la médecine et à la psychothérapie. Ces personnes avaient l'impression d'un manque, de quelque chose qui n'était pas touché par ces autres approches, par ailleurs tout à fait importantes et valables[3].

---

1. De ce point de vue, il n'y a pas lieu de différencier absolument les maladies physiques des maladies mentales. La psychiatrie est considérée le plus souvent en Amérique du Nord comme une branche de la médecine, même si son champ d'intérêt et d'étude peut s'étendre aux données bio-psycho-sociales. Elle traite en effet des maladies mentales comme d'entités catégorisables dans des diagnostics, y recherche avec beaucoup d'efforts des explications neurobiologiques et, pour en faire disparaître les symptômes, utilise des médicaments avec autant de précision que possible.

2. Les psychothérapies psychodynamiques considèrent en effet les maladies comme la conséquence de ce qui n'a pu être élaboré psychiquement. Elles les décrivent tantôt comme des échappées du psychisme, selon un mécanisme psychosomatique (voir « La coupure » p. 151), tantôt comme leur remplacement par traduction ou déplacement, selon un mécanisme hystérique.

3. « L'homme ne sera libre dans son corps que s'il en apprécie la bonne santé ; alors sa liberté sera le fruit d'une conscience et d'une conquête permanente ». J.-Charles Souria, *Ces maladies qu'on fabrique. La médecine gaspillée*, Paris, Le Seuil, 1977.

LA SANTÉ

Pour situer notre propos, il nous faut partir d'ailleurs et proposer un point de vue général de la morbidité, en ce qui concerne une certaine conception de la santé. Nous ne prétendons pas exposer ici une vérité absolue, mais beaucoup plus une conception qui nous a aidé à élaborer la méthode en Echo. À l'instar de tout système de pensée, même scientifique, une théorie offre l'intérêt de servir de point de repère et de rassembler différents faits observables sous un certain éclairage, faute de pouvoir toujours les expliquer.

LA STRUCTURE OBJECTIVE DE LA SANTÉ

La santé est un équilibre

Il sera question « d'équilibre de santé », la santé n'étant pas ici conçue comme un fait acquis ou établi dans la vie, mais plutôt comme un travail constant :

$$SANTÉ = ÉQUILIBRE$$

Cet équilibre procède de la présence de plusieurs forces.

Les forces

D'une part, il se produit constamment dans la vie des événements qui nous affectent. Ils sont soit relationnels, soit transformationnels. Alors que les premiers sont extérieurs à l'individu - comme ses rapports avec l'environnement -, les autres sont intérieurs - ce sont toutes les modifications qui se produisent en chacun de nous.

Les relations peuvent impliquer des choses (*comme l'écoute d'un son ou le toucher d'un arbre*) ou d'autres personnes (*comme notre rapport avec un voisin ou un employeur).* Quant aux transformations, elles concernent notre corps et nos besoins ; il s'agit des différents changements biologiques qui surviennent au cours de l'existence : l'adolescence, le vieillissement, etc. Les relations sont sources de vie, comme celles du nouveau-né avec ses parents, alors que les transformations sont signes de vie[1].

Tous ces « événements » peuvent aussi devenir pathogènes. Qu'on pense aux microbes, aux toxiques ou aux traumatismes comme événements pathogènes externes : une infection entraînant une pneumonie, une intoxication interrompant l'oxygénation, un accident provoquant des fractures. *Il y a un échange, une relation, mais cette fois, ce n'est pas assimilable[2].* On observe aussi des événements pathogènes internes : crises de croissance ou crises de passages que l'on peut interpréter comme des transformations délicates entre un stade d'organisation et un autre. *Il y a donc un mouvement, mais celui-ci n'est pas métabolisable.*

Ainsi on peut concevoir un tableau des pathogénicités en distinguant le domaine des relations pour ce qui est de la vie collective ou commune, et le domaine de la croissance, en ce qui concerne la vie individuelle :

---

1. G.E. Vaillant, « Theoretical hierarchy of adaptative ego mechanisms », *Archives of General Psychiatry*, 24 : 107-118, 1971.

2. Dans l'histoire médicale, la compréhension de la pathogénécité extérieure a pu se concentrer autour des notions de contagion et d'infection : voir Caprara, Andrea, « Les interprétations de la contagion : représentations et pratiques chez les Alladian de la Côte d'Ivoire », in « L'univers du Sida », *Anthropologie et Sociétés*, vol. 15, nos 2-3, 1991.

La contagion, de tangere = toucher, à partir des conceptions d'Hippocrate, de Celse et de Galien incluant maladie et diffusion de celle-ci, puis après l'observation au XVIe et au XVIIe siècles des maladies à transmission sexuelle, est définie par Nacquart, en 1813 dans le Dictionnaire des Sciences Médicales, « comme la transmission de la maladie à travers le contact direct ou indirect avec la personne malade, et ce par un agent causal : les virus ».

L'infection, de *inficere*, est textuellement ce qui sent mauvais, ce qui est infect ; elle « produit des maladies par les miasmes, les effluves et les émanations putrides ». Ainsi « Au mot infection s'attachait généralement l'idée de la transmission de la maladie par une exhalaison toxique ou miasmatique, tandis que par contagion on entendait la transmission d'une materia morbi qui, selon les uns était un agent vivant, ce que d'autres contestaient » (O.M.S. 1958 : 10).

Il serait important que la biologie moderne ne favorise pas surtout la réalité de la contagion aux dépens de celle de l'infection, par exemple électro-magnétique.

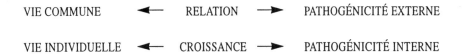

D'autre part, en contiguïté avec ces événements pathogènes, il existe chez chacun de nous des processus de lutte, de reconstruction et d'adaptation que nous grouperons sous le nom générique de processus de guérison. Ce sont les processus de guérison qui permettent à une brûlure de se cicatriser, à un corps étranger d'être évincé. Observons par exemple ce qui se produit à la suite d'une coupure. Une lame vient de cisailler légèrement la peau, du sang se met à couler. Et aussitôt, des mécanismes spécifiques se mettent en branle : le sang fige peu à peu, une petite masse rouge sombre occupe le lieu de la blessure, une excroissance solide se forme, une cicatrice se constitue et le tissu se reconstruit. L'épiderme est guéri[3].

Ces phénomènes (coagulation et cicatrisation) sont le résultat d'intelligences très complexes, et néanmoins très efficaces, mais que l'on ne connaît encore que partiellement tout en cherchant à les expliquer. Heureusement, ce n'est pas notre seule compréhension qui les fait opérer ! Notons également qu'il ne s'agit pas d'un phénomène miraculeux (« les » guérisons), mais d'un processus naturel (« la » guérison), un processus qui permet d'ailleurs à l'individu d'acquérir de nouvelles capacités qui lui serviront ultérieurement. En effet, certaines caractéristiques de ces mécanismes sont mémorisées et deviennent partie de la mémoire historique et génétique[4].

---

3. Pour une description simple et imagée : Karl Sabbagh, *Le corps vivant*, Carrère, 1985, et, Lennart Nillson, *Le corps victorieux*, Chêne, 1986, p. 53-63.

4. Ainsi certaines cellules du sang comme les lymphocytes T, éléments participants à l'immunité, mémorisent les caractéristiques des intrus pour les utiliser dans leurs luttes futures vis-à-vis de corps étrangers similaires.

L'équilibre

Si les conditions sont optimales, il y a équilibre entre les événements pathogènes et les processus réparateurs. Un équilibre statique de forces concomitantes et contemporaines, présentes à tout moment de la vie, mais aussi un équilibre dynamique, c'est-à-dire constamment remis en question tout au long de la vie[5].

D'abord parce que les humains ne naissent pas blancs comme neige mais qu'ils sont caractérisés d'emblée par des capacités et des failles. Forces potentielles ou faiblesses éventuelles, celles-ci modèlent non seulement nos outils de transaction avec l'environnement, de façon horizontale ou synchronique, mais aussi les formes de notre croissance ultérieure, de nos constructions intérieures, selon une direction verticale ou diachronique. Par exemple, les capacités intellectuelles, comme la faculté de langage, et les vulnérabilités hématologiques, comme l'hémophilie, influenceront les rapports aux autres et le développement de chacun.

Ensuite, avec leurs accélérations et leurs freinages, toutes ces particularités forgent un équilibre dynamique caractérisé par différents niveaux de complexité, ce qui pose certains problèmes lors des passages d'un niveau à un autre ; par exemple, comment changer de travail quand les capacités d'adaptation ont diminué en raison de l'âge. Ces divers équilibres, jamais définitivement acquis, exigent de constants réajustements[6].

---

5. Cette notion d'équilibre est d'ailleurs présente dans toute la tradition occidentale de la médecine, en contradiction avec d'autres conceptions plus unicistes. On la retrouve chez beaucoup plus d'auteurs qu'on ne le penserait, parfois par allusion. Ainsi la « vix medicatrix naturae » de Galien, reprise de la pensée d'Aristote, en opposition avec les idées de Cos et d'Hippocrate. Ainsi la notion de « retour au milieu naturel » ou l'homéostasie de Claude Bernard, pourtant connu comme un des fondateurs de la biologie scientifique, qui rappelle le pouvoir de la nature. Ainsi celle de la « sagesse du corps » de Cannon, pourtant célèbre pour ses recherches biologiques très strictes. W.B. Cannon, *The wisdom of the body*, New York, W.W. Simon, 1939.

6. Différents auteurs ont réfléchi sur la perte de ces notions d'équilibre et de retour à l'équilibre dans notre civilisation technique. Jean Baudrillard, *L'échange symbolique et la mort*, Paris, NRF, Gallimard, 1976. Jürgen Habermas, *Theorie des kommunikativen Handelns*, vol. I, chap. 4, Francfort, Suhrkamp, 1981.

Le tableau suivant évoque l'équilibre entre des événements pathogènes internes et/ou externes et des processus de guérison :

La santé est donc un équilibre entre des événements morbides externes ou internes qui menacent l'organisme et sa structure, et des mécanismes de guérison qui tendent à corriger ces événements et leurs effets.

Dans un organisme en relation et en changement perpétuels, on observe donc une oscillation continuelle entre les événements morbides (traumatiques ou anarchiques) et les processus de réparation. Selon cette conception, on pourrait dire qu'on attrape sans arrêt toutes les maladies dont on guérit sans cesse[7]. D'après la théorie systémique, le corps et la vie sont des structures en perpétuelle transformation[8], en rapport permanent avec des changements environnementaux constants.

Du reste, la majeure partie de l'existence se déroule généralement sans incident fâcheux. Néanmoins, les maladies existent bel et bien ; alors ? C'est que les pouvoirs de réparation peuvent se trouver dépassés par le processus morbide : ils deviennent ainsi insuffisants et c'est à ce moment que surgit la maladie.

---

7. Fritjof Capra, *The Turning Point : Science, Politics and the Rising Culture*, Toronto, Bantam Books, 1983.

8. « Un nouveau squelette se forme tous les trois mois... la peau se renouvelle tous les mois. La paroi de l'estomac change tous les quatre jours et les cellules superficielles qui sont en contact avec les aliments sont renouvelées toutes les cinq minutes... C'est comme si on vivait dans un immeuble dont les briques seraient sytématiquement remplacées chaque année ». Deepak Chopra, *La guérison ou « Quantum Healing »*, Montréal, Stanké, coll. Parcours, 1990.

La maladie est la conséquence d'un déséquilibre

Il arrive donc que l'équilibre se rompe, et ceci pour deux raisons essentielles si l'on se reporte au schéma précédent. Premièrement, il se peut que les événements morbides prennent trop d'importance par rapport aux capacités des mécanismes de guérison ; deuxièmement, les processus de guérison peuvent parfois s'affaiblir, ce qui permet à un agent pathogène de devenir puissamment destructif. Nous en reverrons les causes plus loin. Dans l'un ou l'autre cas, un déséquilibre s'installe. Cet état de déséquilibre, nous le nommerons affection, nous dirons que *l'individu est affecté.*

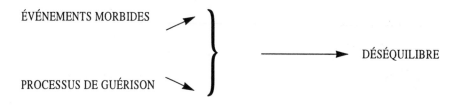

À bien des égards, on constate que le déséquilibre représente une zone et un moment charnières, un espace et un temps particuliers. Il est comme un lieu intermédiaire où rien n'est encore organisé, un lieu de souffrance où rien n'est encore oublié. Il est aussi un moment fugace et subtil qui peut facilement échapper à l'attention ou à l'intérêt. Ce moment, cet espace constitueront le champ essentiel de l'abord de notre approche.

Le déséquilibre est ainsi le terrain de formation d'une maladie. Le mécanisme en jeu relève à la fois de l'invasion et de l'exclusion. L'invasion serait représentée par la pullulation des microbes ou des cellules - par exemple, des cellules cancéreuses qui auraient tendance à occuper de plus en plus de place. L'exclusion pourrait correspondre, entre autres, à l'inflammation - un mécanisme qui rejette les microbes ou produit des anticorps pour expulser les particules étrangères. L'important ici, en ce qui concerne la morbidité, est que ce qui est exclu n'est pas seulement l'agent pathogène mais aussi le « morceau » de corps « affecté », et ce qui est envahi n'est plus l'ensemble de la personne « affectée » mais un territoire délimité, laissé pour compte.

Nous distinguerons donc deux états : d'une part, le déséquilibre entre les actions pathogènes et les forces de guérison, d'autre part, la maladie qui en est le produit :

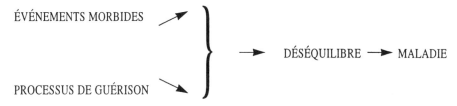

L'apparition d'une maladie confirme que les pouvoirs de l'individu ont été outrepassés.

La maladie devient alors un nouvel existant, un objet en soi, avec ses propres caractéristiques, ses propres règles de fonctionnement. Cet objet-maladie sera aussi un lieu de luttes, de réparations et d'adaptations[9] ; il pourra même devenir une occasion d'apprentissages biologiques, corporels et personnels... mais nous y reviendrons.

Les processus de guérison sont naturels

Les processus de guérison désignent l'ensemble des mécanismes engendrés par l'organisme pour se protéger et se défendre contre ce qui pourrait menacer son existence. Selon cette conception, il s'agit donc de processus tout à fait naturels, contrairement à d'autres visions où ils sont considérés comme des phénomènes spectaculaires, grandioses ou miraculeux.

La simplicité naturelle

Voici quelques-unes de leurs caractéristiques :

9. Z. J. Lipowski, « Physical Illness, the Individual and the Coping Process » *Psychiatry in Medicine*, vol. 1, no 2, 1970, p. 91-102.

- Ils sont constants. D'une part, leur effet sur les différents éléments pathogènes est continu, ce en dehors de toute maladie. D'autre part, leur action se prolonge lors de maladies qui ont pu survenir.

- Ils sont globaux, puisqu'ils mettent en cause l'ensemble de l'organisme, d'où l'évidence d'y inclure le psychisme.

- Ils sont spécifiques, c'est-à-dire qu'ils sont dirigés vers la résolution de troubles particuliers. Les résultats spécifiques produits par ce processus général en démontrent bien l'intelligence complexe[10].

- Ils sont dynamiques. Grâce à des mécanismes extrêmement ingénieux et efficaces, ils possèdent même des facultés d'adaptation à moyen et à long terme[11].

- Ils sont limités. L'humilité est nécessaire devant cette constatation. Et il y a là source de désillusion et facteur d'attention : désillusion de ne plus croire à un pouvoir absolu du vivant, attention indispensable envers ce vivant fragile sinon éphémère.

- Ils sont le plus souvent et le plus généralement imperceptibles : invisibles, inaudibles, impalpables. Leur complexité, leur subtilité et leur discrétion font qu'ils échappent à la preuve immédiate.

Toutes ces particularités des processus naturels, constants, globaux, spécifiques, limités et impalpables procurent bien sûr moins de réconfort immédiat que ne le feraient des déclarations grandiloquentes sur des pouvoirs infinis de l'humain sur la nature.

---

10. Daniel Moerman, « Anthropology of Symbolic Healing », *Current Anthropology*, 20, 1, 1979, p. 59-80.

11. Par exemple un conditionnement des réponses immunologiques est possible : R. Ader et N. Cohen, « CNS-Immune system interactions : Conditioning phenomena », *The Behavioral and Brain Sciences*, 8, p. 379-394.

La grandiloquence miraculeuse

La désespérance qui surgit avec l'évocation d'une possibilité de maladie et de mort favorise l'adhésion à des recettes ou à des remèdes miracles.

« *J'attends la magie* » annonçait un client qui avait recherché différentes techniques de visualisation et d'affirmation pour soulager sa souffrance. Les succès obtenus l'incitaient chaque fois à de nouveaux espoirs fiévreux, puis les échecs subséquents le replongeaient toujours dans de nouvelles attentes fébriles. Cette fugacité des résultats lui faisait abandonner des techniques relativement utiles, jusqu'au jour où il décida, non pas d'abandonner les techniques passées et celle présente, mais de les employer pour ce qu'elles étaient :

P[12] :- *Il faut que j'apprenne à les utiliser pour m'aider ; il me faut faire le deuil d'une vie sans maladie ; il faut que j'apprenne à travailler sur moi sans attendre de miracle des autres.*

Pris au piège, certains cherchent appui dans l'illusion pour se forger une certitude artificielle. Mal en point dans le maintenant, on se rétablit dans l'au-delà d'un *nirvāna* : tête-bêche, les pieds dans l'azur et la tête enterrée. Le réflexe est bien connu et il n'est pas question de le juger, mais plutôt de le comprendre.

Il ne s'agit pas en cela de nier la profondeur de la dimension spirituelle, mais plutôt de mettre en question sa fonction bouche-trou éventuelle : celle qui consiste à combler les vides, les déficiences, les carences, les limites et le doute de soi. Il est important de repérer et de reconnaître qu'il y a là une échappatoire devant des situations insupportables. Elle ouvre ainsi la voie à nombre de pratiques de guérison alléchantes par leurs réclames mais souvent suspectes par leurs promesses. Vies antérieures et postérieures, esprits de l'en-deçà et de l'au-delà deviennent objets de marchandage où ce qui restait de l'individu se perd définitivement.

---

12. « P » désignera indistinctement au long de ce livre les individus qui poursuivent une démarche personnelle. Il indique qu'une Personne y est impliquée à part entière dans une recherche intérieure.

P :- Sous l'influence d'un gourou, j'ai brûlé toutes mes pilules. Je me suis demandé alors ce que j'allais faire demain sans cette aide ! Ma décision n'était certainement pas issue de mes tripes, mais plutôt exigée par un autre.

On peut, bien sûr, citer des exemples de modifications spectaculaires parfois appelées miracles, mais cela demeure exceptionnel. Ces bouleversements dramatiques - les miracles - se produisent le plus souvent dans des situations elles-mêmes dramatiques, là où il n'y a pas d'autre issue que la mort physique ou psychique. Ces quelques événements spectaculaires incitent à la subordination à certaines croyances ou à la soumission à la parole d'un autre, considéré comme puissant ; ils créent aussi l'illusion du contrôle d'un pouvoir. L'influence de la suggestion est cependant de courte durée, en tout cas limitée par la durée de l'aliénation à cet autre, ou à cette croyance. Mais, paradoxalement, ces exemples exceptionnels tendent à masquer une perception plus large de la dynamique de la guérison : l'arbre cache la forêt. En général, les événements de la vie appellent moins d'urgence et les guérisons attirent moins l'attention.

Il est préférable de maîtriser davantage ces mécanismes de guérison pour ne pas être obligés d'attendre des circonstances exceptionnelles ou de s'attendre à des paroles stupéfiantes.

LA DYNAMIQUE SUBJECTIVE DE LA SANTÉ

Malaises, mal-être et maladies

Le malaise

Dans les pages précédentes, il a été question du déséquilibre que nous avons présenté comme une affection, autant dans sa signification physique et commune - « il souffre d'une affection » - que dans son utilisation morale et poétique - « il est affecté par son absence ». Pour employer un autre langage, nous pourrions parler d'une sensation intérieure de *mal-aise.* « Quelque chose » ne fonctionne pas, dont on ne peut déterminer exactement l'emplacement, la forme ou les caractéristiques. Le mal-aise est le signal d'alarme du déséquilibre, mais il n'est pas toujours entendu.

Certaines personnes n'ont aucune perception de leur corps ; elles fonctionnent comme si elles ne l'habitaient pas. Leur point de référence peut être un extérieur « réglant » - par exemple le rythme effréné d'un travail, l'obligation d'un échéancier- ou un intérieur exigeant - il peut s'agir de l'avidité de l'ambition, de l'intransigeance du devoir, de la quête d'amour. Ces personnes sont insensibles aux messages de protection et de réparation dont elles auraient besoin ; elles laissent se déclarer une maladie. On ne peut pourtant dire qu'elles veulent cette maladie, mais plutôt qu'*elles ne veulent rien savoir de ce qui l'annonce*.

La maladie

À l'autre pôle du malaise, on voit apparaître la *maladie* qui représente une dernière extrémité, une solution d'échec. Ici le déséquilibre s'est focalisé en une atteinte. Et dès qu'une maladie est trouvée, nommée, délimitée, elle constitue un nouvel objet en soi. Il s'agit d'une certaine façon d'un objet « solide ». Cet objet va devenir le lieu de nouveaux investissements, de nouveaux conditionnements et d'un nouvel équilibre systémique - incluant l'environnement.

Ceci permet d'ailleurs d'envisager sous un autre angle l'inertie de l'état de maladie : plutôt que de considérer la lenteur de la guérison comme une « absence de volonté » du patient - « ça fait son affaire » -, on peut la comprendre comme une inertie de structure. On obtient ainsi cette nouvelle séquence avec les différentes dénominations utilisées :

Déséquilibre mouvant	--------------------▶	Objet solide
MALAISE	--------------------▶	*MALADIE*
Affection	--------------------▶	*Atteinte*

Le mal-être

En observant l'évolution du malaise jusqu'à la maladie, on a omis jusqu'ici une étape intermédiaire parfois brève et vague mais pourtant essentielle. Il s'agit de la désorganisation[13], une généralisation du déséquilibre qui emporte toute la personne sur son passage. C'est un moment de submergement, un raz de marée, une sorte de mort psychique. La personne est désarçonnée, *elle est un être en désarroi.*

Cette phase de submergement a été décrite par plusieurs auteurs sous différentes dénominations : la détresse[14], l'inhibition de l'action[15], le syndrome de délaissement-désespoir[16], la dépression essentielle[17]. À ce stade, l'individu est totalement envahi, malade. C'est cet état de malade, que nous nommerons le *mal-être.* Celui-ci peut prendre la forme d'un éclatement anxieux ou d'un aplatissement dépressif : le sujet disparaît, pauvre être devenu chose-à-la-dérive.

Le moment de mal-être signe un point de non-retour : celui du dépassement de l'affection et celui de l'apparition de l'atteinte. C'est à cet instant que se produit la coupure salutaire de survie sur laquelle nous reviendrons : une réorganisation nouvelle se réalise au prix d'une rupture corporelle. Cela ne signifie pas que l'état-malade soit la cause de la maladie, mais plutôt que cet état rend la personne plus vulnérable à l'action des agents infectieux et au déséquilibre engendré par les traumatismes.

---

13. Nous utilisons ici le terme de désorganisation pour désigner l'état d'un système dont les différentes parties se désagrègent. Cette notion rejoint, sans s'y confondre, celle de désorganisation progressive de Marty qui rend compte d'un processus mental particulier. Il s'agit d'une régression mentale sans fin, c'est-à-dire sans palier de rétablissement salutaire. Pierre Marty, « A major process of somatization : the progressive disorganization », *International Journal of Psychanalysis*, 49, 1968, p. 246-249.

14. Hans Selye, *Le stress de la vie*, Paris, Gallimard, 1975.

15. Henri Laborit, *L'inhibition de l'action*, Paris, Masson, 1986.

16. G. L. Engel, « Studies of ulcerative colitis », III. The nature of the psychological processes », *American Journal of Medicine*, 19 : 231, 1955.

17. P. Marty, « La dépression essentielle », *Revue Française de psychanalyse*, 32, 1968, p. 594-599.

Le temps de désorganisation paraît parfois minime au regard d'une maladie dominante ; il peut aussi sembler très fugace par rapport à la maladie fulgurante. Parfois au contraire, cet état est extrêmement visible, évident. On est alors en présence d'un individu éclaté, atterré ou affaissé. Ainsi, certaines personnes tombent nettement « malades » avant même d'avoir une maladie reconnaissable et reconnue[18].

Leur reconnaissance

Ces trois états peuvent être considérés sous l'angle de la reconnaissance sociale qui rend plus acceptable la maladie que le mal-être ou que le malaise. Cette hiérarchie de valeurs incite souvent les gens à attendre une maladie pour s'occuper d'eux-mêmes. Plutôt que de prendre du repos pour un état de fatigue (une affection) ou de submergement (un désarroi), une personne souhaite voir apparaître une maladie qui lui permettrait de prendre un congé de ses obligations.

Non seulement ces trois états peuvent se succéder chronologiquement, mais ils peuvent exister simultanément. Ce n'est pas parce qu'une maladie apparaît que tous les déséquilibres pathogènes préexistants disparaissent... ou que les désorganisations sont absentes.

D'ailleurs la maladie elle-même peut produire un effet désastreux : elle représente un nouvel objet qui peut être submergeant vis-à-vis de l'individu et entraîner aussi un état de désorganisation. On constate que certains individus peuvent en devenir « malades »

---

18. J. Monday, « Le stress ou : quand l'adaptation devient malaise », *Canadian Family Physician*, vol. 34, 1978, p. 874-875.

et chuter par exemple dans l'invalidité. Chez eux, la maladie semble survenir avant qu'ils ne tombent malades.

De plus, on observe couramment que des traitements destinés à aider peuvent plus ou moins déséquilibrer ou désorganiser l'ensemble de la personne - comme s'ils portaient paradoxalement leur propre potentiel pathogène. On n'a qu'à penser aux hallucinations post-opératoires ou aux effets iatrogéniques des médicaments.

Mal-être et processus de guérison

Quel rôle ce nouveau schéma « malaise/mal-être/ maladie »[19] va-t-il jouer par rapport aux processus de guérison ?

D'une part, on constate que la désorganisation diminue les processus de guérison naturels de l'individu, fait d'ailleurs démontré lors d'expériences en laboratoire avec des animaux[20]. Pour différentes raisons, on peut devenir malade, ressentir de la fatigue, du submergement... Tant et si bien que le virus qui passe par là, on l'attrape d'autant mieux, on s'en défend d'autant moins : une maladie se déclare[21].

La désorganisation amène une majoration de la vulnérabilité aux maladies.

---

19. Il est intéressant de comparer ces notions de malaise, maladie et mal-être avec les définitions anglaises de disease, sickness et illness. On peut se rapporter à une étude sur les distinctions entre les idées populaires et professionnelles de la maladie qui amène au moins des considérations sur les termes *disease* et *illness*. Leon Eisenberg, « Disease and Illness », *Culture, Medicine and Psychiatry*, 1, 1977, p. 9-23.

20. Parmi d'autres, on peut citer les expérimentations sur l'immobilisation : S. Bonfils, « Emotional und experimentelle Ulkusentstehung » in Funktionsablaüfe unter emotionellen Belastungen, Bâle, Ed. K. Kellinger, New York : Karger, 1964, p. 127-144 ; sur le surpeuplement : G.F. Solomon, « Stress and antibody response in rats ». *International Archives of Allergy and Applied Immunology*, 35, 1969, p. 97-104 ; sur le sevrage : S.E. Keller, S.H., Ackerman, S.J. Schleifer *et al.* « Efffect of premature weaning on lymphocyte stimulation in the rat », *Psychosomatic Medicine*, 45, 1983, p. 75 ; sur la séparation : M. Laudenslager, J.P. Capitiano, M. Reite, « Possible effects of early separation experiences on subsequent immune function in adult macaque monkeys » *American Journal of Psychiatry*, 142, 1985, p. 862-864.

21. Sheldon Cohen, David A.J. Tyrrell et Andrew P. Smith, « Psychological Stress and Susceptibility to the Common Cold », *The New England Journal of Medicine*, 29 août 1991, p. 606-612. Voir aussi une critique de Morton N. Schwartz, « Stress and the Common Cold », *The New England Journal of Medicine*, 29 août 1991, p. 654-656.

D'autre part, la maladie elle-même, on l'a vu, peut accentuer le submergement par sa présence, par son poids de symptômes et de désespérance. Cette maladie nous affole, on s'en trouve désemparé. D'où la perte d'espoir, la désorganisation générale et conséquemment, l'affaiblissement des processus de guérison.

Les mécanismes de guérison, bien que naturels, continuels et automatiques, ne sont pas invariables pour autant ; au contraire, ils sont soumis à de nombreux facteurs. Les découvertes récentes en neuro-immuno-endocrinologie, ajoutées au simple bon sens, permettent de mieux comprendre les conditions qui favorisent ou entravent ces mécanismes : fatigue, stress, situations insolubles ou désespérées sont, parmi d'autres, autant de facteurs perturbants. Il semble que le dérangement de ces mécanismes de guérison se produit, non par une action spécifique, mais par une désorganisation générale de l'organisme.

Ainsi les processus de guérison nécessitent un fonctionnement intégré, global et souple : si une partie de l'organisme est bouleversée, cela retentit sur l'ensemble. Finalement, tout le terrain devient anarchique, tomenteux, telle une décharge publique : ça ne passe plus, ça passe mal.

Le submergement détruit les processus de guérison naturels qui auraient pu fonctionner même si la maladie était déjà présente.

Un cercle vicieux s'installe : la diminution ou la faiblesse relative des processus de guérison favorise l'apparition des maladies puis la présence des maladies accentue la diminution des processus de guérison. Être malade permet la maladie et la maladie rend malade. Ce circuit prend encore plus d'importance dans les maladies chroniques ou à connotation grave : cancer, sida... :

Des malaises que nous avons décrits comme étant très subtils, des mal-êtres qui sont ressentis comme intolérables, des maladies qui apparaissent de façon étonnante, de tout cela on peut tirer une constatation qui sera utile quant à la manière de les percevoir. Les premiers, les malaises, sont vagues comme des impressions ; les deuxièmes, les mal-être, sont évidents et dévastateurs ; les troisièmes, les maladies, sont parfois localisées et considérées comme étrangères. On peut amorcer un schéma de ces différents états, du point de vue de la personne touchée :

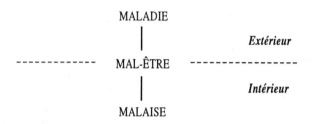

Du côté « extérieur » : ce qui est manifeste et évident. Du côté « intérieur » : ce qui est caché et imprécis. L'extérieur sera l'aspect objectif ; et l'intérieur, le subjectif. Distinction fondamentale dans notre abord des processus de guérison entre les agents et le terrain.

Agents et terrain

Les agents représentent les facteurs externes de la maladie. L'exemple clé en est le microbe. Observable, celui-ci constituera la base d'une théorie contemporaine de la maladie par contagion : une cause externe, concrète et atteignable, au sens même où une flèche peut atteindre une cible[22].

Mais il est un autre élément majeur dans l'apparition des maladies, élément sur lequel nous allons nous pencher principalement

---

22. Nous référons aux découvertes de Pasteur qui met en relief des facteurs de causalité et de Virkow qui les met en évidence. Ces découvertes ne sont pas seulement des additions de connaissances mais aussi des ébranlements et des restructurations de systèmes de savoir. T.S. Kuhn, *La structure des révolutions scientifiques*, Paris, Flammarion, 1972).

et que nous appellerons le *terrain*[23]. Comme une semence a besoin d'une terre pour s'épanouir, un agent a besoin d'un terrain pour qu'une maladie se développe[24]. Les exemples spectaculaires de ces « mouvements de terrain », ce sont les crises, les traumatismes, les chocs bouleversants, mais il en est de bien moins manifestes. Ce terrain, on ne peut dire qu'il est « atteignable » comme peut l'être un agent, au moyen d'examens cliniques et paracliniques. On devrait plutôt comprendre qu'il est « appréhendable », au sens d'une approche, d'un contact et d'une relation. Ainsi, une infection pulmonaire pourra être « atteinte » par une percussion du thorax, un cliché radiologique et une culture microbienne, alors que la perte d'un être cher pourra être « appréhendée » comme un vide insoutenable.

Agents et terrain se joignent pour déterminer un mal, et celui-ci prendra des aspects divers, dont les plus manifestes sont les maladies :

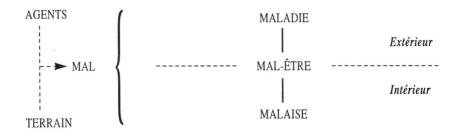

23. Cette constatation a été étudiée de longue date, par exemple en ce qui concerne la tuberculose, J. Bégouin, « Tuberculose pulmonaire », *Encyclopédie médico-chirurgicale, Psychiatrie*, t. II, 37440 C 10, 1966.

24. L'analogie n'est pas parfaite car, contrairement à la plante par rapport à la semence, la maladie a beaucoup moins à voir avec l'agent qui l'origine. Si cela n'entrait pas en opposition avec l'image précédente d'un au-dehors et d'un au-dedans, on pourrait plutôt proposer l'inverse : l'agent serait la terre avec ses ingrédients fondamentaux, et le terrain serait la semence qui désignerait la maladie. On pourrait alors, dans cette analogie, s'interroger sur la place de l'eau, l'ingrédient qui permet à la maladie de pousser dans le terreau. À ce sujet, voir Michel Taléghani, « Quelques règles d'épistémologie en Alcoologie », *La Revue de l'Alcoolisme*, Paris, Masson, n° 29, 4, oct.-déc. 1983, p. 238-240.

Ce qui caractérise le malaise et le mal-être, les « maladies » du terrain pourrait-on dire, ce sont le déséquilibre et la désorganisation. Ceci indique que le terrain implique une personne, et c'est d'elle dont nous allons parler. Car, dans ce terrain, cette personne est appliquée, pourrait l'expliquer et pourra y répliquer.

La personne est le lieu des processus de guérison.

On peut ainsi joindre deux des schémas précédents :

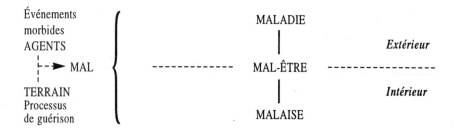

Ce terrain, la personne y est impliquée non seulement au moment de la survenue de la maladie mais aussi avant et après. Après, et ce sera toute la question de la répercussion de cet événement morbide sur la vie extérieure et intérieure de la personne. Avant, et c'est tout le concept de champ informé. Le terrain dont il s'agit n'est pas neutre : il a été travaillé par l'histoire. Les événements individuels et familiaux s'y sont déposés autant dans une mémoire mentale que corporelle. Ce terrain est donc aussi un mémorial[25].

Santé publique, médecines et approches de guérison

On peut distinguer trois interventions possibles vis-à-vis du fait morbide : l'une concerne les événements pathogènes ; la seconde, les maladies et la troisième, les processus de guérison. Pour être

---

25. « Un mémorial corporel dans lequel ce qui s'y est fixé comme symptôme se transforme en une trace pétrifiée » : Mariella Pandolfi, *Itinerari delle emozioni : corpo e identità femminile nel Sannio campano*, Milan, Francoangelli, 1991.

simple, nous dirons que la première, vis-à-vis des événements pathogènes, comprend les efforts sanitaires et environnementaux (prévention, salubrité publique, écologie). La deuxième, vis-à-vis des maladies, concerne le domaine essentiel de la pratique médicale[26]. La troisième s'adresse à une approche et à un champ qui seront au centre de notre propos : la guérison. Cet intérêt a toujours été présent sous le couvert d'une certaine sagesse depuis des temps immémoriaux, mais il est aujourd'hui mis en relief dans un contexte de santé plus global, plus systémique et plus moderne.

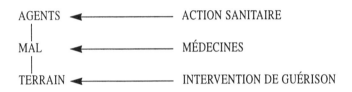

En fait, dans l'éventail de nos connaissances actuelles, il est important d'envisager une approche des pratiques de santé qui comprenne le plus possible ces trois volets d'intervention : sur la maladie, sur l'environnement et sur la guérison.

Lorsqu'une personne est atteinte d'un malaise, elle va généralement voir un intervenant. Celui-ci devrait alors considérer les trois composants en question - le symptôme, les capacités naturelles et les contingences sociales - même s'il choisit d'agir spécifiquement sur l'une d'entre elles. En effet, il n'est pas toujours possible d'intervenir aux trois niveaux en même temps, dans le même lieu ou avec le même intervenant : le niveau médical exige certains outils

---

26. « ... le praticien d'aujourd'hui [a] abandonné toute référence aux connaissances de la chimie et de la physique qui étaient celles de l'époque de Claude Bernard. La pathologie contemporaine est une pathologie moléculaire... Mais, entre la démarche des [médecins des deux époques], il n'y a nullement une rupture, mais bien plutôt une continuité allant dans le sens d'une biologisation croissante... » : François Laplantine, *Anthropologie de la maladie*, Paris, Payot, 1986, p. 267.

plus ou moins sophistiqués, le niveau environnemental implique une adhésion collective, sociale ou écologique et le niveau de guérison demande, nous le verrons, la participation du sujet.

Dans une situation d'urgence par exemple, l'action médicale peut s'avérer la seule utilisable, tout au moins dans un premier temps ; ainsi, l'arrivée d'une personne accidentée et en hémorragie nécessitera d'abord la mise en place d'une transfusion sanguine. Mais lors de catastrophes écologiques ou d'épidémies inconnues, l'intervention médicale peut devenir inaccessible ou inabordable et c'est l'opération sanitaire civile, comme un plan d'évacuation, qui sera d'abord indiquée. Et dans le cas de maladies chroniques, résistantes aux traitements médicaux, c'est l'intervention de guérison qui pourra se révéler extrêmement importante. Nous verrons même qu'elle favorise les processus de réparation, ralentit parfois la progression de la morbidité, diminue les risques de complications, facilite les mécanismes d'adaptation.

Toutes ces interventions, justes à un moment ou à un autre, ne s'excluent donc pas mutuellement :

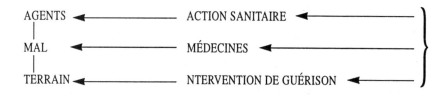

Avant d'aborder le champ de la guérison avec ses conditions et ses outils, nous tenterons de préciser le rôle des interventions sanitaires et celui de la médecine dans le contexte de la santé.

Sous le terme d'intervention sanitaire, nous comprenons par exemple les offensives d'éradication de germes microbiens ou de parasites endémiques, les campagnes de vaccination, les opérations de purification d'eau. Bien entendu, la santé publique ne s'occupe pas que de lutte contre des agents infectieux, elle vise aussi la prévention des accidents, la protection des citoyens dans certains passages de vie ou situations difficiles. Mais ces opérations dépassent le cadre de ce livre, bien qu'elles soient essentielles à l'amélioration de la qualité de vie.

Par contre, nous parlerons davantage de la médecine. Ceci permettra de mieux envisager la place correspondante des approches de guérison et leur articulation possible avec les autres démarches médicales existantes.

LES PARTICULARITÉS DES MÉDECINES

Toutes les médecines visent trois objectifs : la recherche de causes, le regroupement de signes, et l'élaboration d'un traitement. La recherche de causes concerne l'étiologie, le regroupement de signes permet le diagnostic, et l'élaboration d'un traitement aboutit à la prescription.

La recherche de causes

De tout temps, les médecines se sont penchées sur les origines du mal : on cherche une cause-agent, délimitée dans le temps et l'espace. Cette causalité a pris des formes fort diverses avant d'en arriver aux schémas scientifiques qui lui sont maintenant habituels, mais elle reste une constante dans l'histoire de la médecine. On a pu penser à certaines époques que certaines maladies et maux étaient provoqués par les dieux ou les démons[27], d'autres par les revenants ou les esprits[28]. On peut parler ici de *protomédecine* comme on parle de protoscience[29].

À la lumière de la distinction que nous avons faite entre l'agent et le terrain, il est intéressant d'étudier ces protomédecines. Leur principe de causalité s'applique non seulement aux agents, mais

---

27. Françoise Loux, « Pratiques et savoirs populaires. Le corps dans la société traditionnelle », *Espace des Hommes*, Paris, Berger-Levrault, 1979. En particulier p. 126-135.

28. Igmar Bergman, *Le septième sceau* (film), Suède, 1956.

29. « Les hypothèses de type médiéval ou primitif se distinguent en tout cela nettement de celles de la modernité » : Joseph Needham, « La science chinoise et l'Occident », Paris, Seuil, coll. Points, 1969. p. 10.

aussi au terrain. Ainsi les gens attrapaient un mal *à cause de* leur âme, de leurs péchés... Comme on parle de nos jours de séparation entre l'Église et l'État, on pourrait parler au contraire, pour cette époque, de non-séparation entre la médecine et la religion.

Cela ne signifie pas que ces conceptions prélogiques n'aient plus cours actuellement. D'une part, officieusement, beaucoup de théories causalistes primitives restent vives ; les personnages ont cependant pu changer[30]. D'autre part, certains se plaisent à rappeler que la médecine officielle n'est pas indemne de certaines théories causales qui, sous des allures scientifiques, n'ont jamais été prouvées nommément. Elles se révèlent plus tard tout à fait fausses, même si par ailleurs elles ont pu conduire à des traitements efficaces - mais pour des raisons autres que celles évoquées par la théorie de causalité[31] ! Enfin, certaines utilisations actuelles de la causalité, appliquées aux facteurs de « personnalités » ou à des événements retrouvés dans « l'histoire », peuvent parfois dériver vers des jugements de valeur à saveur ecclésiastique.

Le regroupement de signes

Les médecines recherchent des symptômes. Elles se préoccupent d'abord et avant tout des maladies, c'est-à-dire de ce qui a « échappé » et s'est « constitué » en tant que nouvelle organisation et en tant qu'objet d'étude. Du point de vue des médecines, la maladie est toujours considérée comme étrangère à la personne. On s'occupe donc de la maladie, comme si les gens n'avaient plus de pouvoir sur elle et parce qu'ils ont besoin de l'assistance d'un tiers (médecin, médicament). La médecine s'intéresse donc au symptôme, c'est-à-dire à l'explicite.

---

30. Gilles Bibeau et Ruth Murbach, « Déconstruire l'univers du sida », *Anthropologie et Sociétés*, vol. 15, nos 2-3, 1991, p. 5-11.

31. Il était ainsi énoncé que la ligature des artères mammaires internes augmentait la vascularisation dans un cœur ischémié. Cette intervention faisait donc disparaître les symptômes d'angine de poitrine, subjectifs et objectifs. Jusqu'à ce que l'on s'aperçoive que les résultats étaient semblables lorsque cette ligature était simplement simulée sans être réalisée ! E.G. Dimond, C.F., Finkle et J. E. Crockett, « Comparison of Internal Mammary Artery Ligation and Sham Operation for Angina Pectoris », *American Journal of Cardiology*, 5, 1960, p. 483.

Plus que cela, dans la pratique, cette médecine s'intéresse à un explicite dans la mesure où celui-ci est contrôlé et codifié ; en ce sens la maladie n'existe que si elle est diagnosticable. On n'a qu'à voir l'embarras des médecins quand ils ne peuvent regrouper des signes divers en un tableau « déterminé » : ils se trouvent pris avec quelque chose qui n'appartient ni à leur art ni à leur apprentissage. Leurs réactions d'impatience ou de nervosité, quelquefois si décriées, sont compréhensibles, vu leur impuissance devant l'absence d'un objet appréhendable.

La promulgation d'un diagnostic a une importance non seulement quant à la maladie, mais aussi vis-à-vis de la personne. Nous avons vu précédemment comment la présence d'une maladie, annoncée par son diagnostic, pouvait augmenter l'état de désespérance et instituer une désorganisation générale de l'individu. Mais il y a cependant un autre aspect, et tout aussi courant, sur lequel il est intéressant de s'arrêter : l'angoisse ressentie lorsque l'existence de malaises n'est pas expliquée par une maladie déterminée. On constate ainsi que la simple nomination d'un mal indéfini par un terme précis de maladie engendre curieusement plusieurs effets bénéfiques. Nous en décrirons quatre.

L'un de ces effets est de rassurer l'individu en le sortant d'un état de doute. Les états de crise avec leur kyrielle de symptômes sont très souffrants pour le sujet, et l'on remarque que l'apparition et la détermination d'une maladie par un tiers amène de ce point de vue un soulagement, celui d'avoir enfin affaire à quelque chose de précis et de localisé.

Un autre effet est de le tranquiliser : de personnage possiblement responsable de son état, il devient patient, ce qui est, par définition, un rôle passif. Avant que la maladie soit déclarée, on est dans le temps du mal-être, du malaise, avec une sorte de multiplicité possible de causes plus ou moins personnelles et primitives ; après, il n'y a plus qu'une seule cause, externe, identifiée et certifiée.

Un troisième effet possible est de faire passer l'individu au rôle de « malade ». Comme on dit, il « tombe » malade, c'est-à-dire qu'il tombe avec la maladie et qu'il n'est plus dans l'ordre de la santé. Au delà de la circonstance fâcheuse de n'être plus en santé, il y a au moins une conséquence salutaire : une identité lui est reconnue[32].

Un dernier effet bénéfique, c'est que la maladie crée un lieu de rencontre entre deux personnes : le patient n'est plus seul avec lui-même. Le médecin s'intéresse à lui, ce qui va créer un terrain d'entente. La maladie est donc aussi un objet de relation, un objet d'entente. Par elle, et par cette relation dont elle sert d'objet, va se faire une reprise du sujet dans le réseau interpersonnel[33].

Cette mise en place d'un diagnostic entraîne donc une socialisation de l'expérience de la maladie par ces quatre effets : elle est constatée par un tiers, comme une entité objective que d'autres personnes reconnaissent aussi, si bien que l'individu fait alors partie d'un groupe de semblables et devient un sujet de soins pour ses pairs[34]. Il est rassuré, tranquilisé, légitimé et rejoint.

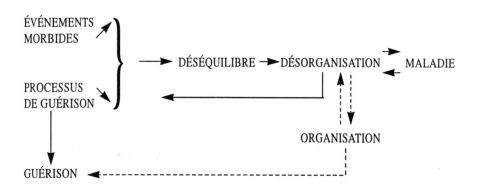

32. I. Pilowsky, « The Concept of Abnormal Illness Behavior », *Psychosomatics*, vol. 31, no 2, printemps 1990, p. 207-213.

33. On se rappellera en effet ces primitifs exclus à jamais d'une tribu, ce qui représente leur seul univers existant, et qui se laissent mourir dans la forêt qu'ils connaissent pourtant fort bien. Jean M. Auel, *Clan of the cave bear*, New York, Crown Publishers, 1980.

34. Cette socialisation peut aller jusqu'à impliquer les autres dans l'étiologie de la maladie. L'Afrique donne de nombreux exemples de cette compréhension systémique et d'interventions communautaires qui en découlent. Didier Fassin, *Pouvoir et maladie en Afrique : Anthropologie sociale dans la banlieue de Dakar*, Paris, PUF, 1992.

Corollairement, comme tout malaise est inutile quand il n'est reçu par personne, toute maladie non acceptée socialement, malgré le désir de l'individu qu'elle soit reconnue, devient encore plus perturbante. La personne atteinte ne peut être elle-même reprise dans un monde « commun », c'est-à-dire dans le monde de tous. Qu'on se rappelle comment les gens, victimes d'accidents ou d'actes criminels se détériorent au fil du temps si leurs symptômes ne sont pas acceptés par les pouvoirs en place.

La prescription de traitements

Enfin, ce symptôme quand il est « découvert » peut être « soumis » à un traitement... s'il y en a un. Un traitement consiste donc en une intervention réalisée par un tiers soignant sur une atteinte particulière dont souffre un patient. On sait combien ces actions sont souhaitables et bénéfiques. Mais, à partir de cette définition, nous ferons cependant deux remarques concernant l'effet de traitements sur le terrain : la première, c'est que l'impact des traitements va malencontreusement au-delà de la cible, et la deuxième, c'est que la guérison de symptômes peut avoir un effet néfaste sur la personne.

L'iatrogénicité classique

La chose-maladie est l'objet de la médecine, et par là, la cible de son traitement. Cependant le traitement ne peut être totalement précis dans son but ; il agit de façon plus globale. Très souvent, le traitement produit des effets dits iatrogéniques - une affection iatrogène étant un mal causé par le traitement lui-même. Ces effets sont bien connus quand ils concernent la médication, mais on oublie fréquemment le pouvoir iatrogène de différents autres facteurs : celui de l'institution (hôpital), des examens (dépistage et investigation), de la relation soignant-soigné (médecin-malade).

Cette iatrogénicité est due au fait que ces interventions agissent aussi, d'une part, sur une zone plus large que celle de la maladie et, d'autre part, sur la personne elle-même en modifiant son équilibre.

Le premier type d'effets comprend des symptômes malvenus dits effets secondaires, mais il conduit parfois à la découverte de résultats thérapeutiques inconnus jusqu'alors. Le deuxième peut, quant à lui, consister en une désorganisation globale si l'individu n'arrive pas à s'ajuster à l'impact des soins. Le paradoxe donc, c'est que ces interventions axées sur le soulagement d'une éventuelle maladie peuvent devenir nocives pour la personne elle-même par leurs effets secondaires ou leur impact désorganisant. On se retrouve alors, par exemple, dans cette situation extrême où un chirurgien réussit une intervention locale mais est incapable de sauver la personne : celle-ci meurt à la suite de l'opération. Toutes les tentatives de traitement, toutes les investigations diagnostiques, toutes les campagnes sanitaires, toutes les organisations institutionnelles peuvent avoir des effets iatrogéniques. En démasquant des vulnérabilités, en accentuant des déséquilibres, elles peuvent provoquer une désorganisation intérieure chez certaines personnes.

La situation la plus courante à propos d'iatrogénicité se présente lorsque le médecin cherche un symptôme précis mais qu'il en trouve de multiples ou aucun ! On qualifie communément de fonctionnelle cette maladie que la médecine n'a pas encore trouvée, qui n'a pas encore été nommée ou qui n'est pas encore formée ; ce qui s'apparente au moment de déséquilibre qui précède la maladie[35]. Le médecin ne peut donc ni poser un diagnostic, ni entreprendre un plan de soins organisé car il n'y a pas de maladie à proprement parler. Cependant, la souffrance et l'incertitude l'amènent parfois à inaugurer un traitement en vue d'un simple soulagement ; or ce traitement aura toutes les chances d'avoir un effet iatrogène marqué, étant donné l'absence de cible morbide préalablement déterminée.

---

35. Il faut différencier cette définition de celle d'essentielle. Une maladie essentielle est une maladie reconnue comme maladie, mais dont la cause n'est pas connue. On parle ainsi d'hypertensions essentielles. Le terme « fonctionnel » est souvent utilisé comme une disqualification de l'existence même de la maladie, un doute posé sur sa réalité, alors que celui « essentiel » ne diminue en rien la certitude de présence de cette maladie.

L'iatrogénicité paradoxale

L'état-malade est toujours proche de la maladie et, comme nous l'avons vu, toute maladie peut être déstructurante. Mais autant il semble curieux de constater que la mise à jour d'une maladie peut avoir un effet rassérénant, autant il est intéressant d'observer que la disparition d'une maladie peut constituer un phénomène angoissant. La suppression d'un mal peut ainsi poser des problèmes à un patient !

Les traitements médicaux ont pour cible les symptômes : ils agissent en effet sur ceux-ci et ne visent donc pas essentiellement la personne en tant que sujet. Nous définissons cette position de sujet comme la perception d'être soi-même, d'avoir une identité. Donc les traitements, en faisant disparaître un symptôme, entraînent un déséquilibre chez l'individu - déséquilibre non plus issu d'une lutte entre éléments pathogènes et processus de guérison, mais secondaire à une modification subjective.

La personne peut paradoxalement percevoir cette transformation structurale comme un danger, comme la suppression d'un état ancien. Cette perception nous semble être une raison de la « résistance » aux traitements que l'on note parfois dans la pratique médicale. En d'autres termes, la disparition d'un symptôme risque d'amener chez le patient qui n'a pas bénéficié d'un certain support, une perception de vide, de perte d'identité.

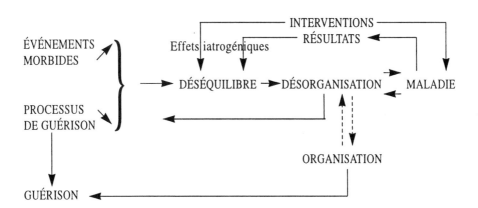

Toute intervention peut donc occasionner des effets iatrogéniques, mais l'effet iatrogénique le plus paradoxal demeure celui qui est entraîné par la guérison elle-même, avec l'incapacité de supporter ce nouvel état puisqu'il produit la perception subjective d'une mort en tant que sujet. C'est le fait inverse d'une socialisation de l'expérience de la maladie : la maladie disparaissant, la personne perd son identité de malade. Et, pour peu que cette identité dirigeât sa vie, c'est une sorte de mort qui est alors vécue. Citons ici par analogie l'exemple plus concret d'un vagabond hospitalisé pour une raison fortuite et dans un grand délabrement. Les sœurs soignantes, épouvantées par la vue et par l'odeur de sa crasse, se mettent à le laver, ce qui a pour conséquence la mort du pauvre bougre : un changement d'état métabolique et psychologique trop subit !

Les différentes médecines

Alors que nous avons considéré les médecines en bloc jusqu'à présent, nous allons ici établir certaines distinctions. Pour ce faire, plutôt que d'affirmer que les médecines s'occupent simplement des maladies, nous poserons qu'elles s'occupent du mal, y incluant donc les différents domaines que nous avons illustrés : le déséquilibre, la désorganisation et la maladie proprement dite. Il n'est pas question de contredire ce qui a été avancé plus haut, que le déséquilibre était de l'ordre du malaise, et la désorganisation de celui du mal-être, et que ces domaines étaient plus difficilement atteignables par les moyens médicaux. Mais nous voulons néanmoins mettre en évidence que la médecine peut intervenir dans ces champs en utilisant son outil privilégié qu'est le traitement.

Les cibles d'intervention des médecines varient suivant les époques et les continents. Autour du symptôme explicite par lequel nous avons qualifié la maladie – avant, au-dessous et après celui-ci – se situent donc les domaines du déséquilibre et de la désorganisation. Or certaines médecines s'attacheront davantage à des interventions visant ces deux champs plus généraux que le symptôme proprement dit. Plutôt que d'être focalisées comme les médecines technologiques conventionnelles, elles seront dynamiques pour les unes - celles qui s'intéressent au déséquilibre - et holistiques pour les autres - celles qui se penchent sur la désorganisation.

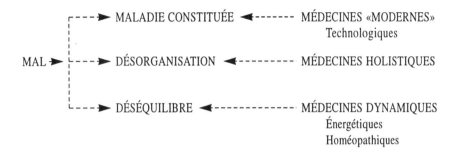

Nous incluons par exemple, dans le groupe des théories médicales dynamiques, les conceptions homéopathiques et énergétiques. Les premières d'origine occidentale, les secondes d'inspiration orientale conçoivent l'apparition des maladies comme résultant de déséquilibres énergétiques. Elles traiteront donc d'abord les déséquilibres des états et des circulations énergétiques. Ces états et ces circulations ont pour particularité d'être non visibles (implicites) et systémiques (plutôt que localisés). Mais ils sont « informés », ce qui permet aux praticiens de déterminer leurs propriétés par des moyens particuliers, comme par exemple l'analyse des pouls.

D'autres médecines s'occupent de la désorganisation, du mal-être. Nous les appellerons holistiques, même si ce terme ne recouvre pas uniquement et exactement la dénomination holistique donnée à certaines pratiques[36]. Ces médecines peuvent réunir plusieurs objectifs et plusieurs modalités de soins, mais nous croyons qu'il est important de distinguer parmi ceux-ci, et à côté d'un axe d'intervention de type médical, une attention sur le traitement de la désorganisation, ce qui fait mieux comprendre leurs effets. Cependant il faut les distinguer des interventions de guérison à pro-

---

36. Richard Gerber, *Vibrational Medicine : New Choices for Healing Ourselves*, Santa Fe (Nouveau Mexique), Bear and Company, 1988, p. 418-419.

prement parler, distinction délicate mais essentielle à la compréhension des approches. Les interventions médicales, même dans ce
cas, impliquent quand même un tiers soignant et proposent l'éradication de symptômes. Nous verrons en quoi ceci diffère de l'approche basée sur les processus de guérison.

Les confusions de rôles

Chaque médecine propose des moyens d'intervention qui lui
sont particuliers et certains problèmes se posent quand les champs
et les objectifs de chacune se confondent. Théoriquement, la médecine s'occupe de la maladie et le holisme s'occupe du terrain, du
bien-être. La médecine technologique n'utilise pas d'outils pour
aborder le terrain et le holisme s'adresse à une vision globale du
mal plutôt qu'au traitement de maladies circonscrites. Mais en som-
mes-nous si certains ? La question vaut d'être soulevée car les individus cherchent de toute façon deux choses quand survient une
maladie : s'assurer d'un bien-être et éliminer la maladie. Le recours
au médecin en est la voie, sinon toujours la solution. Que nous of-
frent les différentes médecines comme réponse ?

Du côté de la médecine conventionnelle, on considère parfois
qu'il existe d'un côté la maladie et de l'autre côté le mal-être[37]. La
maladie est une chose précise à diagnostiquer, localisée, « organique », somatique, concrète. Le mal-être général, lui, est souvent pris
comme quelque chose de l'ordre de l'hypocondrie ou du fonctionnel. En tout temps et en tout lieu, les médecines s'occupèrent de ces
deux champs, mais avec des convictions diverses. Anciennement,
au moins en Occident, parfois obligée par la pauvreté des connaissances du côté agent et maladie[38], la médecine se penchait sur les
malaises et le bien-être pour les traiter, sans savoir trop comment
s'y prendre : on l'appela d'ailleurs la médecine héroïque[39] !

---

37. On trouve une analyse critique de la médecine chez J. Clavreul, *L'ordre médical*, Paris, Seuil, 1978.

38. Molière, *Le médecin malgré lui*.

39. Andrew Weil, *Health and Healing*, Boston, Houghton Mifflin Company, 1985, p. 13.

Puis, malgré l'expansion des connaissances et leur nature de plus en plus précise, la médecine resta en partie attachée à une pratique globale. Il est paradoxal que la première extraction d'un principe actif d'une plante fut celle de la morphine[40], paradoxal car ce produit servait bien à soigner la douleur et non pas une maladie. Un vieux précepte, une consigne notée comme premier élément d'une ordonnance médicale, était souvent : repos au lit. Les malades partaient en cures thermales boire de l'eau, se plonger dans des piscines et oublier leurs tracas. C'est exactement le type d'intervention de bien-être : non proprement médicale au sens strict que nous avons indiqué, c'est-à-dire sans effet direct sur la maladie elle-même, mais agissant sur le mal-être. D'ailleurs ces interventions ne dépendent pas directement de la maladie, puisqu'elles peuvent être appliquées de la même façon à différents types de symptomatologies, et ce avec le même bonheur.

Cependant, depuis moins d'un siècle et grâce aux développements scientifiques et technologiques, la médecine a pu se spécialiser davantage dans le domaine de la maladie en s'appuyant de plus en plus sur des données probantes. Cependant elle a mis ainsi dans l'ombre son action plus ou moins explicite sur les désorganisations[41] ; nos hôpitaux ne ressemblent guère à des lieux de villégiature ! Récemment, c'est d'ailleurs tout le questionnement sur cette médecine moderne ultraspécialisée qui a amené une réflexion sur la formation des futurs médecins et la création de départements de médecine familiale, orientés sur une approche plus globale du patient.

Par contre dans le holisme, l'intervention se veut globale, c'est-à-dire non centrée sur la maladie ; dès lors, les méthodes qui y sont proposées sont souvent semblables quels que soient les types de maladies. Il est ainsi possible par des techniques appropriées de redonner à la personne des conditions améliorant son bien-être. Cependant, le terme même de médecines holistiques prête à confusion. En effet, dès que celles-ci proposent des techniques directes

---

40. En Allemagne en 1803.

41. « Il semble en effet exister une relation inverse entre les progrès technologiques de la médecine et la résurgence de mouvements ancestraux » : Jean Ziegler, *Les vivants et la mort*, Paris, Seuil, coll. Points, n° 90.

pour faire disparaître des maladies précises, comme le ferait la médecine conventionnelle, elles peuvent difficilement se déclarer holistiques. Et dès qu'elles sont globales, il est délicat de les nommer médicales dans un contexte technologique et scientifique.

Or la plupart du temps, les personnes continuent à recourir aux méthodes holistiques dans le seul but d'éradiquer la maladie, et les gens qui travaillent dans les soins parallèles, cherchant à s'assurer une clientèle, se plient à cette demande spécifique : ils sont ainsi amenés à mimer le schéma médical conventionnel, mais sans en avoir les outils. Un responsable médical disait un jour à un représentant des médias qu'il n'avait rien à redire des techniques de relaxation et de bien-être mais qu'il s'insurgeait contre *tous ces thérapeutes non médecins qui déclaraient des diagnostics et entreprenaient des traitements vis-à-vis de maladies mal déterminées*. Il était prêt à reconnaître une méthode holistique quant à sa bienfaisance mais certainement pas à la dénommer médicale pour autant. On voit là une mise en garde vis-à-vis de la confusion des domaines d'intervention.

LA MÉDECINE DE LA GUÉRISON
ET LA GUÉRISON DE LA MÉDECINE

Nous en venons donc à mettre en parallèle les médecines comprises comme des interventions faites par des *tiers* vis-à-vis de symptômes déterminés et le domaine des interventions de guérison qui concernent un *terrain*. Nous intitulons cette mise en parallèle : « médecine de la guérison ou guérison de la médecine », pour forcer l'opposition de ces deux mots, rappelant leur utilisation dans leurs significations extrêmes.

La médecine est généralement considérée comme un corps constitué de science et une organisation certifiée par les lois. À l'opposé, la guérison rend généralement compte d'une pratique douteuse sur le plan du savoir et illicite sur celui du pouvoir. Or justement, nous allons tenter de sortir de cette opposition farouche pour en venir à proposer une intégration de ces deux voies. Il nous semble en effet avantageux de proposer une vue plus scientifique des phénomènes de guérison : une « médecine de la guérison ». Par ailleurs, il nous paraît probable que la connaissance et l'utilisation des ressources intérieures de la personne peut améliorer la pratique médicale : « une guérison de la médecine » en somme. Cette communication entre le domaine classique de la médecine et le champ obscur de la guérison nous semble en effet préférable pour la progression des connaissances, l'harmonie des groupes d'intervenants et la santé des humains[42].

Médecines et guérison : contradictoires, complémentaires ou alternatives ?

Faire cette distinction, que les médecines ont pour objet le mal et que la guérison a pour sujet autre chose que ce mal, nous semble salutaire. Tout le chapitre suivant détaillera cette conception qui pose la guérison comme un geste essentiellement non médical. Même si, comme on l'a vu, la guérison s'adresse au terrain, elle le fait d'une autre manière que les médecines qui s'y intéressent. Par exemple, nous verrons que la guérison aborde ce champ directement, alors que ces médecines ne le font le plus souvent que par le biais de l'action sur la maladie. Et nous montrerons plus loin que d'autres méthodes activent directement les processus de guérison sans devoir passer par des traitements. Cela permet de préciser notre conception de l'approche de la guérison comme d'une nature distincte de celle des médecines – que ces dernières agissent sur une cible localisée, supportent l'individu lors d'une crise par un traitement palliatif ou interviennent dans un rééquilibrage global, par exemple énergétique. Il s'agit cependant d'actions complémentaires.

Nous posons alors que les deux champs de la médecine et de la guérison ne sont pas seulement complémentaires : ils sont aussi alternatifs. Non point dans le sens qu'ils s'excluent, mais dans celui

---

42. Jean Boilard, « Les aproches complémentaires en médecine » *in Traité d'Anthropologie médicale*, Jacques Dufresne, Fernand Dumont, Yves Martin (dir.), Québec, Presses de l'Université du Québec, 1985, p. 151-175.

où ils s'opposent, comme dans une polarité. La conception de la polarité signifie qu'au moins deux éléments sont présents à la fois, tout en ayant des fonctions contraires. Ainsi le pôle nord et le pôle sud, les bornes électriques positive et négative, les fronts atmosphériques chaud et froid : existant l'un grâce à l'autre dans leurs actions réciproques. De ce point de vue, le champ de la guérison serait alternatif par rapport à ceux de la médecine et de l'action sanitaire. Cela signifie aussi que leurs présences concomitantes, même si elles sont complémentaires, ne seront pas aisées, qu'il y aura des tensions liées à leur différente nature, le terme de nature désignant à la fois leurs divers intérêts et leurs méthodes particulières.

Ceci éclaire de façon nouvelle le mot « alternatif » utilisé dans la dénomination des médecines alternatives. Souvent cette dénomination est utilisée dans le sens du rejet des médecines plus conventionnelles, celles-ci étant considérées alors comme se focalisant sur l'éradication de symptômes et de maladies. Plutôt que de brandir ces interventions comme s'excluant mutuellement (« l'une ou l'autre »), il serait plus intéressant de les considérer comme mutuelles (selon la conception du « courant alternatif », où le pouvoir de transmission origine de l'alternance des phases).

D'ailleurs, au nom de quoi peut-on, a priori et de façon absolue, disqualifier un type d'interventions caractéristiques de la médecine : n'ont-elles pas leur utilité évidente, qu'on s'en offusque ou non ? En fait, il faut rappeler à nouveau que le symptôme est lui-même une chose, une réalité nouvelle : il a ses propres lois et sa propre inertie. Et, en autant qu'il est reconnu comme étranger, il devra être éliminé par des moyens extérieurs ou apprivoisé par un apprentissage rééducatif.

Ces méthodes alternatives, au-delà de leur nom unique, rassemblent des moyens fort disparates. Il est intéressant de les analyser en fonction de la grille médecine-guérison que nous avons proposée plus haut. Certaines de leurs conceptions ressemblent étrangement à celles de médecines conventionnelles, même si les outils qu'elles utilisent en diffèrent largement. Une de ces conceptions sera d'agir sur la maladie, ce qui est classique, mais avec des moyens particuliers, comme des plantes, des vitamines, de l'urine. Nous en tire-rons trois remarques :

- D'abord il est important de différencier un concept de gué-rison d'un concept de soignance, celui-ci incluant toutes les approches médicales. À la lumière de ce point de vue, les méthodes alternatives pourraient en fait se révéler parfois comme proprement médicales et, d'autres fois, comme recélant aussi une approche conforme à un concept de gué-rison.

- Il faudrait ensuite se permettre d'analyser sous un nouveau jour les constituants des médecines dites alternatives et évi-ter ainsi beaucoup de controverses quant aux oppositions entre celles-ci et les médecines officielles. Il est fort possible que ce qui distingue parfois des remèdes des médecines al-ternatives et les médicaments des médecines conventionnel-les soit la connaissance des ingrédients en cause : empirique dans le premier cas, scientifique dans l'autre. Avec l'amélio-ration des conceptions et des outils de recherche, les études modernes valident dans certains cas les prescriptions an-ciennes.

- Enfin le terme de « médecines alternatives » est-il plus ou moins pertinent que celui de « méthodes alternatives » ? Les malentendus sont-ils déjà présents dans la dénomination de médecine alternative, formule qui englobe à la fois le do-maine médical et le champ alternatif ? Les méthodes alter-natives ne devraient-elles pas primordialement s'adresser aux processus de guérison et laisser la maladie à la méde-cine ? Auraient-elles mieux à faire que de s'efforcer de tra-vailler sur des syndromes précis.

Un aperçu de l'articulation des domaines de la médecine et de la guérison

Les malades compliqués

L'exemple suivant et ses commentaires vont évoquer cette contiguïté des champs d'intervention.

Un immigrant ouvrier est victime d'un accident de travail et développe ensuite tout un ensemble de symptômes ; il demande une compensation, mais l'examen médical ne découvre aucune maladie connue et le dédommagement lui est refusé. Son état se dégrade alors peu à peu pour aboutir à une sinistrose majeure. D'autres praticiens continuent néanmoins de s'occuper de son problème et démontrent que, même si aucune maladie n'est reconnue par l'approche médicale, cet individu souffre pourtant : une douleur est toujours subjective d'une certaine manière, et l'accident peut être considéré comme précédant l'apparition de la dégradation, même si l'on ne peut prouver qu'il en est le générateur. Sur ces déclarations, une compensation lui est enfin octroyée... à la suite de quoi son état s'améliore rapidement ! Il reprendra même son travail antérieur, perdant ainsi volontairement ses droits à une pension automatique à laquelle son invalidité reconnue lui donnait droit.

D'un certain point de vue, si l'on ne tient en compte que la maladie, donc dans une perspective symptomatique, on pourrait déclarer que cet individu a simulé une douleur jusqu'à l'obtention d'une compensation. D'un autre point de vue, selon le shéma théorique des processus de guérison, on peut interpréter cette histoire de la façon suivante.

Cet individu est la victime d'un événement insupportable du point de vue narcissique : il est submergé. Cette atteinte personnelle est accentuée du fait de son isolement d'immigrant et de la forme même, culturellement marquée, de sa symptomatologie. Il ne peut enclencher une démarche de guérison et prend le rôle de patient. Il a donc un mal qui va l'amener à chercher un soignant pour s'occuper de lui, le prendre en charge de toute façon et, si possible, le traiter. Il s'adresse ainsi à la médecine, profession qui a l'exclusivité de déterminer des maladies et de déclarer les personnes malades. Or le représentant médical ne peut regrouper assez de signes pour interpréter un syndrome. Il n'arrive pas à les ranger dans une catégorie de maladie connue ; par conséquent, il déclare, selon les critères tout à fait justifiables de la médecine qu'il pratique, la personne non malade. Ainsi cette dernière se retrouve avec un mal sans constatation de maladie et sans reconnaissance de souffrance.

Rejeté comme patient, l'individu se détériore encore plus : un délabrement. D'autres travailleurs, agissant dans le domaine de la santé, arrivent à prouver qu'il a subi un dommage social, vu son handicap ; il a donc une « maladie » sociale qui lui donne droit à un « traitement » social : une compensation. Le fait d'être reconnu dans sa maladie a paradoxalement et indirectement un effet majeur sur cette personne : elle se retrouve reconnue comme sujet, ne fût-ce que dans le fait d'avoir droit à un traitement, à une « réparation » sociale. Cette réparation est à prendre dans les deux sens : un soin prodigué et une dette remboursée. Le traitement social ayant été donné, la personne réhabilitée peut alors reprendre son activité humaine.

Les maladies complexes

Ce qui nous amène à dire que dans le champ du traitement, il faut distinguer plusieurs sortes de maladies : médicales, psychologiques et sociales.

Une maladie médicale est une maladie que le patient perçoit comme provoquée par un agent physique ; il faut néanmoins pour qu'elle prenne valeur totalement, qu'elle soit identifiée par les experts des maladies physiques. Seuls certains de ces experts sont reconnus, puisqu'ils se sont identifiés aux yeux de la loi comme les seuls habilités à pouvoir et à savoir déterminer les maladies. D'autres, on l'a vu, pratiquent selon la même logique médicale mais utilisent des grilles différentes ; de ce point de vue, ils agissent illégalement. Les gens les consulteront néanmoins pour qu'une maladie leur soit quand même trouvée : au moins un nom, sinon un traitement. Finalement, l'individu ne pourra véritablement devenir patient somatique que s'il est reconnu malade par un de ces experts, les médecins ayant un avantage sur les autres puisque leurs décisions permettent des reconnaissances officielles d'incapacité, d'invalidité et de compensation.

Le patient peut aussi se déterminer comme porteur d'une maladie psychologique, c'est-à-dire d'une maladie causée par des problèmes d'ordre émotionnel, tensionnel, affectif ou même psychodynamique[43]. Il faut souligner que ce n'est pas parce que l'on est dans le domaine psychologique que l'on est nécessairement dans le champ de la guérison ; ceci est d'ailleurs fréquent en psychiatrie. De la même façon que dans l'ordre du médical, le patient va chercher quelqu'un qui puisse prendre en charge son symptôme et l'en soulager. Cela devient néanmoins plus difficile qu'en médecine car le rassemblement des signes en une maladie reconnue - reconnaissance juridique d'une part mais aussi plus généralement stigmatisation sociale - peut être encore moins clair et l'éventail des maladies reconnues comme invalidantes, même temporairement, est encore plus étroit.

Enfin, il y a des maladies sociales où l'individu se perçoit comme victime d'un « agent » social ayant provoqué ses symptômes[44]. Ces maladies ne sont guère reconnues car leur matière même est très différente de celle proprement médicale. Leurs symptomatologies sont parfois fluctuantes avant de devenir des maladies plus circonscrites ; un bon exemple en est l'épuisement professionnel[45]. Il faut envisager ici l'environnement comme étant la cause du mal, au même titre qu'un agent infectieux. Cependant, il est notable que,

---

43. Par exemple, certaines élaborations cliniques ont été réalisées dans le domaine de la psychanalyse : le rôle de la peau qui « protège des avidités et des agressions en provenance des autres, êtres ou objets ». Voir Didier Anzieu, « Le Moi-Peau ». *Nouvelle Revue de Psychanalyse*, n° 9, Paris, Gallimard, printemps 1974, p. 207.

44. Michel Taleghani a proposé le terme de « socio-somatique » pour désigner cette interface entre des événements sociaux et des événements somatiques : M. Taleghani, « Travail social : pour une théorie de l'aide et des solidarités », in « Séminaire sur le droit à la différence », Centre Thomas More, Eveu (France), *Cahier de l'Arbresle*, 9-10-12, 1978, p. 49-72.

45. Jean-Charles Crombez, Louis Gascon, Louis Legault, Ivanka Pilic, Gilles Plante et Jean-Guy Fontaine : « Le burn-out ou syndrome d'épuisement professionnel », *Union médicale du Canada*, tome 114, mars 1985, p. 176-181.

mettant en cause la société, elles provoquent des mises à distance réactionnelles plutôt que d'inviter à des traitements adaptés.

Donc, quand des individus, à l'occasion de certains événements, n'arrivent plus à se poser dans la logique de la guérison, ils choisissent celle des traitements. Encore faut-il qu'ils puissent du même coup être reconnus comme malades dans les systèmes catégoriels de la société à laquelle ils appartiennent. On sait que non seulement les dénominations mais aussi les délimitations des maladies sont très différentes suivant les pays et les époques[46]. Lorsque pour telle ou telle raison, l'individu n'est pas reconnu comme malade alors qu'il se veut patient, une blessure narcissique s'ensuit qui peut aboutir à diverses morts du sujet.

C'est la question de l'articulation du traitement d'un patient et de la guérison d'un sujet qui est posée. Ceci nous amène à entrer dans le champ de la guérison.

---

46. Henry Dorvil, « Types de sociétés et de représentations du normal et du pathologique : la maladie physique, la maladie mentale » *in Traité d'Anthropologie médicale*, Jacques Dufresne, Fernand Dumont, Yves Martin (dir.), Québec, Presses de l'Université du Québec, 1985.

LA GUÉRISON

Après avoir tenté de situer le champ de la guérison dans l'ensemble d'une conception de la santé puis commencé à positionner les interventions de guérison par rapport aux approches médicales et sanitaires, nous réfléchirons maintenant plus profondément à ce que nous entendons par « la guérison ». Nous avons pu dire que les processus en cause étaient globaux tout en constatant que les médecines holistiques l'étaient tout autant. Nous avons pu dire que ces processus étaient dynamiques, mais nous avons aussi souligné que d'autres médecines, énergétiques par exemple, s'exerçaient selon ce modèle. Alors qu'est-ce qui différencie le champ de la guérison de l'approche médicale ?

LA GUÉRISON COMME PARADIGME

Le domaine et le travail de guérison

Posons encore une fois et clairement l'hypothèse que le domaine et le travail de guérison n'ont pas pour objet les symptômes, quels que soient les aspects formels de ces derniers.

Une adresse particulière

Ce sont les médecines qui se penchent et agissent sur ces entités[1], que celles-ci soient concrètes comme des maladies ou discrètes comme des blocages énergétiques, qu'elles soient manifestes ou latentes, focales comme des tumeurs ou générales comme des allergies. Au contraire, la guérison s'intéresse à ce qui jouxte le

---

1. Définition d'une entité au sens mathématique : « Se dit d'une grandeur formée d'unités distinctes (par opposition aux grandeurs continues [longueur, temps]) ou d'une variation (d'un phénomène, d'un processus) par quantités entières : *Petit Larousse illustré*, 1988.

symptôme, soit la désorganisation et le déséquilibre. Il s'agit donc d'abord d'une *différence de domaine*.

Même dans le cas de médecines technologiques et conventionnelles, cette distinction s'avère particulièrement intéressante. Malgré leurs intentions particulières, ces médecines peuvent avoir une influence plus générale et leur impact dépasser la cible prévue : il s'agit de l'iatrogénie, indésirable. Mais cette portée plus large comprend aussi des effets adjoints de guérison. Ces prolongements bénéfiques sont quelquefois obtenus involontairement, comme conséquence surajoutée d'un traitement : par exemple, l'action bienfaisante d'un massage requis d'abord pour l'application de pommades dermiques. Ces effets sont aussi parfois recherchés délibérément : ainsi, à un patient ayant subi un accident vasculaire, on recommandera de reprendre dès que possible une activité locomotrice plutôt que de le confiner au lit.

Cependant, nous avons vu que d'autres médecines dynamiques et holistiques abordaient directement, elles aussi, les champs de la désorganisation et des déséquilibres. Quelle serait la différence entre ces interventions et celles de guérison ? En réalité, la distinction entre médecine et guérison ne concerne pas seulement la question d'un domaine mais aussi celle d'un type de travail. Il y a, comme nous l'avons ébauché plus haut, une *différence de nature* entre médecine et guérison. La médecine se caractérise par un style d'intervention qui est le traitement, une action réalisée par un tiers nommé « spécialiste » sur un « patient ». Ce modèle d'intervention active qui s'applique classiquement à l'encontre de maladies, peut être repris partiellement par ces médecines différentes à l'adresse de déséquilibres et de désorganisations. Ce qui différencie alors l'intervention de guérison, telle que nous la proposons dans notre modèle et notre pratique, c'est qu'elle ne procède pas d'un paradigme de traitement, c'est-à-dire qu'elle n'est pas orientée sur la maladie elle-même.

Nous avons mentionné que l'intervention de guérison s'intéresse à ce qui jouxte le symptôme, à des domaines différents de la maladie. Nous allons maintenant préciser que son action porte sur la zone de jonction elle-même - entre maladie, désorganisation et déséquilibre - et sur la dynamique de cette jonction. Il s'agit donc d'une *différence de fonction* : non point l'exploration d'un champ étranger mais l'ouverture d'un passage entre des champs séparés.

La proposition d'un concept de guérison semble intéresante en ce sens qu'elle permet d'élaborer un paradigme différent de celui de la médecine ou de la thérapie, puis, à partir de ce paradigme, un type différent d'approche clinique. La guérison touche donc ce qui entoure le symptôme, comme un domaine particulier, ainsi que la transformation de ce symptôme, comme un travail particulier.

Alors que les médecines et leurs traitements visent des maladies ou des symptômes étranges pour les faire disparaître, l'approche de guérison va permettre de déployer un processus sous-jacent pour le rendre familier. L'action sera donc intérieure plutôt qu'extérieure, et l'analyse des résultats se fondera plus sur la perception subjective que sur l'examen objectif.

Un abord particulier

À propos de l'intervention de guérison, deux remarques s'imposent maintenant.

La première, c'est que le *domaine de ce travail* se situera dans la zone de formation du symptôme. Il ne s'agit pas d'une zone de démarcation au sens littéral du terme délimitant deux univers clos, mais plutôt d'une zone de création suscitant un monde nouveau. Car le travail de guérison se réalise sur le terrain de formation du symptôme, caractérisée par une fracture, et s'interpose aussi dans sa dynamique, en créant un *man's land*. Pour en rendre compte, on pourrait penser à cet exemple inspiré d'un film d'anticipation : un sous-marin ayant à son bord plusieurs personnes est réduit à une taille microscopique et voyage à l'intérieur du corps humain pour en explorer les propriétés. Cette image évoque certains fondements du travail de guérison : subtil, exploratoire, panoramique, artisanal.

La seconde remarque, c'est que *le travail dans ce domaine* ne se fera pas par une intervention centripète, dirigée vers le corps comme peut l'être une opération chirurgicale ; non plus par une action centrifuge, comme peut l'être une interprétation thérapeutique. Cette dernière tente en effet de traduire le corps sous forme de mentalisations qui permettent le renvoi dans la sphère psychique. La guérison sera - et nous aurons tout le loisir d'y revenir dans ce chapitre - une intervention « neutre » dans son mouvement : ni centripète pour résoudre sur place, ni centrifuge pour renvoyer ailleurs ; une intervention qui admet, c'est-à-dire reconnaît et permet. Certes cette action de guérison se réalise dans un champ de globalité, au sein d'une histoire, à un niveau dynamique. Mais c'est à la fois une position où l'importance des places, des moments, des directions n'est plus capitale.

Au-delà de ces distinctions subtiles, un fait concret demeure : c'est que les gens commencent souvent un questionnement et une démarche de guérison à l'occasion de l'apparition d'une maladie ou d'un mal. Quant au « début de la démarche », ce n'est qu'une façon de parler, car les processus de guérison existent, nous l'avons vu, naturellement et potentiellement, même fragilisés. Quant à « l'avènement du questionnement », on peut y voir une contradiction avec la proposition selon laquelle l'intervention sur la maladie ne s'adresse pas directement à la guérison. Pourtant, la personne accède généralement au questionnement sur elle-même à partir de la découverte de son mal ; surtout si, en même temps, l'intervenant, tout en se penchant directement sur le symptôme qui lui est présenté, pourra être ouvert à cette dimension. C'est pourquoi la mise en rapport de la personne avec sa maladie représente une porte d'entrée utile à la guérison, parce que naturelle, dès l'instant où l'on prend soin de ne pas se restreindre aux symptômes ou de ne pas les assiéger.

Nous avons vu que, dans cette conception de la santé, les incidents morbides et les processus de guérison sont constants. Donc nous sommes tous et constamment des lieux de psoriasis, de cancer, de sclérose, et les processus de guérison agissent constamment pour corriger, détruire, créer. L'approche de guérison consistera aussi à être en contact avec ces phénomènes, à ne pas les nier : ce ne sont pas des maladies constituées (à l'occidentale) que l'on cherche à rencontrer, ni même des maladies fonctionnelles (à l'orientale), mais plutôt des potentiels de maladie. Car, autant on les refuse, non « conscients » de leur présence et de leur expansion, autant on sera submergé lorsqu'ils se manifesteront[2]. Bref, si l'on se tient distant de cette réalité, d'un déni constant de la mort on passera tôt ou tard à un submergement par celle-ci ; d'un présent où l'on refuse avec persistance le futur, on passera à un futur qui envahit avec dévastation le présent.

Mais ce qui se passe dès lors diffère essentiellement d'une approche médicale ou d'une méthode psychothérapeutique : il n'y a ni concentration sur le symptôme ni dispersion dans les significations. Le symptôme, quelle que soit l'emphase qui lui est accordée « transitoirement » dans le travail de guérison, ne constitue pas ici l'objet primordial d'intérêt. Il devient plutôt un objet de transition, c'est-à-dire un objet sur lequel s'opérera une transition : c'est ce qu'il y a de plus visible mais non l'essentiel, la cible officielle mais non l'objet primordial.

Donc le symptôme est une porte d'entrée commune au monde de la guérison. Pourtant, il y sera compris comme un compte en souffrance.

Et comme l'objet primordial de la guérison, nous le verrons, demeure caché, muet, fluide, effacé, global, on peut comprendre qu'il est difficile de le mettre en mots, d'y poser des actes, de le prendre pour objet. Même si l'intervenant peut s'apercevoir que le patient, pour déterminer son entrée en démarche et soutenir jusqu'à un certain point la poursuite de celle-ci, a besoin de l'objectif d'une guérison spécifique, ce n'est pas le but que l'intervenant doit poursuivre à tout prix. On voit là tout le paradoxe qui est en jeu : que la voie pour « peut-être » guérir est « certainement » de s'ouvrir, que la guérison particulière n'est pas une fin mais seulement un prétexte à une guérison globale.

---

2. Jean-Charles Crombez, « La maladie, côté pile et côté face » - « Disease : Heads and Tails », *S. E.P. Québec*, vol. 12, no 50, novembre 1989.

Les questions épistémologiques

Étant donné que l'on chemine dans un domaine aux confins du champ habituel des méthodes scientifiques et des pratiques cliniques, on est forcé à une réflexion épistémologique. En effet, le domaine de la guérison est quelquefois le repaire d'un charlatanisme visible et débridé. Il en existe d'autres mais les charlatans œuvrant dans des domaines officiels et reconnus sont, quant à eux, plus effacés et comformistes. Or cette position en bordure du connu ne doit pas empêcher la rigueur - rigueur qui n'est cependant pas évidente, et pour plusieurs raisons.

Toute science implique un objet d'étude que l'on obtient en découpant une certaine partie de la réalité. Il faut utiliser pour cela des instruments d'observation qui permettent d'isoler une tranche de réalité et de l'organiser selon une certaine logique. Mais, en voulant cerner la réalité par des découpages et des constructions, on fausse par-là même cette réalité. Pour amoindrir ce phénomène, on multiplie les approches et on essaie de rassembler observations et connaissances en des ensembles plus profonds et intégrants. Or le monde de la guérison se prête mal au découpage, car il va s'agir ici de mondes intérieurs implicites, reliés et personnels.

Corollairement, on tente de trouver des instruments d'observation spécifiques aux mondes étudiés. Mais, particularité supplémentaire dans ces mondes subjectifs, cette observation va elle-même créer[3] ses objets d'étude ; l'observateur ne peut être neutre. L'homme est un instrument d'observation particulier, complexe et mouvant, et ses objets d'observation le sont tout autant[4] !

Pourtant, tout objet appréhendé doit au moins être perceptible, documentable et expérimentable, au mieux fixé ou reproductible. Mais certains diront ainsi que les objets de recherche sont forcé-

---

3. Référence aux théories de la complexité. Par exemple : Henri Atlan, *Entre le cristal et la fumée*, Paris, Seuil, Coll. Points, 1979, et Pierre Marty, *Psychosomatique de l'adulte* (PUF, Coll. Que sais-je, 1990) dont les points de vue permettent de considérer la question des théories de la complexité en psycho-dynamique et en psycho-somatique.

4. Edgar Morin, « De la complexité à la boisson », in *De l'Alcoolisme au bien boire*, tome I, Ouvrage collectif, Paris, L'Harmattan, p. 47-53.

ment illusoires puisqu'ils représentent obligatoirement des choses pétrifiées ; c'est la question du « in vivo » versus « in vitro ». C'est aussi la question que l'on peut se poser au sujet de l'étude de tout mal, maladie y compris.

De plus, les domaines de connaissance ont chacun leur propre langage. Bien sûr il est intéressant pour une science donnée d'emprunter temporairement les mots d'une autre : cela donne des effets d'ouverture vis-à-vis de constructions systématiques qui pourraient autrement s'enfermer sur elles-mêmes. Cependant, il devient difficile de travailler dans tel champ avec le langage utilisé dans tel autre. Ainsi, on ne peut résoudre les problèmes mécaniques entrant dans la construction d'un pont avec un jargon psychanalytique, ou exprimer un qi-carré en formule chimique. Il en est de même du champ de la guérison : il est délicat de l'aborder avec des attentes et des concepts issus des mondes médicaux ou psychologiques. Le niveau de réalité où opère la guérison correspond à un autre langage, à une autre compréhension que ceux utilisés dans ces mondes. La proximité de leurs objets peut les faire paraître semblables alors qu'ils en diffèrent fondamentalement.

LA GUÉRISON COMME IMPLICITE

Les médecines procèdent donc sur des maux (malaise, mal-être et maladie) en recherchant les agents en cause. Elles appartiennent à l'ordre de l'explicite qui définit leur pratique, leur théorie et leur recherche. L'explicite, c'est ce qui est évident, déployé, manifeste. Le champ dont nous traiterons n'appartient pas à cet ordre : on entre dans l'implicite[5]... dans ce qui est replié, qui ne se présente pas à première vue (pré-vu), qui n'existe pas à proprement parler (pré-existant).

On peut mieux comprendre cette différence en ayant recours à l'exemple d'un bas-relief. Ici, ce qui est mis en relief c'est l'explicite,

---

5. David Bohm, *La danse de l'esprit ou le sens déployé* (Unfolding Meaning), St-Hilaire (Québec), Éd. Séveyrat, La Varenne, 1988.

la maladie. Ce qui est sous-jacent, le creux qu'on ne remarque pas, c'est la guérison. Un champ qui l'entoure, implicite : le champ de guérison ; un mouvement qui y est présent, indicible : le mouvement de guérison. Ainsi, ce qui est important dans la maladie n'est même pas, à l'image d'un haut-relief, la description concrète ou subjective de celle-ci avec les informations qu'on peut en tirer objectivement. Sa description renvoie à un regard intérieur, mobile et actif, comme l'œil qui remarque tout à coup le creux mettant en évidence le bas-relief.

Le terrain de guérison et son lieu implicite

Le lieu implicite représente ce que nous appelons le *terrain*. Le terrain excède ici la définition qu'on lui donne habituellement, définition dont on s'est servi au chapitre précédent. Une vieille proposition taoïste permettra d'illustrer l'utilisation particulière que nous ferons de ce terme. Au regard du dessin d'un arbre sur un fond de montagne, il est demandé : « Quelles sont la hauteur et la couleur de la cime de la montagne *derrière* cet arbre ? ». La question posée concerne donc ce qui *n'est pas visible*, soit le terrain.

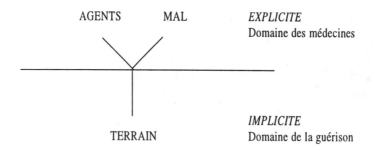

Ce qui signifie d'abord que le terrain est par nature invisible, impalpable, non saisissable. Si l'on utilise le schéma ci-dessus en y superposant la métaphore de l'arbre et la montagne, on peut dire que la maladie paraît cacher le fond d'un terrain, justement parce qu'elle n'en fait pas partie, justement parce qu'elle l'obstrue. Il s'agit ici d'une obstruction passive. La manifestation masque le non-manifeste[6].

Ce qui signifie ensuite que le problème dans ce terrain en est un d'absence et non d'anomalie. Généralement, on parle d'un terrain comme on parlerait d'un élément d'une addition : agent « + » terrain = maladie. Et s'il s'agissait d'un autre type de rapport, une soustraction : agent « - » terrain = maladie ! Comme si l'absence de terrain faisait que l'agent provoquait une maladie. En d'autres termes, ce serait la maladie qui viendrait signer la limite de la capacité d'un terrain vis-à-vis d'un agent. La manifestation révèle la carence du non-manifeste.

Ce qui signifie enfin que ce lieu n'existe que potentiellement, qu'en fonction inverse de la manifestation des objets. On pourrait dire que c'est la maladie qui, à son tour, accentue l'incompétence d'un terrain vis-à-vis d'un agent. La manifestation entraîne alors l'exclusion du non-manifeste. Nous insisterons donc sur cet aspect plus dynamique : que le manifeste restreint le latent, le cache, l'empêche. Ainsi le mal et les agents, par leurs manifestations et leurs traitements, obstruent le champ de guérison. Cette fois, il s'agit d'une obstruction active. Le manifeste bloque le non-manifeste.

Ainsi, à trois titres, on pourrait énoncer : ce qui est manifeste n'est pas latent[7]. Et que la recherche des sources du manifeste ne peut être celle des origines de la guérison.

Notre conception propose donc que l'objet dont s'occupe la médecine est visible, explicite : parfois solide et cristallisé, parfois discret et bloqué, parfois global et désintégré. Par ailleurs, la guérison s'occupe d'un champ implicite, non repérable par examen. Cet implicite, ni présent d'avance, ni caché, est plutôt une zone de conception.

---

6. Roland Jaccard, *L'exil intérieur*, PUF, Perspectives critiques, 1975.

7. Principalement en psychanalyse. Le « latent » est considéré comme étant présent, mais non manifesté. Mais pourrait-on envisager que ce « latent » n'est pas caché, mais plutôt qu'il n'existe tout simplement pas. Alors ce « latent » serait ce qui ne s'est pas encore manifesté, qui n'a jamais existé que dans du potentiel, et du potentiel non prévisible d'ailleurs.

Le lieu implicite de la guérison se trouve à la bordure des domaines des agents, des maux et d'un terrain implicite, correspondant dans le schéma suivant au point situé à la jonction « Y » des différentes lignes :

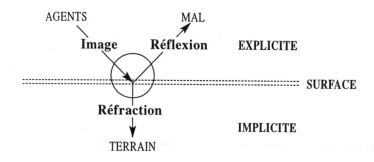

On pourrait concevoir la ligne horizontale comme un miroir sans tain ou la surface d'un lac. Un objet (agent) produit une action (image) qui provoque deux effets sur la limite (surface) du milieu (terrain) : une réflexion qui renvoie l'image à l'extérieur (explicite) et une réfraction qui laisse pénétrer l'image à l'intérieur (implicite).

S'ensuit une constatation majeure que l'analogie du miroir permet de rendre : plus l'image est reflétée, moins elle sera réfractée, et plus elle est réfractée, moins elle sera reflétée. En d'autres termes, la formation des maux dépend des limites d'intégration d'un agent étranger dans l'organisme et la capacité de gérer ces agents diminue d'autant les renvois vers des maladies. Des avatars de cette relation - dans la zone représentée par cette surface - naîtront les maladies ; des ouvertures de cette relation apparaîtront des mouvements de guérison.

La dynamique de la guérison et sa fonction implicite

Afin d'illustrer la dynamique particulière qui se joue à la bordure des champs explicite et implicite, on peut utiliser l'analogie du tissage. Un tissu est constitué d'une trame - un agencement de fils constituant la structure - et d'une chaîne - composée d'autres fils qui courent à travers la trame. On peut dire que la chaîne ne peut se dérouler sans l'existence de la trame, et évoquer que la trame ne peut tenir sans la chaîne. Pour dépasser l'analogie, on suppose que les reliefs, conséquents au jeu de ces deux composants, apparaissent comme des points isolés ; ce sont les nœuds :

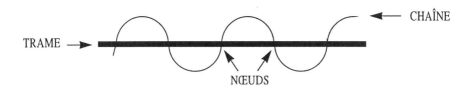

Si l'on souligne que ces nœuds « apparaissent » comme des points isolés, c'est pour en démontrer l'illusion créée par le jeu d'une observation extérieure. On dit alors que chaîne et trame représentent l'implicite et que les nœuds désignent l'explicite. On peut ensuite ajouter que la trame évoque l'essence de l'existence dans ce qu'elle a de plus fondamental, et que la chaîne l'exprime dans ce qu'elle a de plus mouvant : deux énergies en polarité qui ne peuvent exister l'une sans l'autre. Le cheminement d'une personne ressemble au parcours de la chaîne, processuel ; il est la représentation du personnel, de l'unique, et ne peut cependant se réaliser qu'à travers une trame. Celle-ci correspond au réseau social, structurel ; elle est la représentation de l'interpersonnel, du collectif. L'arrêt du parcours personnel d'une part, ou la disparition de ce réseau collectif d'autre part, forme des nœuds, c'est-à-dire, entre autres, des symptômes et des maux.

Les maladies, selon ce point de vue particulier, surviennent aux lieux de ruptures de circulation, là où la structure sous-jacente offre des points de vulnérabilité. En retour, les nœuds bloquent la chaîne et modifient la trame : ils deviennent armature artificielle et font office d'existence. On peut imaginer que les nœuds sont comme des cicatrices qui surviennent à la suite de traumatismes ou de coupures non refermées - physiologiques (comme la perte d'organes) ou psychiques (comme la perte d'êtres chers). Et, de traumatismes en coupures, de coupures en traumatismes, il n'y a bientôt plus que des masses et des trous monstrueux : ruptures de circulations et destructions de structures, rupture de chaînes et destruction de trames, perte de liens et manque d'assises[8].

L'absence de chaîne et de trame amène une sorte de dispersion de l'individu, d'éclatement. C'est ainsi qu'on peut comprendre l'égarement de certaines personnes : perte de réseau communautaire, disparition des raisons de vivre, abolition des perspectives. Comme une sorte de désagrégation. Ce qui est assez remarquable, c'est que certains patients remplacent leur identité perdue par le rôle de malade : le mal devient le centre d'eux-mêmes. Cette nouvelle « raison sociale » cache le vide : une maladie d'identité.

À l'opposé, les reprises d'un parcours de chaîne et d'une base de trame sont essentielles à des mouvements de guérison, d'où l'importance donnée à de nouveaux liens personnels, interpersonnels et, selon un terme plus récent, transpersonnels. Les premiers, personnels, indiquent la réappropriation de vécus corporels. Les seconds, interpersonnels, incluent des remises en question et des remises en jeu de relations sociales et familiales, y compris celles avec les ancêtres dans certaines cultures. Les troisièmes, transpersonnels, reprennent sous d'autres nominations des démarches de foi sur lesquelles nous reviendrons plus loin.

La guérison s'adresse donc au terrain plus qu'à la maladie, et moins au symptôme explicite qu'au corps implicite.

Mais les nœuds ne concernent pas que les maux, ils incluent aussi des comportements, des habitudes, des certitudes, des rôles... Il n'est donc pas nécessaire d'avoir une maladie pour faire une démarche dans l'implicite.

---

8. Ces nœuds formeront donc les traces de l'histoire personnelle. Ils constitueront un mémorial (voir « Agents et terrain », p. 44), rappels d'événements passés dans le présent, obstacles présents à un développement futur.

La traversée du miroir

Le travail de guérison implique un passage de l'explicite vers l'implicite. Toutes les caractéristiques de la méthode en Echo vont manifestement ou discrètement faciliter ce passage. Mais la démarche comporte un obstacle important dû à la nature différente de ces deux champs : deux domaines, deux réalités. La difficulté sera celle d'un hiatus logique, d'une solution de continuité. On tentera donc de rendre l'expérience familière et gérable, mais il n'en est pas moins vrai qu'elle ne peut se faire que « là », dans l'expérience elle-même[9].

No man's land, frontière transparente, nous comparerons cette démarche à la traversée d'un miroir, comme Alice le fit vers le Pays des Merveilles[10]. On entre dans un autre monde, là où les règles ne seront plus les mêmes. Comme on le verra maintenant, le passage à travers le miroir s'accompagne de nombreuses sensations chez ceux et celles qui le tentent.

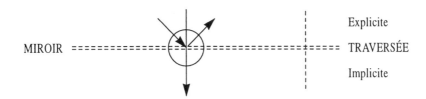

L'approche

Je me sens mal, dit-il. Voilà un point charnière, perçu, exprimé et confié. Ce « je me sens mal » indique le déséquilibre, quelque chose qui ne va plus dans le mouvement. Le déséquilibre, on l'a vu, va produire éventuellement un symptôme, mais à ce niveau et à ce moment-ci, rien n'est encore déterminé. La personne se retrouve dans une position extrêmement désagréable : dans le doute et le

---

9. Si l'on peut utiliser ce dernier terme malgré son allusion spatiale impropre ici.

10. Lewis Carroll (Charles Dodgson), « De l'autre côté du miroir » in *Œuvres*, Paris, Robert Laffont, 1989. p. 147-154.

suspense, elle appelle ; elle tente de s'en sortir de plusieurs manières et plusieurs réponses lui seront offertes.

L'une de ces réponses ouvre la porte du médical : c'est l'entrée
dans le symptôme, le diagnostic et le traitement. Ici, on tentera de
relever une cause objective correspondante à la souffrance : « *De
quoi* avez-vous mal ? ». On focalise sur l'objet réfléchi dans le miroir : l'*objectivation*.

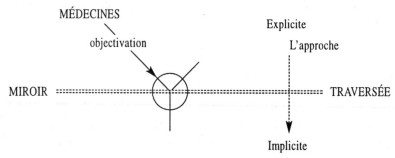

Une autre réponse introduit dans l'explication, l'interprétation
et la compréhension. L'intervention thérapeutique consiste à partir
en quête d'un sens subjectif : « *Pourquoi* avez-vous mal ? » On cherche le sens d'une origine (qui orienterait), et le sens de l'objet lui-
même (qui signifierait)[11]. On s'intéresse ainsi à l'image réfléchie de
l'objet : la *réflexion*.

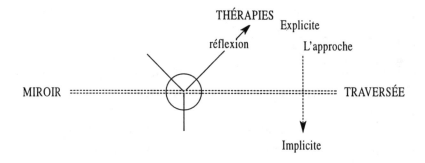

11. Roland Barthes, « Éléments de Sémiologie », *Revue Communications*, 4, *Recherches
sémiologiques*, Paris, Seuil, 1964, p. 90-134.

On remarque que ces réponses se situent toutes deux du côté du symptôme. Certaines médecines (ou certains médecins) peuvent permettre de déterminer plus tôt des tableaux morbides, par exemple celles qui les fondent sur des changements énergétiques (médecines chinoises) ou des groupements de symptômes (homéopathie). Mais d'une façon ou d'une autre il s'agit toujours de la détermination objective d'une maladie.

Les réponses ne sont pas toujours évidentes : le médecin peut ne pas reconnaître une symptomatologie et le psychothérapeute peut ne pas repérer une signification. Alors le patient, décidé d'être patient ou n'ayant pas d'autres moyens de s'en sortir, repart seul et dépourvu, en quête de maladie et de sens. Et l'histoire démontre qu'il les trouve où il le peut, et où on les lui propose.

Le passage

Il existe une autre réponse, une troisième voie qui s'ouvre dès qu'on parle de guérison. On y accède par une autre forme de question : « *Comment* avez-vous mal ? », pourrait-on demander. On s'approche ainsi du miroir. Au lieu de décrire ou de réfléchir, on touche l'objet de l'intérieur : l'*implication*.

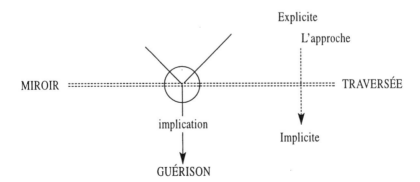

Surviennent alors des perceptions de perplexité, de confusion, d'absurdité ; une sensation de désorganisation au cours de ce passage entre deux mondes. Toutes sortes de peurs peuvent surgir à l'occasion de ce travail ; elles peuvent alors être décrites et mieux faire comprendre, sinon expliquer, la difficulté de la présence « implicite » du corps dans le courant de la vie quotidienne. Il faut donc un certain apprivoisement, un certain encouragement lors de ce passage, car ces perceptions doivent rester tolérables.

Le point critique, c'est la perception d'impasse[12]. *The wall is the way*, dit à peu près le sage : l'obstacle est le chemin. La « conversion », au moins dans les sens mathématique ou sportif, sinon dans le sens mystique[13], se réalise là :

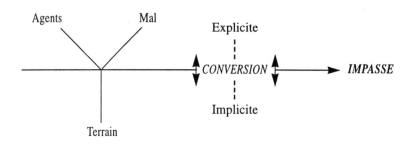

On peut vouloir éviter le passage vers cette nouvelle réalité et ce, de plusieurs manières : par distraction, par dénégation, par intoxication. On s'échappe de l'impasse en s'absorbant, en refusant, en oubliant. Les médecines et les psychothérapies peuvent même y

---

12. Cette impasse vécue ici rejoint la description commune à des textes humanistes ou spirituels et à des itinéraires de croissance personnelle. C'est aussi une formulation importante dans le champ de la psychosomatique (voir « L'impasse », p. 161).

13. La conversion est le changement d'une chose, d'un acte, d'une procédure en un(e) autre. Ce terme est utilisé dans les domaines de la mathématique, du sport (un demi-tour effectué sur place). On le retrouve aussi dans le champ mystique où il désigne le fait d'abandonner une religion pour en embrasser une autre. Sur les conversions de sens, voir Michel Taléghani , *Projet de Recherche sur les Maladies-Passions (ou Maladies de la Volonté et de la Dépendance)* , Paris, IN-SERM, 1992.

jouer ce rôle. En d'autres termes, on peut vouloir utiliser médecine et thérapie pour se sortir de l'impasse.

Or nous allons de l'autre côté, *entre la mer et l'eau douce*, entre le diagnostic et le signifié, entre le signe et le sens, le silence : dans l'entre-deux. Du côté du champ de la guérison, intelligent, complexe, global, personnel, discret et dynamique, comme la vie. Une conversion s'est faite et des paroles curieuses surgissent : « *C'est comme si j'avais un liquide de plomb à la place du sang* ». On a traversé le miroir ; on se trouve dans l'autre monde.

Then the dead end may be the beginning of the way. À partir de l'impasse qu'est le symptôme et ce à quoi il peut conduire, le cheminement de guérison permet de globaliser les perceptions, de mobiliser les relations, de rendre la maladie périphérique.

C'est une direction divergente par rapport à la médecine qui nécessite, vis-à-vis de la maladie, une localisation, une appréhension, une focalisation et une concentration. Ce chemin n'est pas facile à trouver, car il n'est pas évident ; il n'est pas facile à suivre, car il n'est pas spectaculaire.

LA GUÉRISON PERSONNELLE

On peut aborder la guérison comme le domaine d'un terrain et le champ d'un implicite ; on peut ainsi déclarer qu'elle implique une personne, mentalement et corporellement. En médecine, la maladie ne peut être que générale, puisque classée comme chose extérieure. Elle est générique, sans aucun rapport avec le patient sinon qu'il en est le porteur. Avec ses outils la médecine ne peut comprendre, et surtout prescrire, la guérison par la foi, les remèdes populaires vis-à-vis des verrues, l'effet placebo, les rémissions spontanées de cancer, la maîtrise corporelle des yogis, l'hypnose et la suggestion. En guérison, la maladie ne peut être que personnelle, individuelle. Elle est singulière, liée à une histoire, même si elle peut être le fruit d'une perte d'histoire. Ainsi en médecine, la maladie est primordiale et générique, en guérison, elle est secondaire et personnelle !

De plus, en guérison, le problème est toujours celui du sujet, et de lui seul. Cet énoncé n'est pas le fait d'une désapprobation morale mais d'une donnée de travail ; parce que c'est justement à la jonction entre la maladie et la personne que débutera et se fera le cheminement. L'individu devient le moteur de la recherche, il est primordial qu'il soit là, en personne et en action, on pourrait dire « en forme ». Donc, devant une maladie il y a deux voies : en aval, les traitements médicaux divers, en amont, les interventions de guérison par réappropriation.

Une personne

Voici un exemple mettant en relief certaines des idées que nous avons présentées jusqu'à présent. Il concerne l'histoire d'une personne qui a réalisé la traversée d'une maladie vers une guérison[14].

Le songe de la guérison

On a découvert chez Lucie un cancer du poumon et on lui a conseillé une chimiothérapie. Elle accepte d'entreprendre ce traitement. En même temps, elle débute une démarche personnelle qu'elle utilise pour mieux tolérer sa maladie ainsi que les remèdes médicaux. On constate qu'elle choisit de joindre aux soins médicaux individuels une approche humaniste dans le cadre d'un groupe de support, non seulement en utilisant les uns et les autres mais aussi les uns avec les autres ; elle se sert par exemple de certaines techniques mentales pour optimiser l'effet du traitement. Un de ses médecins va d'ailleurs dans le sens de cette intégration, d'une part en acceptant la participation de sa patiente à ce groupe d'entraide, et d'autre part en l'informant avec précision des résultats de ses examens ; il lui montrera ainsi les radiographies de ses poumons[15].

---

14. Mais vous y découvrirez bien d'autres thèmes dont nous parlerons aussi par la suite. Il est en effet tout à fait impossible que l'histoire de quelqu'un puisse être contenue dans un chapitre particulier ou se plier à une rubrique spécifique.

15. De tels renseignements objectifs peuvent, nous le verrons, être utilisés avec bonheur dans le travail de guérison.

C'est alors que Lucie prevoit que le cancer diminuera de la taille actuelle d'une noix de Grenoble à celle d'une petite crotte de lapin et qu'il faudra quatre séances de chimiothérapie comme dose de traitement externe ; cependant ce chiffre diffère du nombre de séances qui lui est proposé. La première séance de traitement est horrible ; Lucie n'est pas du tout prête à la supporter. Puis se déroulent trois autres séances qu'elle maîtrise bien, avec peu d'effets secondaires.

La veille de la cinquième séance, elle a une rencontre de psychothérapie où, par le canal d'une relation thérapeutique profonde[16], elle parvient à une certaine sérénité, se convainquant qu'elle supportera bien le traitement du lendemain. Cette nuit-là, elle fait un rêve où elle retrouve un enfant qui a été laissé dans l'annexe d'une maison :

> L : - J'ai rêvé cette nuit que je trouve un bébé dont je devais prendre soin, et que j'avais complètement oublié, négligé. Il est tout petit, assis tout croche dans un carrosse, sans suffisamment de support pour son dos. Il est tout mou et a les fesses en l'air. Je devais le changer de couche, étais partie pour en chercher une, mais n'étais jamais revenue pour la lui mettre. Je veux maintenant le faire et repars demander où sont les couches de tissu et de plastique.
>
> J'aperçois alors un énorme noyau de pêche qui est une crotte que vient de libérer le bébé. Je trouve terrible de penser que, pour que cet énorme noyau soit sorti de son anus, il a fallu qu'il l'avale tout rond. Ainsi, il n'a pas été surveillé.
>
> Je touche la coquille ; elle est sèche et très chaude, et en l'entrouvrant je vois la crotte molle, visqueuse au centre. C'est l'envers de ce qui aurait dû être si c'était passé par l'anus : logiquement la coquille aurait dû être gluante.

Elle part alors pour son cinquième traitement. Impossible de la piquer : cinq essais s'avèrent infructueux. « Est-ce que vous résistez ? » lui dit l'infirmière ; et la sixième tentative réussit enfin. Les

---

16. Soutenu par un contact d'abandon corporel. Une présentation brève de cette méthode est donnée dans J.-C. Crombez, « Thérapie expérientielle » in *Psychiatrie clinique : Approche bio-psycho-sociale*, P. Lalonde, J. Aubut et F. Grünberg (dir.), Éd. Eska S.A.R.L., chap. 54, 3ᵉ édition, 2001, p. 1380-1394.

suites seront déplorables : des effets secondaires insupportables. Pourquoi un tel désastre dans une quiétude semblable, se demande-t-elle la semaine suivante ? Pourquoi cette sensation d'un bébé délaissé et retrouvé ? Pourquoi l'inversion de ce dur et de ce mou ? On élabore les explications suivantes.

Auparavant elle « clivait », ne percevant nullement ce qui pouvait lui être néfaste. Elle laissait ainsi certains morceaux d'elle-même comme tribut de sa survie : des bébés dont elle ne prenait pas soin. C'est ce que nous appellerons une *harmonie palliative*, ce qui permet de survivre. Nous verrons que certaines techniques de support proposées aux clients favorisent ce genre de remparts. Mais lorsque Lucie est sortie de la rencontre de thérapie, elle se sentait en « harmonie », ce qui est bien l'inverse de la division : il s'agit ici d'une *harmonie dynamique*. Elle est alors plus sensible à tout ce qui peut « atteindre » cette harmonie. La capacité de perception intérieure est meilleure, tant et si bien que le corps lui-même, de façon non volontaire, est capable d'appréhender un assaut éventuel. Il le manifeste en ne se prêtant pas à l'injection nécessaire ; l'infirmière, habituée à donner des piqûres, devine le corps défensif. Et la perception ultérieure de l'effet nocif du traitement devient maximale. Il s'agit donc ici d'une harmonie profonde ; non pas celle qui serait issue d'une décision forcée de bien-être, par l'évincement de toute sensation négative, mais une perception intérieure évidente vis-à-vis d'un bien-être, une ouverture à la sensibilité, une intelligence aux influences.

Dans le rêve, la noix est évacuée, et il est bien compris qu'elle contient l'ensemble du cancer : la maladie a été éliminée. Le songe parle ainsi de guérison, mais de quelle guérison s'agit-il ? Bien sûr, on voit que la maladie est expulsée, mais on peut ressentir que la guérison ne consiste pas vraiment en l'élimination de cette tumeur ; celle-ci n'en étant que l'aspect secondaire et explicite. Prenant soin de ce petit qui avait été laissé pour compte, s'inquiétant de ce qu'il a enduré, cette personne constate avec émotion sa délivrance. La guérison implicite, c'est la guérison de la personne. La patiente n'est peut-être pas guérie quant à sa maladie, mais elle se sent guérie comme malade.

Est-ce à dire que le rêve est une preuve de guérison ? Au sens d'un résultat, non ; au sens d'un processus, oui. En effet, il n'est pas question de dire que le rêve *démontre* qu'elle est guérie, car elle ne l'est pour l'instant *que dans le rêve*. Et ceci oblige à une réflexion sur les interprétations en général. Les contenus ont des sens mais en relation avec un état, un temps, un lieu, et l'état de rêve n'est pas celui de veille ; sa fonction est particulière. Ainsi, lorsqu'une signification se révèle chez quelqu'un à une certaine occasion, elle ne devrait pas être apposée sur l'ensemble de la personne, ni sur l'ensemble de la réalité. Ceci vaut pour les révélations faites dans le contexte d'une rêverie, d'un acte ou d'un symptôme ; mais il arrive souvent qu'on généralise de tels événements, comme s'il s'agissait d'évidences absolues à prendre au pied de la lettre. Il faut donc plutôt resituer cet élément « qu'elle est guérie dans le rêve » et laisser cet objet être présent simplement comme élément de travail.

Cet objet du songe se révèle sec, puis chaud, puis mou. Le passage d'une noix solide à une crotte molle est une analogie ou un exemple du passage de l'explicite à l'implicite. Le changement en nous ne peut se faire en se débarassant de ce qui nous importe de nous-mêmes ; il passe d'abord par une une intégration et une désintégration, une diffusion et une fusion auxquelles nous participons. La patiente, comme Alice, est entrée dans l'envers de ce qui est. Il ne s'agit pas de la signification des objets du rêve mais de leur transformation. Car les contenus des rêves seront laissés dans leurs enveloppes, et ce sont ces enveloppes sur lesquelles on travaillera[17].

La réalité de la guérison

Poursuivons ce récit pour montrer les difficiles articulations des domaines de la médecine et de la guérison.

Vais-je aller à mon sixième et dernier traitement ? Le traitement tel que prescrit par le médecin comprend en effet six séances. En les suivant, elle se maintient dans le réseau des soins, c'est-à-dire

---

17. Voir La méthode en Echo, MNH, 2003 ; un des éléments du travail de guérison consiste en effet à mettre en scène des objets, à les laisser agir, interagir, créer.

qu'elle accepte les traitements mais aussi qu'elle reste elle-même acceptée par le groupe médical. Par contre, en refusant le traitement, elle risque d'en être exclue, par rejet ou par abandon, puis de ne pouvoir supporter cette situation et d'en être déséquilibrée. Si l'on revient sur l'hypothèse que les processus de guérison sont sensibles aux états de désorganisation et de désespoir, la maladie pourrait bien alors reparaître. Ainsi la réapparition du symptôme pourrait se comprendre de deux manières : d'un point de vue extérieur, comme une cause directe liée à l'abandon de son traitement médical ; d'un point de vue intérieur, comme une conséquence indirecte de son exclusion comme sujet.

Lucie annonce donc à son médecin qu'elle hésite à continuer le traitement tel que prescrit et, comme preuve, elle lui raconte le rêve ! Elle met ainsi brusquement le médecin en présence du domaine de la guérison, non pas tant par un résultat quelconque mais bien par une manière d'écouter une intelligence intérieure. De cette façon, elle tente de prolonger la conjonction des deux approches. Mais l'intervenant lui répond, statistiques à l'appui, qu'il n'y a pas de chances à prendre, ce qui est logique : le point de vue médical ne peut être que général et l'individu ne peut qu'y être statistique. La chance probable prend la place du risque personnel : ce sont des raisonnements objectifs. Même là, la statistique est utilisée d'une manière particulière car ne sont pas questionnés les écarts de la norme : par exemple, comment se fait-il que certains patients traités par chimiothérapie ont de moins bons résultats que certains qui ne sont pas traités ? De toute façon, cette argumentation est ici hors d'ordre, car le but de l'utilisation de la statistique dans ce contexte est de proposer des normes, pas de réfléchir sur des exceptions !

Ce qui est dit aussi, c'est que les rémissions complètes sont improbables, donc que la mort est là comme fatalité, comme spectre ; ce qui enlève toute place à l'espoir. Curieuse phrase au demeurant : le contraire signifierait-il qu'il n'y aurait pas de mort si le traitement était suivi ? En guérison, le savoir est intérieur ; donc le médecin ne peut y avoir accès. En l'absence de traitement, il ne peut être envisagé aucun autre pouvoir et le patient est considéré comme perdu. La médecine, quand elle est dépourvue de la puissance du traitement, ne peut qu'exprimer un discours désespéré, fatal.

Qu'est-ce que la personne choisira : la vie maintenant (le risque de son intuition) pour mourir plus tard (la chance prescrite par le soignant) ou la mort maintenant (aucun risque à prendre) pour vivre plus tard (toutes les chances mises de son côté) ? Ayant compris les deux positions différentes, et d'ailleurs les deux rôles différents de patient et de médecin, Lucie se resitue dans ses propres craintes et besoins... une place de personne. La question qui monte alors en elle est : *Est-ce que j'ai le goût de guérir ? Car guérir, c'est devenir indépendante, autonome, forte, parfaite.* On voit, sous-jacente, la problématique de la perte du réseau, la peur du pouvoir individuel, le trac de la création, l'angoisse de la liberté. Guérir, c'est repartir dans le monde en mouvement, dans une démarche, par opposition à la fixation, à la stupeur, au doute. Guérir, ce n'est pas lutter contre la maladie ; guérir, c'est se mouvoir et « emporter » ainsi la maladie ; comme on peut dire d'elle, au contraire, qu'elle a emporté la personne. Guérir, c'est vivre en harmonie[18], ce qui diffère de la recherche de la perfection.

Lucie décide de suivre le traitement de consolidation, justement parce qu'elle est ambivalente quant à son choix. En effet, si on ne peut choisir avec évidence entre ces deux voies possibles du traitement et de la guérison, l'hésitation est en elle-même une excellente indication de la nécessité d'une aide extérieure. En l'occurrence l'acceptation de l'intervention médicale devient la voie la plus sûre ; sinon l'indécision elle-même cause un problème par son effet de doute et d'errements. De même qu'il est suspect en guérison de « se battre » contre la maladie par principe, de même il l'est de « refuser » les traitements par idéalisme, dans une sorte de lutte à finir.

Cette personne ne peut s'appuyer sur sa perception intérieure, non seulement à cause du rejet social possible mais plus essentiellement parce qu'elle n'est pas dans ce lieu d'harmonie, de maîtrise,

---

18. Le concept d'harmonie rappelle celui de discordance élaboré par Deleuze quand il parle de Spinoza. Ceci avait déjà été abordé dès l'ouvrage sur l'Anti-Œdipe : Gilles Deleuze et Félix Guattari, *Capitalisme et schizophrénie : l'Anti-Œdipe*, Paris, Les Éditions de Minuit, 1972, p. 369.

d'assurance et de connivence : quelqu'un de majeur pour elle, « son » soignant, n'est pas d'accord avec elle. La seule réponse possible aux propositions de traitement serait : « Non, merci »... gentiment ! Car la position de guérison en est une d'évidence et de mouvement, non de doute ou de calcul. Il n'y est pas question de chance mais de risque, non pas d'yeux fermés mais ouverts.

Elle recevra ainsi les traitements prévus. Elle subira de la même manière une intervention chirurgicale pour préciser la nature d'une masse qui persiste, et dont elle affirme qu'il ne s'agit plus là de maladie. Assurée de l'alliance de ses médecins par son acceptation d'un examen de vérification, elle verra néanmoins se confirmer que, de fait, il ne restait plus là que tissu sclérotique. Nous ne pensons pas que quelqu'un d'objectif ait pu dire, ou aurait pu lui dire, qu'elle avait raison. Car sur quels signes extérieurs aurait-on bien pu la croire ?

Un corps et un esprit

Concevoir la guérison comme une guérison personnelle, c'est considérer que la personne est au centre de la méthode et de la démarche. Elle y est présente avec son corps et son esprit.

Une réappropriation

Un des outils de la guérison consiste en effet en une réappropriation du corps. On a vu que la médecine se fonde sur une prise en charge du corps par un tiers, par un intervenant, autant pour le diagnostic que pour le traitement. La guérison est tout autre, et toute autre qu'une médecine intérieure[19]. Elle propose, à travers les symptômes et à partir des déséquilibres, une reprise de contact avec une autre réalité corporelle, une réalité implicite.

On rejoint, à la racine de la maladie, un corps « oublié » ; le travail se fait sur ce corps implicite sous-jacent à l'évolution morbide,

---

19. Car on ne devrait pas intituler ainsi la guérison, ce pour éviter toute confusion avec les médecines. Toutes les médecines sont en effet « extérieures », puisqu'elles s'adressent à un excrétat du corps : la maladie. Et il importe peu, de ce point de vue, que les symptômes de ces maladies soient souvent perçus comme externes à soi ou parfois ressentis comme internes à soi.

laquelle s'estompe en autant que le corps redevient vivant. Dans ce registre, le mot disparition est à prendre dans son sens phénoménologique. On part d'une situation où la maladie approprie la personne par son diagnostic, son pronostic, ses contraintes, où la personne est donc disparue. Et on inverse fondamentalement cette situation en faisant réapparaître la personne comme primordiale et disparaître la maladie comme centrale. Une dynamique corporelle voit le jour, se perçoit et se construit. La personne peut alors s'y introduire, s'y repérer et s'y affirmer.

La logique de cette reprise de contact avec le corps est particulière, et tout à fait cohérente par rapport aux principes de guérison : c'est le rapport à la maladie qui importe et non pas cette dernière en tant que telle. Et la reprise de contact avec un niveau implicite permettra la mise en évidence de blocages physiologiques et de ruptures anatomiques[20]. Les zones d'accrochage, les lieux d'attraction sont ainsi reconnus et pourront être modifiés.

L'appropriation du corps vécu qui n'a pu se faire antérieurement par souci de survie ou à cause d'interdits, nécessite pour se réaliser la mise en place d'un lieu particulier qu'est le cadre de la méthode ; elle se poursuivra ensuite sans l'aide de ce cadre. Cette opération doit s'accomplir sans submergement, c'est l'une des conditions essentielles de la démarche que nous présentons.

Une autosuggestion

Un autre outil de guérison concerne le mental que l'on identifie souvent au monde des concepts et de l'intellectuel. Or il s'agira ici davantage de l'univers des perceptions et de l'imaginaire. Il sera moins question de *psyché* que de *fantasia*[21]. Lorsque le biologique fait bonne entente avec l'environnement, le travail de la psyché est perçu comme superflu. Cette adéquation, toujours imparfaite

---

20. Ceci rejoint le concept des nœuds élaboré dans « La dynamique de la guérison et sa fonction implicite », p. 78.

21. Selon Castoriadis, la « fantasia » est la plus puissante des facultés mentales, même si elle se fait souvent occulter par la « psyché ». Peut-être en est-ce justement la raison : de créer du raisonnable. Cornelius Castoriadis, « La découverte de l'imagination », *Libre*, 78-3, Coll. Paris, Payot, Petite Bibliothèque Payot, no 340, 1978, p. 151-189.

d'ailleurs, pourrait constituer un certain repère dans la mise en place d'une prévention. Et lorsque le biologique se trouve dépassé, il est alors question d'intervention médicale sur les symptômes et de support pour l'individu.

Ce qui nous intéresse plus particulièrement ici, c'est ce qui advient entre ces deux moments, entre le moment de calme et celui de la tempête, et à un niveau sous-jacent : le moment de la menace et du déséquilibre, l'amorce de la cassure et de la désorganisation, la perception de l'échappée et de la maladie. Là, un espace psychique peut faire toute une différence. Un espace psychique, c'est un lieu intérieur de perception, de mentalisation, d'élaboration... une fenêtre où se perçoit la guérison.

C'est pourquoi la matière de ce travail est essentiellement subjective[22]. Tout ce que l'on fait dans cette approche appartient au subjectif et non à l'objectif : les points de référence, les outils et les effets sont d'abord de cet ordre. Toute critique qui viserait à déclarer que « tout cela, c'est de la suggestion » serait parfaitement justifiée. Cependant, l'autosuggestion pourrait être comprise et utilisée comme un contrôle du mental sur le physique. Mais ce que nous travaillons ici, c'est une jonction du mental et du physique, pour caricaturer et faire contradiction : « une autosuggestion du corps sur l'esprit » ! Font justement partie de cette approche : une perméabilisation entre le physique et le psychique, une expansion de l'imaginaire. C'est ce qui sera à l'origine des changements concrets et parfois somatiques dont on ne connaît d'avance ni la portée, ni l'impact. Dans ce champ, seules les perceptions subjectives ont de la valeur, c'est-à-dire les perceptions éprouvées par une personne contrairement à celles (objectives) qui sont constatées par quelqu'un d'extérieur[23].

La *fantasia* est donc un outil intéressant pour agir sur les processus de guérison : centre de perception, de conscience, que ce soit

---

22. L. Chertok, *L'hypnose*, Paris, Payot, Petite Bibliothèque Payot, 1965.

23. « What legitimately motivates subjectivism is the awareness that meaning is always meaning « to » a person », George Lakoff et Mark Johnson, *Metaphors We Live By*, Chicago, University of Chicago Press, 1980, p. 227.

vis-à-vis des phénomènes dits corporels ou mentaux. Ainsi la pré-pondérance de cette composante imaginaire vaut durant tout le parcours, et à ses deux extrémités : à partir de l'initiative de l'apprentissage jusqu'à l'évaluation des résultats[24]. Ce sont des personnes qui décident de s'y engager ; et ce sont des personnes qui, à tout moment, apprécient leur évolution :

> P : - Moi, j'ai beaucoup de cassures et de corps morts, des allergies, des hypoglycémies, des chocs émotionnels et des ablations d'organes avec leurs handicaps conséquents. La chirurgie répare l'urgence, enlève l'organe, en greffe un autre ; mais il faut que je fasse un travail complémentaire. Le symptôme peut être pris comme un signe d'alerte de mon corps[25].
>
> I[26] : - Il est important d'ouvrir un processus pour que les blocages psychosomatiques n'isolent pas d'autres organes, que ceux-ci ne deviennent pas les soupapes de décharge de la même dynamique.
>
> P : - Il faut que je me réconcilie avec beaucoup de parties mortes qui me limitent, que je ressuscite le processus brisé. Il faut trouver ce qui a enclenché le processus pour en inverser l'action. Je n'ai pas de prise sur la maladie ; j'en ai sur le processus.

D'ailleurs le corps ne fait pas de différence entre les réalités objective et subjective quand vient le temps d'évaluer des situations graves. D'où l'importance de travailler au niveau psychique avec le corps, surtout que la pensée peut s'avérer plus souple au changement que les choses et les événements extérieurs. Le substratum biologique est psychosomatique par nature ; et toute substance comme toute pensée agit autant au niveau physique que psychique. C'est ainsi qu'il faut interpréter les effets placebo : non point quelque chose en trop d'un effet physique, mais quelque chose en plus par un effet psychique[27].

---

24. Cette « composante imaginaire » est originale ; elle est l'inverse d'une reproduction : Walter Benjamin, *Illuminations*, New York, Schoken Books, 1968, p. 217-251.

25. Même s'il n'est pas à proprement parler, selon nous, un signe d'alerte « donné » par le corps.

26. Alors que nous indiquons les dires des clients par la lettre « P », nous indiquerons ceux des *intervenants* par le « I ».

27. « Il faut, armé des moyens et des outils de la science, comprendre comment s'y prend la nature pour faire que rien (le placebo) donne beaucoup (l'amélioration ou la guérison) », J.-Paul Escande, *Mirages de la médecine*, Paris, Grasset, 1979.

C'est pourquoi il est curieux de constater que certaines médecines dites parallèles se veulent tout aussi concrètes que les médecines conventionnelles et, dans une visée de validation, rejettent paradoxalement le champ subjectif, alors qu'on aurait pu s'attendre à ce qu'elles l'incluent dans leur démarche globale. Et elles refusent aussi de comprendre le placebo comme un élément essentiel de leur fonction. On pourrait souhaiter qu'elles travaillent davantage sur le global et utilisent à plein l'effet psychique, plutôt que de s'en défendre !

Une conjugaison

Ainsi les approches de guérison ne représentent pas des alternatives à la médecine, ni d'ailleurs aux médecines parallèles, mais devraient faire partie des soins, de façon complémentaire aux traitements. Mieux, c'est une synergie qu'il faudrait favoriser entre les deux : les unes tenant compte des conditions optimales de l'efficacité des autres. Le principe de guérison est intrinsèquement relié à la qualité des médecines. Et même si l'on trouvait des moyens psychiques de pratiquer la médecine, c'est-à-dire en intervenant directement sur la maladie par une sorte de traitement par le mental, cela ne diminuerait pas l'importance d'un travail de guérison indirect, tel que nous le définissons. Enlever une tumeur «psychiquement», c'est-à-dire avec des pouvoirs psychiques, de la même façon qu'on le ferait mécaniquement, pose les mêmes problèmes : on se retrouve encore avec une médecine incisive et son escorte de focalisations, de dépendances...

Cependant, on a beau affirmer que toute approche devrait tenir compte des processus de guérison, ce n'est pas simple à appliquer. Toute technique et tout traitement comportent des normes, ce qui occasionne des dilemmes parfois déchirants pour les protagonistes.

D'une part, doit-on prescrire un traitement salvalteur au risque de détruire la personne ? Que choisir si cette dernière trouve alors son existence insupportable ? Il arrive que l'on parvienne à un compromis (ne pas faire d'intervention chirurgicale majeure lorsqu'on pense que le patient pourra mourir de son anesthésie), mais ce n'est pas toujours le cas. Est-il sensé, en tant qu'individus, de nous soumettre à n'importe quelle intervention sur un symptôme désespérant, même au péril de notre vie ?

D'autre part, peut-on écouter quelqu'un énoncer les attitudes et les décisions qu'il souhaite nous voir prendre alors que notre connaissance objective nous porte à croire qu'il va en mourir ? Comme ce client qui n'accepterait de prendre que la moitié des médicaments prescrits ou de ne recevoir que le tiers des rayonnements prévus dans un protocole normal. L'intervenant se voit alors pris dans un dilemne. S'il ne fait pas ce qu'il veut faire, il ne se sent plus intègre et n'a plus l'impression d'être un soignant, un médecin, un professionnel. S'il fait ce qu'il pense devoir faire, la personne ne se sent pas comprise et a l'impression d'être abusée. S'il fait ce que la personne désire qu'il fasse, il risque de répondre sans discernement à certaines exigences des patients, ce qui entraînera ces derniers à leur perte. Mais quelle est alors la solution : abandonner le traitement et garder la relation, ou rejeter la personne si elle persiste dans son initiative[28] ?

✳✳✳

Ainsi, la guérison est une ouverture du corps à la liberté, de même que la découverte de la psychanalyse a donné liberté au psychisme. Bien sûr, toute ouverture d'un champ de liberté comporte des risques : celui d'un abus par les autres qui prennent en charge ce nouveau champ de choix, de décisions, de créations ; celui de l'apparition de désirs grandioses et de leur poursuite infernale ; celui de l'émergence de conflits et de dualités ; celui de mouvements déséquilibrants ou de surgissements submergeants. Nous y reviendrons. Mais quelle aventure en perspective !

La guérison se situe donc dans une autre réalité qu'objective. Elle oblige à une traversée de ce monde intermédiaire, entre le corps-chose et le corps-sens. C'est avant tout un voyage dans la matière, à côté du symptôme observé et du sens donné. C'est un voyage dans l'informe et la mouvance, dans les rencontres et les éclosions.

---

28. On voit que ce problème rejoint de façon beaucoup plus quotidienne la question de l'euthanasie.

L'ÉCHO

Dans ce livre, nous abordons les processus de guérison d'une façon particulière. Cette « façon », nous l'avons élaborée et soumise à une pratique clinique depuis une vingtaine d'années. Elle est née de la réflexion que nous avons exposée au chapitre précédent.

Il faut cependant ajouter qu'elle s'est développée dans un cadre particulier : celui d'un grand centre hospitalier moderne[1]. C'est ce qui a rendu primordiale son intégration dans une théorie globale de la santé, telle que nous l'avons présentée au premier chapitre. C'est aussi ce qui a permis son insertion parmi des méthodes plus conventionnelles et la cohabitation avec elles.

À LA RECHERCHE D'UN NOM

Cette approche provient d'un fond essentiellement humaniste : sa forme s'organise autour de l'importance de la personne et toute personne y devient le personnage principal.

Un processus autonome

À la recherche d'un nom, nous avions choisi celui d'autoguérison. Nous avions en effet besoin d'utiliser une dénomination qui fasse référence à notre travail clinique et de nous départir de la correspondance anglaise du mot « healing », utilisée de façon coutumière dans ce champ. Le terme français, mettant en relief la caractéristique d'autonomie de la démarche, ressemblait à celui de « training autogène » utilisé depuis longtemps pour

---

1. L'Hôpital Notre-Dame à Montréal, au Québec, est un grand centre hospitalier et universitaire francophone de 900 lits qui admet 23 000 personnes malades par année et en reçoit 300 000 dans ses cliniques.

désigner une technique d'autorelaxation[2]. La dénomination d'« autoguérison » provenait donc d'un choix précis pour se démarquer de tous les modèles de guérison existants. Il voulait désigner cette différence par rapport à ces autres pratiques qui, quelle que soit leur valeur intrinsèque, se fondent surtout sur des manœuvres effectuées par certaines personnes sur d'autres. D'ailleurs ces formes de guérison hétéronomes sont les plus connues et les plus médiatisées. De ce point de vue, on remarque que ces pratiques nécessitant l'intervention d'un tiers ressemblent aux pratiques médicales habituelles. Elles ne se présentent donc pas comme une forme d'action sur soi-même, qui était celle que nous voulions privilégier.

Le mot autoguérison, nous ne l'aimions pas beaucoup : il nous semblait trop spectaculaire, faisant penser qu'on peut se guérir tout seul volontairement et idéalement, faisant oublier que les processus de guérison sont d'une part naturels et essentiellement autonomes ou automatiques, et d'autre part limités et relatifs. Ce terme nous coinçait donc entre une évidence qui en faisait une tautologie et une inflation qui lui donnait une saveur de thaumaturgie.

Nous l'avons pourtant temporairement adopté pour plusieurs raisons. Pour le terme de guérison, en l'envisageant telle qu'abordée ici : particulière non pas par les mécanismes en cause qui sont ceux reconnus habituellement, mais par le point de vue différent sur leur abord. Parce qu'il s'agit de donner aux personnes des outils qu'elles peuvent utiliser elles-mêmes. Puisqu'il s'agit de placer ces personnes en position active par rapport à ces mécanismes de guérison, de les mettre au centre d'un travail intérieur. Alors le préfixe « auto » prend alors un tout autre sens. Il évoque une maîtrise et non un contrôle, un pouvoir et non une autorité, ce qui n'a rien à voir avec un lieu d'omnipotence ou de grandiosité.

---

2. Wolfgang Luthe, « Le training autogène (thérapie autogène) » in *Précis pratique de Psychiatrie* : R. Duguay, H.F. Ellenberger, et coll., 2ᵉ édition, Québec, Edisem & Paris, Maloine, 1984. p. 505-516.

Une autonomie personnelle

L'élément le plus important dans ce travail n'est donc pas la maladie mais la personne. Celle-ci est au centre de notre propos, avec ses possibilités et ses limites, humblement. C'est pourquoi nous ne privilégions pas des guérisons qui seraient provoquées par d'autres : des guérisseurs et leurs guérisons. Nous ne voulons ni négliger ni disqualifier ou nier ce genre de réalité, mais seulement confirmer que nous nous intéressons plutôt aux pouvoirs individuels ou, mieux, aux pouvoirs personnels des gens.

Au-delà ou en deçà de tous les phénomènes possibles, ce qui nous importe c'est cet individu incarné, sa manière de s'ouvrir et d'agir sur les différentes réalités sans s'y perdre, sans s'y vouer[3]. Voilà un point de vue essentiellement humaniste où toute vérité, fût-elle cosmique, ne vaut pas qu'on s'y gomme existentiellement. Sinon, afin de prouver le phénomène on tue l'être - ce qui rappelle curieusement certaines expériences de laboratoire dans un domaine tout différent, où pour découvrir les mécanismes de la vie, on découpe le vivant pour n'y trouver que du mort.

Le lieu de notre travail est la charnière entre la personne incarnée et les forces qui la dépassent. Notre objectif consiste à donner à cette personne, limitée par sa « réalité », des outils et des ouvertures qui lui permettent d'utiliser les puissances qui la traversent, l'entourent ou l'habitent. Face à ces puissances on veille à maintenir un équilibre entre la fermeture complète et l'ouverture totale. La fermeture, bien que protectrice de dérangement, se fait productrice de mort lente, chronique, quand elle devient permanente. L'ouverture quant à elle, peut devenir risque de submergement ou de mort aiguë, alors qu'elle contient toutes les possibilités de la vie.

Nous ne nous intéressons pas directement aux phénomènes psylogiques, ésotériques, mythiques ou herméneutiques. Ce qui nous importe, c'est l'utilisation qu'en font les personnes, ainsi que les règles et les avatars de cet usage. De même, nous nous penchons

---

3. Charles Taylor, *Sources of the Self : the Making of Modern Identity* , Cambridge, Harvard University Press, 1989.

sur les différentes techniques de croissance, non pour les analyser, mais plutôt pour questionner le style d'approche qui les véhicule et la considération dont font preuve leurs utilisateurs envers leurs clients. Alors va pour les énergies, va pour les conceptions cosmiques, organiques, symboliques, énergétiques... de tout un chacun ! Ce qui est essentiel, c'est « comment » ces points de vue amènent un individu à se perdre ou à se retrouver, même et surtout si ces systèmes déclarent sauver le monde.

Une personne en pouvoir

Le principe de l'autoguérison est de pouvoir favoriser de façon optimale les processus naturels qui sont en nous de sorte que l'épanouissement de dynamiques corporelles se fasse simplement. Comme on l'a vu, les mécanismes de guérison sont naturels et extrêmement intelligents ; ce sont des phénomènes présents depuis des millénaires[4], mais à peine compris depuis quelques décennies[5]. Il s'agit donc de soutenir ces capacités existantes spontanées sur lesquelles on n'a aucun pouvoir direct. Le seul domaine sur lequel il sera possible d'exercer un pouvoir, c'est celui des conditions dans lesquelles les processus de guérison se produiront.

En premier lieu, il faut donc apprendre à influencer ces conditions, pour ensuite laisser se réaliser la production de phénomènes dont les mécanismes sont si complexes qu'on ne peut les connaître ou les sentir que de façon très partielle, donc qu'on ne peut contrôler[6]. Intervenir sur ces conditions est possible et utile ; intervenir sur les processus eux-mêmes est illusoire et néfaste, un peu comme si on mettait alors un gros bâton dans un rouage très complexe et délicat. Plus subtilement, l'apprentissage de la méthode exige que

---

4. Sur les phénomènes de régénérations : E. Korschelt, *Regeneration und Transplantation*, Bornträger, 3 vol. 1927 et 1931. Sur les mécanismes d'autorégulations chez les animaux : Piotr Mannteufel, *Tales of a Naturalist*, Moscou, Foreign Languages Publishing House.

5. Henri F. Ellenberger, « La guérison et ses artisans » in *Traité d'Anthropologie médicale* : Jacques Dufresne, Fernand Dumont et Yves Martin (dir.), Québec, Presses de l'Université du Québec, 1985. p. 1027-1036.

6. Ferguson parle de pouvoir dans les deux sens de contrôle et de maîtrise : Marilyn Ferguson, *The Aquarian Conspiracy*, Granada, 1982.

l'on soit actif sur certains points et passif à d'autres moments. Or, notre gaucherie dans la gestion des processus intérieurs se manifeste par exemple par le désir de tout comprendre, la volonté de tout contrôler, de tout diriger.

Ce qui amène le paradoxe suivant : en autoguérison, on ne travaille jamais, à proprement parler, sur les maladies ! En effet, l'autoguérison agit sur les processus de guérison, lesquels auront *éventuellement* un effet sur les maladies ; le premier temps peut être sous notre maîtrise, mais le deuxième ne sera jamais sous notre contrôle[7]. Donc, contrairement aux traitements, le travail sur la guérison ne peut avoir sur les maladies qu'un effet indirect, une action par surcroît. Elle n'est justement pas une approche médicale puisqu'elle ne touche pas directement la maladie, tout en ayant une articulation privilégiée et nécessaire avec les médecines. Voilà qui situe humblement la réalité de la guérison et le travail d'autoguérison, et les place, encore une fois, en situation complémentaire par rapport aux médecines.

La guérison concerne la personne qui en souffre, plus que ce dont elle souffre. Les mêmes principes peuvent aussi s'appliquer en ce qui concerne des symptômes mentaux, comme dans les cas de phobies ou de dépressions. Essentiellement, nous verrons que, tout en *les* traitant (ces symptômes) avec des outils médicaux, pharmaceutiques ou comportementaux, il ne s'agit pas de *la* traiter (cette personne) de la même façon. Et qu'il n'est pas plus question d'entrer d'emblée dans la découverte du sens et de la signification de ces signes. Une autre voie.

La guérison n'est pas un traitement mais si elle le devient, l'intervenant risque d'y exercer un pouvoir encore plus grand que dans

---

7. Cette réflexion pourrait être incluse dans une théorie des conditions du changement. Cette étude des conditions est différente et complémentaire de celle des vecteurs et des dynamiques de ces changements. La situation de la personne en regard d'elle-même rejoint celle de la rencontre de deux individus dans les relations d'aide professionnelle. On connaît les questions propres à ce domaine de la rencontre lorsqu'exercée dans une pratique clinique : peut-on être responsable du changement de l'autre ? Est-il seul à être responsable de son propre changement ? La mission de l'intervenant est-elle simplement de lever ce qui fait obstacle au changement ? À ce sujet, lire : Jacqueline Benier, Dominique Siry et Michel Taléghani, « D'une pratique théoriste à une théorie à mettre en pratique », in *Le Service Social et ses fondements théoriques* ; 27ᵉ Congrès de l'ANAS, Toulouse (France), Paris, Éditions ESF, 1973, 158 p.

les traitements de maladies circonscrites, car le champ d'action y est vaste, sans limites. Et puis il n'y a pas que des intervenants qui vivent des « trips »[8] de puissance, il y a aussi des patients qui vivent des « trips » de dépendance !

L'autoguérison consiste à développer un champ personnel, corporel et psychique, qui permette aux processus de guérison naturels de s'actualiser de façon optimale. Ces processus sont en effet naturels, complexes, non contrôlables. Cependant, on peut apprendre à maîtriser les conditions qui les favorisent et à percevoir les circonstances dans lesquelles ils se désagrègent.

Le pouvoir des échos

Le nom pour lequel nous avons opté récemment est celui qui est inclus dans le titre de cet ouvrage : ECHO. Ses tiroirs de significations sont nombreux ; nous en ouvrirons un tout de suite.

Rassemblant ce qui a déjà été dit de la guérison et de l'autoguérison, on se représente la personne, soi-même donc, comme une étendue à la fois dégagée et limitée, un volume spacieux et circonscrit. Des choses s'y meuvent, de natures diverses : certaines grouillantes, d'autres placides. Des échanges s'y passent et des interpellations retentissent puis, de temps à autre, apparaissent inexplicablement des phénomènes nouveaux, étonnants ou angoissants. Dans ce domaine, beaucoup de variété, de circulation, de communication et de création. Dans ce monde, beaucoup de réverbérations, beaucoup d'échos. Des phénomènes sont envoyés, ils cheminent ; ils sont renvoyés, ils engendrent.

L'écho est défini généralement comme « la répétition d'un son due à la réflexion des ondes sonores sur un obstacle »[9]. Cependant,

---

8. Le terme « trip », dans le langage coutumier américain, désigne une aventure risquée ou osée, une sorte de dérapage décidé qui peut néanmoins aboutir à des pertes de contrôle désagréables. Ce terme est ainsi utilisé pour désigner des « voyages » sous l'influence de drogues, *Dictionnaire Larousse*, 1993.

9. *Dictionnaire Larousse*, 1993. Il désigne aussi « une onde électromagnétique émise par un poste de radar et qui revient à l'appareil après avoir été réfléchie par un obstacle ».

il peut être constitué d'autres types d'ondes (électromagnétiques, hertziennes, liquides) et se répercuter sur des substances diverses. Quelques caractéristiques de ce phénomène naturel sont intéressantes à noter parce qu'elles étonnent et questionnent, et parce qu'elles feront mieux saisir son application féconde au travail de guérison.

L'écho implique donc un espace et une surface, un espace de mouvement et une surface de retour : deux substances distinctes jointes pour créer le même phénomène. Donc la présence simultanée d'une fluidité et d'une solidité. Il implique aussi, moins évident mais essentiel, un support qui permet la propagation de l'information, par exemple l'atmosphère pour les sons. Donc un appui pour qu'une propagation soit possible.

On peut ensuite remarquer que le matériau se déplaçant grâce à ce support va, durant la production d'un écho, évoluer d'un volume à un plan, puis d'un plan à un volume, et ainsi de suite. Le contenu informatif passe donc par des contenants à structures différentes. Il n'y a pas d'écho sans changements d'état ; des mutations, des solutions de continuité sont nécessaires.

La réverbération d'une substance sur une surface produit deux actions. D'une part, celle-ci se répercute et revient transformée : elle recèle encore la trace de ses origines mais porte déjà la marque de cette rencontre. D'autre part, ce matériau mouvant imprime un effet sur la matière plus statique ; celle-ci est aussi modifiée par l'impact, peut-être infinitésimalement, peut-être transitoirement, mais inévitablement[10]. Ainsi cette communication entraîne à la fois la transformation du message et des messagers ; une action et une information qui interagissent.

La structure d'un écho est constituée de la combinaison d'une substance plus molle et d'une substance plus dure. Elle est donc

---

10. De ces deux effets, on peut rapprocher les notions de réflexion et de réfraction exposées dans « Le terrain de guérison et son lieu implicite », p. 76. On abordait là la dynamique extérieure du parcours du matériau par rapport à une surface neutre : le miroir. On aborde ici le phénomène du point de vue de la dynamique intérieure : les conséquences sur la substance du matériau réfléchi et sur celle du milieu de réfraction.

subordonnée aux états relatifs de ces dernières et à leurs positions respectives. On peut envisager que, si les caractéristiques de ces substances évoluent, la qualité et même la direction des échos va changer. On peut même concevoir que l'écho lui-même modifie un tant soit peu les substances qui le portent ou le reçoivent.

Ces éléments de réflexion rejoindront des données fondamentales de la théorie et de la pratique des échos à l'intérieur de la personne : des états distincts en présence simultanée un milieu implicite étayant ces états, des modifications de la substance de ces états, des transformations de ces états par leur interaction et finalement des changements dans l'existence même de ces états. Formulations qui reprennent, sans trop s'en éloigner, les caractéristiques précédentes ; formulations qui préparent, malgré leur singularité présente, les grandes lignes du travail qui suit.

L'écho met donc en relation dynamique plusieurs objets en les reliant spatialement et en les joignant matériellement. S'ensuivent des correspondances étroites, intimes. À un certain point, une révolution se réalise : d'une situation où les objets étaient distants et distincts, on passe à un état où ces mêmes objets se révèlent accolés et unis. L'écho, qui n'avait que le statut de phénomène accessoire, peut être alors considéré comme la manifestation d'une certaine réalité permanente[11].

Ici donc, la personne elle-même est considérée comme un *être d'écho*. Échos dans son intérieur, comme de multiples objets et de multiples vibrations, de multiples transmissions et de multiples conceptions. Échos du dehors qui viennent déposer leurs effets, leurs influences, leurs messages, leurs produits. Un lieu de résonance, de raison peut-être. Mais la personne peut devenir aussi un

---

11. Cette appréhension synchronique de la réalité, apparaissant curieuse en regard d'une pensée causaliste, est familière dans le contexte d'autres systèmes de pensée. Comme le montre Charles Leblanc, on retrouve dans le très ancien texte taoiste « Huainan Zi » la notion de ganying qui signifie littéralement « action-réaction ». Il le traduit par « résonance », ce qui est plus proche du sens qui lui a été donné initialement. Ainsi tous les éléments de l'univers sont en résonance et « la connaissance est conçue comme une sorte de résonance mentale » : Charles Leblanc, « From Cosmology to Ontology through Resonance : A Chinese Interpretation of Reality », pp. 70-96, in G. Bibeau et E. Corin, *Beyond Textuality : Asceticism and Violence in Anthropological Interpretation* , Berlin, Mouton de Gruyter, 1995.

terrain où ces échos se sont éteints, un site que les échos ne peuvent plus atteindre. Un lieu alors d'obscurité, de fixité, de mutisme et de froideur.

La guérison, absente ou présente, se situe là, dans ce champ de l'implicite. Notre intention est de pénétrer dans ce domaine, d'en entendre, d'en voir et d'en sentir quelque chose, puis d'y correspondre et d'en révéler d'autres. *Entrer en écho.*

Les concepts et les pratiques que nous utilisons existent déjà, en partie, dans différentes approches connues ici ou ailleurs, maintenant ou autrefois[12]. L'intérêt a été d'en retrouver les intelligences, de les grouper de façon cohérente, de leur donner une forme correspondant à notre temps et à notre culture occidentale, ouverte à la pensée et à l'humanisme.

LES CARACTÈRES DE L'ECHO

Nous avons donc retenu le terme écho pour donner ce nom à notre approche : ECHO. Cette méthode est personnelle, en ce sens qu'elle est centrée sur la personne, que la personne y est centrale. Les médecines désubjectivent la personne pour pouvoir contrôler utilement un objet : la maladie. En Echo[13], nous réintroduisons la personne au-delà du symptôme lui-même et nous nous adressons à elle autrement que pour un traitement. La personne représente ainsi les points de départ, de référence et de destination de la démarche.

Comme point de départ, il y a la motivation et l'ouverture à un champ de guérison. Et plus particulièrement, la conception que la personne peut avoir d'elle-même par rapport à la maladie, c'est-à-dire l'idée qu'elle est « elle-même » quelque chose par rapport à la maladie et qu'il y a « un elle-même », un quelqu'un, qui peut exister parallèlement à cette maladie.

---

12. Wim Coleman et Pat Perrin, *Marylin Ferguson's Book of Pragmagic*, New York, Pocket Books, 1990.

13. Tout au long de ce livre, le terme Écho sera utilisé selon plusieurs significations. Tantôt il référera à la dénomination de la méthode Echo. Tantôt il signifiera l'utilisation du phénomène d'écho, ce qui est décrit ci-haut dans le « pouvoir des échos » de ce même chapitre (p. 104). Tantôt il fera référence aux différents échos qu'on y entend : leurs rencontres et leurs effets.

Comme point de référence durant tout le parcours, il y a l'existence d'une personne, son sentiment d'être une personne. Toutes les phases du processus, les mouvements et les suspensions, les élans et les retenues, sont considérées selon ce point de vue personnel. Et la personne, devenue distincte de la maladie, peut engager avec elle une relation interactive.

Quant au point de destination, il s'agit de la perception d'une identité personnelle, avec ou sans la maladie persistante. La personne peut alors exister conjointement à sa maladie. Un client atteint de psoriasis et abattu par son symptôme se retrouve, en fin de démarche, avec les signes extérieurs de sa maladie relativement inchangés. Pourtant il déclare, à l'étonnement de tout le groupe de travail, qu'il se sent guéri. Il précise alors :

> P : - *Mon psoriasis n'a pas disparu, mais je me sens totalement guéri. Je ne m'en sens plus une victime et c'est tout à fait nouveau pour moi. Je sais aussi que cela sera éventuellement la base d'un autre changement : d'une amélioration de ma peau.*

Ainsi la maladie, qui peut être perçue au début comme le centre de la démarche, en devient l'occasion ; et sa disparition, qui peut être le but de la complétion de la démarche, y devient accessoire.

Il fallait donc tenir compte d'abord du corps, de la maladie, *en tant que telle*, mais pas *comme telle* ainsi que l'aborde la médecine. Il fallait proposer une approche qui se devait d'être à la fois intérieure, particulière et concrète. Il fallait développer une méthode où la personne serait participante.

Nous aborderons maintenant quatre des particularités qui donnent à la méthode Echo sa dimension personnelle. Ce sont des caractères généraux que l'on retrouvera en filigrane à travers la description détaillée de la méthode, description qui fera l'objet d'un autre volume[14]. Si les principes de santé et de guérison présentés précédemment constituent le squelette de la méthode, les caractères suivants en forment les articulations. Ils permettent aux principes de base de s'actualiser de façon dynamique et active.

---

14. Crombez, Jean-Charles, *La méthode en ECHO*, MNH, 2003.

Un apprentissage

Les cours de conduite

Echo a été conçu comme un entraînement : un entraînement au monde subjectif, au champ implicite. S'il partage avec les traitements psychiatriques et les thérapies psychodynamiques une attention envers le mental et la vie intérieure, il s'en distingue à plusieurs titres.

D'une part, comme nous l'avons précisé dans la présentation du paradigme de guérison[15], il ne s'agit pas d'un traitement, donc certainement pas d'un traitement du mental, comme peut le concevoir la discipline psychiatrique qui se définit actuellement de plus en plus comme une branche de la médecine[16].

D'autre part, Echo se distingue de la psychothérapie. Encore que cette distinction soit plus difficile à faire car le terme de psychothérapie regroupe beaucoup d'entités fort diverses, des psychanalytiques aux comportementales.

En ce qui concerne les « thérapies » comportementales, on serait tenté ici de les catégoriser comme des « traitements » psychologiques, étant donné cette définition d'un traitement comme d'une action orientée et réalisée vis-à-vis d'un symptôme en vue de son exclusion. Pourtant, ces traitements psychologiques ne partagent pas certains caractères habituels des traitements médicaux. Par exemple, leur cible n'est pas obligatoirement un symptôme somatique mais plutôt un trouble du comportement, d'où la dénomination de thérapies « comportementales ». Si Echo se différencie des traitements comportementaux, il rejoint néanmoins leurs techniques en ce qui concerne leur aspect organisé et leur démarche structurée :

> I : - Ce sera donc plus une ambiance d'apprentissage que de thérapie ; un peu comme des leçons de conduite automobile, théoriques et pratiques. Théoriques par l'enseignement de connaissances : des

---

15. Voir : « Une adresse particulière » p. 69.

16. L'association des psychiatres du Québec a changé récemment son nom pour l'Association des Médecins-Psychiatres du Québec. Plus universellement, les traitements biologiques prennent beaucoup d'importance, dans le présent sinon pour le futur.

règles, des mécanismes. Pratiques par l'entraînement à la conduite au volant avec l'aide d'un instructeur à côté : « À gauche, vous avez le débrayage ; à droite l'accélérateur... à vous le volant ».

P : - *En cas de danger, j'ai aussi un frein !*

À propos des thérapies psychanalytiques, on dira, dans ce contexte-ci, qu'elles s'attachent primordialement à la signification d'événements intérieurs. Dans le travail par écho, le sens ne sera pas d'intérêt premier, en tout cas pas un sens que l'on rechercherait. Ce qui nous importe surtout, c'est la succession des événements intérieurs, leurs séquences, leur parcours. Les « sens » qui y surviennent sont vus comme des événements parmi bien d'autres. Par contre, on trouve aussi des similitudes entre les thérapies psychodynamiques et la méthode Echo, comme la reconnaissance d'une vie subjective, la compréhension de l'importance de ses effets manifestes :

I : - *Les expériences personnelles que vous allez vivre vont amener du matériel subjectif que nous allons traiter[17] comme des informations : « j'ai perçu telle chose, puis telle autre encore, etc... »*

Et jamais nous n'utiliserons cet « éprouvé » comme matière à interprétation. C'est beaucoup plus le processus, c'est-à-dire la succession des événements qui sera notre lieu de travail.

Quant à la comparaison avec toutes les autres thérapies comprises entre ces deux pôles fictifs, il faudrait les prendre une à une pour en montrer les divergences et les liens ; la liste en est longue. Globalement, c'est toute la manière d'interagir avec ces réalités intérieures qui fera la différence, différence dans ce qui est mis en relief et dans ce qui est mis en action : plutôt favoriser l'apparition d'effets de résonance que chercher des fils conducteurs.

Une reconnaissance

Le contexte d'apprentissage que l'on propose vise à ouvrir une aire entre ces deux interventions que représentent le traitement et la thérapie.

---

17. Dans le sens utilisé dans les champs de la communication et de l'informatique.

Certaines personnes, insatisfaites d'être considérées comme des patients, non pas partiellement et temporairement - ce qui serait tout à fait endurable - mais uniquement et continuellement - ce qui devient nettement intolérable - manifestent le désir d'être reconnues comme personnes. Cette revendication, lorsqu'on la fouille, signifie davantage que le simple souhait compréhensible d'être perçu comme un être à part entière, plutôt que de se voir réduit à la seule fonction d'être l'hôte d'une maladie. En effet, elle sous-tend aussi un désir que soit prise en compte une vie personnelle : une sagesse ou une folie originales. Il s'agit de la manifestation confuse d'un besoin de travail subjectif.

D'autres personnes qui ont pu se diriger vers des approches psychothérapeutiques ou même seulement obtenir une évaluation psychosomatique, en sortent parfois avec le goût amer de n'avoir pas été comprises. Pourtant, à l'analyse, les interventions ont été prodiguées de façon tout à fait professionnelles, avec bienveillance et intérêt. Mais les questions, les déclarations ou les silences des praticiens ne sont pas appréciées, elles sont perçues comme provenant d'un autre monde : celui des explications, des interprétations, des sollicitations de pensées, d'émotions, d'histoire, de sens. Alors que le corps, le symptôme, la souffrance sont ressentis comme ayant été laissées pour compte. Un malentendu.

I : - On ne s'intéresse pas au contenu mais au processus, et plus particulièrement à ce que vous avez fait avec les objets intérieurs. Vous n'avez à dire que ce que vous avez envie de dire, et pas plus.

Ce n'est même pas pour la raison profonde d'un respect de vous-mêmes, c'est par souci pratique : de ne pas forcer le processus.

Voilà un des points de base d'écho, une des conditions favorisant la guérison intérieure.

Une expérience

Les expérientiels

D'abord, précisons que l'outil majeur utilisé pour l'entraînement d'Echo est l'*expérientiel*. Cet outil, nous l'avons créé dans un contexte autre, il y a vingt-cinq ans[18]. Il permettait à des thérapeutes de s'exercer à percevoir ce qui se passait en eux dans les relations cliniques avec leurs clients et à utiliser ce matériel comme information intelligente lors de leurs interventions professionnelles[19].

Le terme « expérientiel » réfère au caractère expérimental des exercices, sorte de situations propres aux découvertes comme peuvent l'être les expérimentations scientifiques, bien que celles-ci en diffèrent fondamentalement quant à leur objet et à leur forme. En effet, l'objet d'un expérientiel est subjectif, sans aucune prétention d'objectivité ; d'ailleurs, toute recherche de concrétisation vraie, fidèle et reproductible[20] serait contradictoire par rapport à l'objet et à la démarche de guérison. La forme quant à elle se prête plùtôt à la mise en évidence de processus, d'une succession d'événements et non pas d'éléments particuliers. On vise donc à favoriser des expériences intérieures, subjectives et dynamiques.

Un expérientiel pourrait se définir comme une situation proposée de cheminement intérieur, ayant pour but de laisser survenir différents événements subjectifs :

> **Un expérientiel est la proposition d'une situation d'où va naître une expérience qui sera un lieu d'implication, d'observation et de recherche. C'est une méthode inductive, analogique et concrète, méthode de découverte (et non de vérification) consistant donc à créer ou à développer la connaissance[21]. C'est une méthode pour apprendre par l'intérieur et non par l'extérieur.**

Nous pouvons dégager trois caractéristiques :
- c'est une approche consistant à utiliser un exercice pour permettre une expérience au sens humaniste et existentiel ;
- aucun effet particulier n'est recherché ;

---

18. J.-Charles Crombez, « L'issue de l'insu : le déjà-su », *Transition*, ASEPSI, mars 1988.

19. Cette méthode s'adressait à des intervenants œuvrant dans un milieu psychiatrique et s'attachait à leur faire expérimenter l'effet du vécu des relations avec les patients. Brièvement : un apprentissage à l'empathie, l'ouverture d'un espace psychique intérieur, la capacité d'associations libres et l'expression induite par les phénomènes perçus.

20. Les catégories de vérification utilisées en recherche scientifique tiennent aux caractères répétable, généralisable et quantifiable.

21. Paul Diesing, *Patterns of discovery in the social sciences*, Aldine-Atherton, 1971.

- la consigne est toujours considérée comme moins importante que l'expérience qui en est issue.

Ainsi, ce qui est proposé n'est jamais ni le plus important, ni la fin ; c'est un point de repère à perdre pour des destinations lointaines[22].

C'est comme l'exploration d'un monde nouveau... à deux grandes différences près. Ce monde intérieur est plus familier qu'on ne pense car il est oublié plutôt que vierge : peut-être fut-il déjà le nôtre ou l'a-t-on déjà traversé. Ce monde intérieur se crée en même temps qu'il est découvert et on y découvre autant ce qu'on y met que ce qui s'y trouvait. Mais peut-être est-ce le fait de toute exploration[23], fût-elle d'une contrée inconnue ?

Une liberté

Les expérientiels doivent se réaliser selon certaines règles qui, curieusement, sont règles de liberté. D'une part, *la liberté de l'expérience elle-même* consiste à protéger le cadre de celle-ci. Il est important que le lieu et le temps soient préservés d'incursions malencontreuses ou mal intentionnées. Il ne faudrait pas que la personne soit dérangée durant son exploration, ou, au moins, on peut faire en sorte que ces interruptions soient prévues et aménagées. Le parcours intérieur est délicat : il exige pour se faire une sécurité extérieure.

D'autre part, *la liberté vis-à-vis de l'expérience* concerne le rapport de la personne au véhicule de travail. En termes précis, il est important que la personne puisse sortir à tout moment de l'expérientiel, à tout instant où elle le souhaiterait. Nous avons vu plus haut l'importance de ne pas être soumis à une technique[24], ceci moins par préoccupation morale que par souci méthodologique. C'est une manière de faire passer un message primordial de la démarche en écho : celui de rester constamment en pouvoir par rap-

---

22. J.-Charles Crombez, « Un enseignement du savoir-être en psychothérapie ». *Santé mentale au Québec*, vol. 7, no 1, juin 1981, p. 78.

23. Isabelle Eberhardt, *The Oblivion Seekers*. Peter Owen, London, 1975.

24. Voir « Une personne en pouvoir », p. 102.

port à la situation, de pouvoir s'y figurer comme une personne. L'inverse, l'obligation de plaire ou de se conformer, met déjà en péril l'existence d'une identité propre et la capacité autonome de transformation, ce qui porte atteinte aux mouvements naturels de guérison. Nous proposerons donc toujours aux gens la possibilité de sortir de l'expérience à tout moment.

> I : - *Le plus souvent nous vous proposerons explicitement des sorties de secours de la consigne, afin d'éviter le piège de la suivre absolument, que ce soit par devoir, par soumission ou pour l'accomplissement du désir d'un autre. Ainsi, vous pourrez, à tout moment, ne pas y entrer ou en sortir.*

> *Nous vous proposerons tel cadre pour tel expérientiel avec des indications de ce qu'on y permet et de ce que l'on en écarte. Ces limites ne valent que pour l'expérience proposée et ne constituent pas une obligation. Vous pourrez donc vous en servir vis-à-vis de cet expérientiel mais ne pas vous y sentir liés vis-à-vis de vous-mêmes.*

> *Ce qui veut dire que vous utilisez l'expérientiel comme un véhicule que vous pouvez et devez abandonner à tout moment que vous jugez opportun.*

En ce sens, Echo est une anti-technique, ou plutôt une a-technique qui permet de ne pas se faire contraindre vers des buts obligés, de ne pas se faire piéger par des résultats atteints et de ne pas se faire prendre dans des échecs inévitables. Conséquemment, une des intelligences de la technique consiste à ne pas être « possédé » par les techniques qu'on utilise. En effet, celles-ci sont souvent présentées comme spectaculaires pour se donner et donner de l'espoir, mais on y est alors asservi.

Enfin, *la liberté dans l'expérience* indique toute la relation particulière avec les différentes consignes. Une *consigne* est une proposition de posture, de perception, qui est compatible avec un travail psychique, intérieur, autant par sa forme que par son contenu. Par exemple :

> I : - *Vous pouvez vous allonger sur le dos ...*

> *À partir de maintenant, vous pouvez vous relever...*

Il est très important que l'expérience et les consignes qui s'y rattachent demeurent toujours sous le contrôle des personnes. Toute consigne devrait être manipulable et manipulée, comme contenant et comme contenu.

En tant que contenant on peut en modifier l'importance en la suivant plus ou moins :

I : - Vous laissez les choses être présentes, sans faire d'effort pour que quelque chose se passe. Il en est ainsi de la consigne : chaque fois que vous vous en souvenez, vous pouvez la suivre. Cela veut dire que chaque fois que vous ne vous en souvenez pas, cela n'a pas d'importance.

Si vous vous en souvenez et si vous le désirez, vous la remettez volontairement en présence et vous laissez le reste se produire de façon involontaire.

Cette polarité volontaire-involontaire est un des points majeurs de la méthode.

En tant que contenu, on n'est jamais obligé de reproduire exactement les consignes même si certaines consignes, de nature inductive, proposent un contenu particulier :

I : - Vous sentez l'air qui passe à travers telle partie de votre corps... Si vous le désirez, vous pouvez utiliser cette proposition comme entrée en matière, comme entrée dans la matière. Mais vous pourrez aussi vous en dégager dès que possible. C'est important, pour que vous puissiez aller là où vous vous sentez aller, et non pas là où vous pensez que je voudrais que vous alliez.

Autrement dit, on peut laisser venir une expérience particulière lors d'un expérientiel proposé, puis s'en éloigner. L'ayant abandonnée, on laisse croître cette expérience parallèle et différente. Celle-ci sera beaucoup plus valable, selon nous, que l'expérience qui aurait pu avoir lieu après que l'on se soit forcé à se conformer à une consigne prise comme un précepte et que l'on se soit ingénié à l'exécuter selon le désir d'un autre.

Au bout du compte, toute consigne devrait pouvoir être disqualifiée ! Elle existe pour être utilisée plutôt que suivie. Ainsi peut-on jouer avec elle plutôt que d'y être astreint.

Un outil

La maîtrise

Voilà qui nous amène à une notion de première importance : la maîtrise. Elle rappelle la position primordiale de la personne durant son parcours et elle signifie un moyen d'y parvenir. L'exemple que nous employons, pour faire saisir la différence entre contrôle et maîtrise, est celui d'un cavalier sur son cheval. Retenir le cheval équivaut à le contrôler : il ne bougera plus, et le cavalier non plus. On se retrouve en situation d'arrêt : tout est figé et mort - une mort chronique. Par contre, si le cavalier ignore le cheval, celui-ci s'emballe et le désarçonne. C'est alors l'accident : écartelé, dilacéré, on est proche de la mort brutale - une mort aiguë. La troisième voie, on la connaît bien : conduire l'animal, le chevaucher, par une délicate interaction dont le cavalier aura la maîtrise. Le cheval représente ici diverses réalités : le corps, les événements, et peut-être aussi, selon les différents vocabulaires et centres d'intérêt, les émotions, les pulsions, l'inconscient, les énergies...

> I : - *Il est important, lors de chaque expérientiel, que vous ayez la maîtrise de ce qui se passe. Comme si vous étiez sur un cheval et que vous le mettiez au trot, au galop, au petit pas, à l'arrêt.*
>
> *Dès l'instant où vous n'êtes plus en maîtrise, dès l'instant où le but vient primer, dès l'instant où vous voulez à tout prix suivre mes consignes pour parvenir à un résultat, vous êtes déjà en danger de déséquilibre, ce qui représente une menace pour le processus de guérison.*

Suivre des consignes peut être tout à fait valable pour apprendre une technique, pour acquérir une habileté. Mais en ce qui concerne l'écho, il faut au contraire, et complémentairement, savoir maîtriser les consignes. De ce point de vue, certaines techniques peuvent ainsi être utilisées soit comme des apprentissages, soit comme des véhicules de guérison ; cela dépendra, entre autres, de la relation proposée aux consignes données : obligatoire ou facultative. Toute technique peut même tirer profit de ces deux avantages si l'on tient compte des deux dimensions.

Cette nouvelle compréhension ou manière de faire peut s'appliquer à toutes les techniques que l'on emploiera ultérieurement : bio-énergétique[25], psychanalyse, méditation, polarité... On aura ainsi la possibilité d'apprécier l'utilité de ces divers procédés, non seulement par les buts qu'ils poursuivent explicitement, mais aussi en tant que facilitateurs des processus de guérison. De plus, on sera ainsi en mesure de mieux percevoir comment certaines de ces approches (énergétiques, diététiques, homéopathiques), ainsi que certains traitements (chimiothérapies, radiothérapies) qui agissent de façon bénéfique sur l'élément visé, peuvent avoir un effet néfaste sur l'ensemble de la personne, donc sur les processus de guérison. Il ne s'agit pas là de mettre en question la qualité de ces procédés vis-à-vis du symptôme auxquels ils s'adressent directement, mais la manière dont ils sont dispensés et qui « oublie » - ou non - la personne à laquelle ils s'adressent indirectement. Par cette conception métadynamique (l'importance d'un lieu stable pour permettre des mouvements biologiques), nous rejoignons les mouvements humanistes qui préconisent une attention soutenue à chaque personne lors de toute approche de soins :

> *I : - Il vous faut recevoir les consignes et les détruire au fur et à mesure. Toute consigne est ainsi le lieu d'un jeu : s'y prêter de bonne grâce et s'en dégager pour y trouver sa liberté. Cela donne une intelligence par rapport aux techniques que vous pouvez apprendre dans les différents stages que vous suivrez, d'avoir cette sorte de précision de maniement des consignes.*

Au contraire, l'utilisation d'une technique comme outil de pouvoir réduit la personne à un individu obligé, chosifié. Une femme, reprenant l'image du cavalier, l'illustrait en racontant un rêve où elle se voyait traînée par sa monture ; obéir de façon servile à des techniques dites de « croissance personnelle » lui donnait la même impression. On s'aperçoit parfois que dans certaines approches le terrain de guérison est ainsi interdit puisqu'on ne peut se permettre de déroger aux consignes, qu'on doit s'y soumettre à tout prix, c'est-

---

25. La bio-énergétique est le terme américain, et la bioénergie, le terme européen : Alexander Lowen, *Bioenergetics*, Coward, McCann and Geoghegan, New York, 1975 et Lowen, Alexander, La Bio-Énergie, Paris, Tchou, 1976.

à-dire au prix de la personne. Peut-être est-il temps alors de se poser des questions sur la valeur de ces types de démarches. Parfois, il se peut qu'on soit obligé de les suivre, mais il doit être alors possible d'en repérer au moins le danger d'aliénation, ce qui constitue déjà une manière de protection. Mais parfois aussi, ces enseignements ne sont pas tout à fait nécessaires et l'on peut alors s'en échapper salutairement : « Non, merci ! ».

Une autonomie

L'Echo est aussi un *outil* dans le sens où les gens peuvent s'en servir de façon personnelle. On y propose des moyens compatibles avec une utilisation ultérieure autonome, ce qui diffère nettement des démarches thérapeutiques - lors d'une analyse faite par un intervenant -, mystiques - lors d'un engagement dans une communauté -, ou magiques - lors d'un rituel de guérisseur -. L'Echo est un outil pour permettre une autonomie en prenant la personne comme lieu de maîtrise et en lui permettant d'acquérir la maîtrise de cet outil.

Donc, que l'on soit d'accord ou non avec différents champs et conceptions mystique, énergétique, cosmique ou magnétique importe peu ; le principal, c'est la position de maîtrise de la personne par rapport à ces différents champs. Du point de vue de la guérison, l'utilisation aveugle de procédés est néfaste, et ceci concerne autant des rayonnements gamma que les ondes de guérisseurs. Au contraire il s'agit, rappelons le, de conduire un cheval sans le contrôler (arrêt et mort chronique) et sans se faire désarçonner (chute et mort aiguë) : avec maîtrise.

Notre but est d'offrir un outil de travail individuel qui peut être utilisé de façon autonome, un outil transportable dont on peut se servir n'importe où, n'importe quand. Même s'il est enseigné dans un groupe, il faut que la personne puisse ensuite le manipuler seule. Et, même si on utilise dans l'apprentissage des postures particulières, il faut pouvoir les modifier dans la vie courante. Il est important que chacun adapte l'outil à ses propres normes et non pas à des conditions préétablies comme une durée fixe, une fréquence ou une position définies ; on est donc en maîtrise de la forme du travail et il n'y a pas d'attitude modèle à laquelle se conformer.

I : - Vous pourrez ensuite utiliser cette méthode seul, sans avoir besoin de quelqu'un avec vous. C'est donc auto-transportable, c'est une méthode portative ! Même si nous utiliserons des techniques qui proposent que vous soyez, par exemple, allongés, le but final est que vous puissiez en pratiquer l'essentiel dans la vie quoti- dienne, sans avoir besoin de ces attirails que sont les postures et les contextes. En d'autres termes, vous n'aurez pas besoin de vous al- longer dans la station de métro en présence d'un intervenant qui vous guide !

Un travail

Les règles intérieures

L'Echo est un travail intérieur et s'appuie, comme la guérison, sur le monde du subjectif. Comme dans tout travail, il y a des rè- gles, mais le plus souvent elles s'opposent à celles que l'on retrouve dans la réalité extérieure.

Tout événement y est considéré comme valable, comme ayant une valeur. Il n'y a donc pas ici de hiérarchie d'événements, avec certains plus importants que d'autres. Il n'y a pas ici d'événements bons ou mauvais, permis ou interdits. Tous ont leur place ou peu- vent l'avoir. On voit bien que cette proposition n'a aucun sens quand elle s'applique à la réalité extérieure : que dirait-on d'auto- routes sans divisions protégées, de déplacements automobiles sans directions indiquées ou de routes sans croisements organisés ? Mais les lois intérieures sont radicalement différentes et l'application de règles bien coutumières dans la vie de tous les jours est tout à fait néfaste dans le champ personnel.

On remarque que de nombreux jugements, critiques et compa- raisons surviennent dans les cheminements intérieurs. On com- prend parfois ces pensées comme ayant des origines pathologiques psychiques. Les théories psychanalytiques parleront d'obsession[26],

---

26. E. Bibring, « The conception of the repetition compulsion ». *Psychoanalytic Quartely*, XII, 1943, pp. 486-519.

de surmoi[27], de loi du père[28]. Mais pourrait-on envisager simplement et temporairement toutes ces considérations, sensées ou subordonnées à un censeur, comme l'application malencontreuse de lois à l'endroit des personnes, comme des règles fort utiles dans une réalité extérieure et cependant inutiles ou néfastes dans une démarche intérieure ? Donc les consignes de travail seront que les jugements, les critiques, les comparaisons sont sans utilité.

Ici tous les *sens* sont permis, et selon toutes les définitions du terme ! Il n'y a pas de directions défendues. Il n'y aura pas de significations interdites. Et, précisément, tous les sens peuvent être présents : les images, les sons, les mouvements, les sensations, les odeurs, les goûts, les pensées. Il n'y a pas à privilégier d'emblée telle ou telle fonction de perception. On pose ainsi un premier point de discussion quant à une critique de techniques orientées uniquement sur les imageries ou les visualisations, ou sur d'autres techniques qui rejettent toute pensée comme une affaire définitivement « intellectuelle » et, par le fait même, non digne d'intérêt.

De plus, en écho, les buts et les objectifs ne sont pas indispensables. En général, pour aller d'un point à un autre, il est souhaitable de prendre le chemin le plus court dans l'espace et dans le temps ; c'est une loi générale avec laquelle on gère habituellement les déplacements. Mais en travail intérieur, on ne sait guère d'avance quel est le point d'arrivée, et la pratique des thérapies qui partage ce domaine nous apprend que la connaissance et la poursuite d'une destination précise empêche souvent l'achèvement d'un projet plus grand. Il n'est donc pas nécessaire de se fixer des objectifs définitifs, bien au contraire.

Une issue concrète

Enfin cette méthode est concrète. En d'autres termes, elle aborde et appréhende le monde intérieur de manière concrète. Ce terme peut sembler paradoxal étant donné que, comme en théra-

---

27. S. Freud, « Le Moi et le Soi » in *Essais de Psychanalyse*, Paris, Payot, 1951, pp. 163-218.

28. Jacques Lacan, « Écrits », *Le champ freudien*, Paris, Éd. du Seuil, 1966, pp. 276-279.

pie, le domaine abordé ici est celui du subjectif. En même temps, le mot concret peut sembler évident puisque le travail se fait sur le corps. Mais, curieusement paradoxal et faussement évident, ce terme annonce plutôt que l'on fait en sorte d'organiser le monde subjectif de façon concrète.

Il ne s'agit ni de l'action extérieure caractéristique d'un traitement - médical par exemple -, ni de la recherche de sens classique à certaines psychothérapies. On sait déjà que, si l'intervention se fait sur le corps, ce n'est pas en l'observant d'un point de vue extérieur, et que, si l'approche est subjective, elle ne se solde pas primordialement par la recherche de significations ou le développement d'interprétations.

En reprenant la distinction implicite-explicite faite plus haut, on peut dire que la traduction du subjectif en concret correspond au retour de l'implicite vers un nouvel explicite. On a vu précédemment que le processus de guérison implique un dégagement vis-à-vis d'une réalité extérieure contraignante, le passage d'un explicite prescrivant son ordonnance à un implicite non déterminé réintroduisait une liberté[29]. Cette fois le mouvement complémentaire cristallise de nouvelles formes : c'est le retour du pays des merveilles. Mais on ne retrouve pas la même réalité : il s'agit maintenant d'un explicite plus intérieur et plus vivant.

La méthode Echo abordera la subjectivité de façon concrète, par le biais d'*objets*. Les événements personnels sont transformés en objets subjectifs : ils ont des formes, des mouvements, des histoires, des effets. Cette opération est d'autant plus nécessaire que les événements sont souvent perçus et présentés comme vagues, généraux, confus. Ainsi une tristesse, une douleur, un vague à l'âme seront traduits en apparences, en parcours et en scénarios. Il ne s'agit pas d'imaginer obligatoirement ces choses à l'aide de visualisations, mais plus largement de les percevoir en y intégrant diverses sensations et impressions. C'est cette traduction en objets qui permet le travail ultérieur vis-à-vis du monde subjectif.

---

29. Voir « Le terrain de guérison et son lieu implicite » p. 76.

Il importe peu - nous l'avons déjà vu en parlant de subjectivité dans les processus de guérison[30] -, que ces objets soient *vrais* objectivement. Il s'agit d'une activité intérieure, rappelons-le, où le processus, induit et dégagé par la construction des objets subjectifs, produit le fonds du travail. La mise en objets ne vise donc pas la recherche d'une vérité mais la mise en branle d'une démarche ; les objets peuvent être illusoires, la démarche, elle, est réelle.

***

L'Echo est donc une méthode d'autoguérison qui utilise des expérientiels comme outil privilégié. Elle est construite de telle façon que ses mécanismes ne viennent pas en contradiction avec l'objectif de laisser libres une personne, un domaine de travail intérieur et un champ subjectif. Signalons que ce champ est en articulation et ouvert à d'autres types de pratiques comme la médecine ou la thérapie, et que toutes ces interventions se côtoient constamment dans notre univers de travail.

D'une part, la méthode s'occupe du corps en l'abordant, comme en médecine, mais au lieu que ce soit un tiers (soignant, infirmière) qui en assume la responsabilité, ce sont les personnes elles-mêmes qui deviennent les promoteurs de leur propre démarche.

D'autre part, le travail approche le corps en le comprenant, comme en psychothérapie, mais l'aborde de façon directe, perceptuelle plutôt qu'en rapport au sens. C'est un outil dont chacun a le contrôle, qu'on peut maîtriser.

En médecine des techniques sont appliquées sans que les patients en aient la maîtrise, car c'est l'intervenant qui occupe le pôle primordial d'activité.

En psychothérapie la relation avec l'intervenant est essentielle car elle est le moteur, sinon l'objet, du travail psychique - interaction qui est nécessaire au processus.

La méthode ECHO permet que les personnes n'aient pas à se situer en position de patient (médecine) ou de client (psychothérapie).

---

30. Voir « Une autosuggestion » p. 93.

L'HISTOIRE DE L'ECHO

*Mais, seul, loin du bateau et du rivage,
Jonathan Livingston le Goéland s'exerçait.*

*(Richard Bach, Jonathan Livingston le Goéland,
Paris, Flammarion, 1973.)*

L'HISTOIRE DE L'ECHO

On constate souvent chez les auteurs d'ouvrages sur la guérison une histoire personnelle qui a eu maille à partir avec la maladie. Ils se sont retrouvés terrassés par un mal incurable, dénoncés dans leur vie déséquilibrée ou abandonnés par la médecine[1]. Soudain, se sentant glisser dans une fatalité annoncée, ils se ressaisissent et prennent une attitude radicalement différente. De portés pour morts, ils se décrètent sauvés. Cette décision est l'affaire d'un instant, instant d'illumination profond et bref. Alors commence un long cheminement laborieux, soutenu, systématique. Cet instant privilégié, ce cheminement entêté apportent des modifications majeures dans leur existence ; leurs relations, leur alimentation, leurs intérêts, leurs valeurs se transforment. Ils se découvrent des pouvoirs qu'ils n'avaient pas soupçonnés. Et la maladie, de chronique et d'immuable, se met tout à coup à fondre.

Cette pulvérisation se fait parfois par gros morceaux, comme un glacier se segmente en icebergs. Ceci se produit lors de guérisons provoquées par l'intervention de tiers : les miracles, comme on dit. Ces modifications aboutissent parfois à des changements permanents. Mais, dans des contextes de foule, de gourous, de rites et de mythes, elles consistent souvent en des effets très temporaires ; en tout cas, c'est le reproche qui est habituellement porté à ce genre de démonstrations. Cependant elles peuvent aussi permettre à la personne de constater que ce qui était réputé comme inébranlable, ne l'est peut-être pas. Et alors un nouvel état d'esprit s'installe, un état d'esprit qui « prévoit » des transformations possibles : un processus est mis en marche. Pourtant ces effets, trop exclusivement attribués à l'événement sensationnel qui leur a donné

---

1. Norman Cousins, *La volonté de guérir*, Paris, Le seuil, 1980. Labonté, Marie-Lise, S'autoguérir... c'est possible, Montréal, éd. Québec/Amérique, coll. Santé, 1986.

naissance, s'affadissent avec la distance et le temps et ne seront soutenus que par la répétition de ces interventions spectaculaires.

Le plus souvent la fusion se fait goutte à goutte, entrecoupée de moments où se manifestent soudainement des changements radicaux. Soutenus par leur certitude profonde, protégés par des comportements, des réseaux et des limites qu'ils se sont aménagés, les gens avancent pas à pas dans leur démarche. On pourrait les croire aveugles et sourds, mais ce n'est qu'un point de vue de l'instant. Le futur, ils le voient et l'entendent fort bien à chaque moment, car ils l'avaient déjà vu et entendu par le passé, même s'il leur avait été refusé. Présents au futur, ils ne sont plus guère présents à un présent sans futur.

Un jour, ils sont guéris. Et cela, ils peuvent le considérer de diverses manières : de la disparition totale d'une maladie à un soulagement profond de n'être plus malades. Forts de cette expérience, ravis et emportés, ils écrivent[2]. Ils écrivent comment ils en sont arrivés là, puis comment ils en sont sortis. Ils écrivent le début et la poursuite de leur parcours[3], les espoirs, les embûches, les étapes, les découvertes. C'est un parcours issu d'une expérience réelle de souffrance, suivi d'une délivrance personnelle.

Certains feront même partager leur expérience à d'autres personnes. Ce sera un désir de la transmettre, avec bienveillance ou sympathie. Revenant de leur expérience profonde et solitaire, ils tentent de faire suivre à d'autres malades la démarche qui leur a convenu. Certains se font guérisseurs et entreprennent d'utiliser leurs pouvoirs nouvellement découverts pour provoquer chez leurs patients des guérisons. D'autres se font thérapeutes et font suivre à leurs clients le chemin particulier qui fut le leur. Tout ceci pose quelques problèmes, car ces intervenants convaincus tendront à reproduire le parcours et à appliquer les moyens qui leur ont réussi.

---

2. Suzanne Bougie, *Les mémoires de mon corps*, Montréal, éd. Québec/Amérique, coll. Santé, 1989.

3. Alby, « Cancer, sens et non sens », *Psychologie médicale*, 1987.

***

Notre parcours ici est fort différent. Il ne se situe pas dans l'axe de l'entrée et de la sortie d'une maladie grave mais plutôt dans un intérêt persistant concernant un certain corps : d'un corps comme scène d'un drame. Ce qui fait que notre démarche n'est pas ponctuée d'événements tragiques, de situations infernales et d'évasions phénoménales. Plutôt une route assez calme, mais jalonnée de questionnements fiévreux : les questions du corps. Des questions posées moins pour y répondre que pour se situer au centre du corps.

Il est difficile de discerner ce qui a bien pu orienter notre curiosité et nos efforts vers ce domaine et pourtant ce sera le sujet de cette deuxième partie. Que le corps soit objet d'intérêt n'est pas exceptionnel et il n'est pas un de nous qui puisse s'y soustraire. Mais notre particularité, ici, consiste plus à chercher un corps lieu d'expression, d'impressions et de signification. Comme cela, comme tel.

C'est un parcours intérieur du corps issu d'explorations diverses : artistiques, médicales, herméneutiques. Et, tout au long, un besoin d'en communiquer les découvertes à d'autres et d'y travailler ensemble.

LE MIME

On avance dans la vie par touches successives, sans trop s'en rendre compte. Certes, on s'aperçoit de ce que l'on fait au jour le jour ; et puis on est marqués par de grands événements, étonnés par nos découvertes, atteints par des malheurs. Mais la vie passe néanmoins ; on se souvient parfois de bribes du passé, mais on regarde le plus souvent vers l'avenir.

Pourtant, à certaines occasions, on fait le point un peu plus longtemps et l'on voit alors le chemin parcouru, la ligne formée, les écarts risqués, les étapes réalisées, les décisions et les moments-clés de notre existence... avec l'impression que, sans eux, nous ne serions pas les mêmes.

Ainsi m'apparaissent mes expériences diverses dans le corps ; elles viennent s'organiser en un parcours qui semble maintenant logique : une sorte d'entêtement à chercher ce corps, à le jouer, à le questionner, à le traduire. Cela m'a permis, après plusieurs dizaines d'années, de l'entendre un peu.

LES SCÈNES DU CORPS

L'ouverture à l'expression du corps commencera, si on peut marquer un début, par une mise en scène du corps.

Les représentations sur scène

Introduisons-les d'abord par des figurines interposées : les marionnettes. Quels souvenirs que ces spectacles montés pour les proches, à l'âge de l'enfance ! Un petit théâtre, des décors de papier, tout un attirail d'éclairages, de coulisses, de mixages sonores. Et puis des textes, des textes inventés le plus souvent : les histoires de la vie, comme les enfants se les racontent, les racontent. Ici, les histoires qui m'appartenaient étaient distribuées parmi divers personnages et présentées à un public : un montage donc. Cela allait jusqu'aux moindres détails techniques : l'impression de programmes, la vente de billets, les entractes - et probablement la vente d'esquimaux-chocolats, sorte d'équivalent français du maïs soufflé des cinémas à l'américaine. Donc une petite scène servait déjà de lieu d'exposition.

Quelques années plus tard, dans un mouvement de jeunes, je participe à l'élaboration de spectacles ; je suis encore dans la famille élargie, le familier donc. Dans ces saynètes de marionnettes, ces petits sketches de salle paroissiale, ce seront de moins en moins les mots et de plus en plus les personnages qui occuperont l'avant-scène ; mais je n'y suis toujours pas en personne. Puis un jour, c'est le contact avec une grande scène en bois, avec moi dessus : en chair et en os. Coup de foudre : à l'occasion d'un jeu bien annoncé, au sein d'une foule bien préparée, un événement soudain, inattendu émerge de la rencontre. Des rires fusent, des improvisations se déclenchent : un arc électrique vient de se former entre la salle et la scène, entre les spectateurs et l'acteur. Une expérience inoubliable qui guidera définitivement ma recherche de lieux de représentations.

C'est un corps qui apparaît, fait sa place ; et des mouvements émergent. Si bien que le mime, dans lequel les voix sont absentes, devient le médium rêvé, riche en formes et en déplacements. Comme on le sait, le mime a la particularité de ne pas avoir de texte. Dans les mises en scène de choses et d'environnements, pour que le spectateur s'y reconnaisse, on fait découvrir cette chose par la relation à cette chose. Ce ne sont pas les choses elles-mêmes qui sont décrites par des gestes qui dessineraient leurs formes, comme dans certaines devinettes corporelles utilisées dans des jeux de société. Par exemple, les relations avec un panorama grandiose, une porte lourde, une pièce étroite, une source claire sont évoquées par l'ouverture du regard, l'inflexion de la colonne, le repli des membres, la détente du visage. Puisque les choses ne sont pas présentes, le mime figure l'événement extérieur par la projection de la perception intérieure ; cette projection subjective se fait sur le corps lui-même, comme sur un écran mobile, à trois dimensions[1]. Une dynamique inverse de l'habituelle : la projection d'un extérieur à l'intérieur.

Le mime permet un travail avec les objets intérieurs et partage certaines des caractéristiques de tout art de scène. Pour être représentée, la chose qui est au dehors devra être perçue au-dedans de soi, comme un objet subjectif, ou plutôt comme relation à cet objet. Ceci nécessite une identification à l'objet et à la relation qui sont joués par l'ensemble de la personne : une métonymie corporelle. Cela exige à la fois un recul, une sorte de désidentification, pour pouvoir en être, en tant qu'acteur, le premier observateur intérieur. Le spectateur regardant ce mouvement y participe à son tour, intérieurement. Ainsi, le mime joue simultanément les deux fonctions de mouvement et de regard. La personne ayant rôle d'acteur se met au service de ces représentations : une mise en art qui reproduit la mise en objets que nous avons décrite plus haut[2] et qui prélude au jeu d'objets qui s'ensuivra[3].

Certains artistes-mimes prennent surtout pour thèmes des situations coutumières : être bloqué dans un ascenseur, tenter de rattraper un retard pour prendre le train. Ils construisent souvent, à partir de ces scénarios, des gestuelles si précises qu'elles permettent la reproduction de jeux similaires au cours de différentes représentations[4]. Cet art de la gestuelle permet de produire des oeuvres qui font la matière de spectacles. C'est l'œuvre de professionnels à qui il faut bien la sécurité d'une certaine programmation. L'entreprise d'un spectacle comporte déjà assez d'inconnues pour que les artistes tentent d'assurer au moins un scénario de base. En ce qui concernait mon groupe de travail, nous avions la possibilité de ne pas nous soumettre à ces servitudes, ce qui nous a permis d'amener deux modifications importantes dans notre manière de jouer.

---

1. J.-Louis Barrault, Le corps magnétique, Cahiers Renaud-Barrault, vol. 99, Paris, Gallimard, 1979. p. 71-136.

2. Sur le caractère concret des objets, voir « Une issue concrète », p. 120.

3. D.W. Winnicott, Jeu et réalité, Paris, Gallimard, 1975.

4. Par exemple, lors des spectacles du mime Marceau.

Les représentations en scène

D'une part, nous nous intéressions davantage à l'expression de vécus intérieurs qu'à la description de situations externes. Nous montions un thème à partir de ce que chacun d'entre nous percevait, de ce que nous avions pu rêver ou imaginer, des gestes qui nous échappaient, des mouvements que nous prolongions. Nous inventions pas à pas, sensation après sensation, selon l'inspiration. De l'intérieur, cela nous donnait l'impression d'être toujours à la limite d'un champ connu, donc à la limite d'un champ vierge à oser.

D'autre part, il n'y avait pas de compositions précises. Nous construisions des canevas, des thématiques, des indications, et le reste se faisait à l'intérieur de ces points de repère. De rencontre en rencontre - pour ne pas dire de répétition en répétition, puisqu'il ne s'agissait pas de répétitions à proprement parler -, nous construisions le scénario, repartant chaque fois du précédent en l'utilisant comme un brouillon. Le thème prenait progressivement une forme, une certaine tournure. Un peu comme les suites d'accords de musique de jazz sur lesquelles les mélodies se concrétisent et se modifient. Un air de blues glissant sur une grille d'harmoniques, une chaîne sur sa trame, canevas qui annonçait déjà ce dont nous avons parlé au sujet de la guérison, au sujet de l'implicite du corps[5]. Lorsque nous considérions que la forme était présentable, nous avions atteint une sorte d'équilibre temporaire. Mais jamais l'une de nos présentations ne fut totalement une re-présentation. Les histoires se transformaient, se permutaient, s'incluaient et quelques-unes ne furent jouées qu'une fois.

Certaines improvisations exploitent cela systématiquement. On part d'un mouvement ou d'une position : le geste a une amplitude, une rapidité, une fin. Celui qui suit se situe donc par rapport au premier et les deux organisent une sorte de mariage de forme et de rythme, puis apparaît un troisième geste, etc. Finalement, on découvre une configuration qui prend un sens puisque chaque geste

---

5. Voir « Le passage », p. 83.

n'est pas posé au hasard mais sur la base des précédents. Chaque mouvement créé, obligé à une répétition nécessaire mais abandonnant la tendance à une pure répétition, émane de quelque chose qui le précède et apporte par son existence une forme tout à fait nouvelle à l'ensemble dont il fait maintenant partie.

On voit déjà les principaux éléments qui se retrouveront dans notre démarche personnelle comme dans ce livre : la représentation, le mouvement, l'expression, la création et une certaine problématique qui concerne le langage du corps. À cela, il faudrait ajouter le silence. Mais continuons notre récit.

Avant chaque mise en scène, avant chaque présentation, nous avions pris l'habitude de nous recueillir à l'aide de quelques exercices, comme des mises en situation intérieures. Je ne sais comment ni où nous avions trouvé cette idée, mais j'ai constaté plus tard que cela ressemblait étrangement au training autogène[6], une technique de relaxation qui consiste à s'allonger, ou à s'asseoir en position de cocher, dans un endroit calme et sécurisant, puis à entrer en contact avec son corps par des propositions comme celles-ci : « Mon bras droit est lourd, ma jambe gauche est chaude... ». Ensuite, les propositions englobent la respiration, la régularité du rythme cardiaque, le bien-être dans le plexus solaire, la fraîcheur du front.

Dans le cadre de la création de mimes, il ne s'agissait pas de provoquer une relaxation mais de représenter intérieurement certaines parties du corps, certaines perceptions. Cette représentation intérieure préparait celle qui aurait lieu sur scène : la double position d'observateur et d'acteur, donc une relation dynamique interne. Cet exercice facilitait l'évocation subséquente d'objets variés, au sens subjectif. Par exemple, la relation à l'eau nous faisait fluides, nous amenait à nous y glisser, à nous y rétracter, à en émerger. Ce travail permettait de préparer l'état de dialogue avec des sensa-

---

6. J.H. Schultz et W. Luthe, *Autogenic therapy*, Methods, New York, Grune & Stratton, 1969. C'est « une méthode psychothérapique par relaxation obtenue au moyen de procédés visant à réaliser une auto-hypnose. Les sujets doivent arriver à se représenter une série d'images mentales... propres à déclencher une « conscience imageante » : Henri Piéron, *Vocabulaire de la Psychologie*, Paris, PUF, 1963.

tions intérieures et de jouer avec elles : une mise en scène du corps à l'intérieur de lui-même.

En Echo, on retrouve beaucoup l'utilisation de cette représentation d'objets intérieurs : des sons, des couleurs, une sorte de mise en scène du corps subjectif. Il y est aussi question de mouvements à compléter, à créer. On voit qu'il s'agit d'une double dimension d'implication et d'exposition ; on plonge dans un univers non prévu pour en manifester les relations découvertes : d'un espace contenu à un espace manifeste par le déploiement d'un monde corporel. Voilà un des outils de l'écho qui permet une exploitation du corps, au sens où l'on exploite une mine pour en extraire du minerai et le porter à ciel ouvert : mettre à découvert quelque chose qui était fossile.

LES RENCONTRES DU CORPS

Mon entrée dans les études de psychiatrie à la Faculté de Médecine m'éloigne de ces activités artistiques, et pas seulement à cause de mes horaires ou d'un changement d'intérêts.

Le corps partagé

En effet, dans le domaine clinique de la psychiatrie, la psyché est abordée par ses contenus, ses formes, ses significations. Le corps n'y est pas personnage principal : il exprime la souffrance ou la pathologie de l'esprit. Si on s'y intéresse, ce n'est pas pour l'entendre, mais pour l'observer : on le réduit à se taire. La parole elle-même n'y est bienvenue que si elle est contenue, discernable, articulée ; les cris, les éclats et les apostrophes sont mis hors de question. Ils dérangent et ne sont pas toujours questionnés.

Pourtant, j'y apprends beaucoup : la souffrance morale, les perturbations psychiques, les altérations de la conscience, les retentissements somatiques. Et cette folie qui désorganise les pensées, les perceptions, les relations, les corps. Puis, d'une part, une réflexion sur la maladie mentale qui force l'hospitalisation et, d'autre part, sur cette autre maladie qui survient, à son tour, l'hospitalisme : incarcérations qui se surimposent[7].

Je continue néanmoins de chercher à penser le corps, à le concevoir comme un lieu d'expression. Dans le mime j'avais trouvé un cadre : des répétitions, un public, des tréteaux. Où pourrais-je bien maintenant monter une nouvelle scène dans ce théâtre particulier de la clinique ? Une scène pour une représentation à personnage seul et à spectateur unique. Dans cette quête pour relier la création artistique dans laquelle j'avais plongé et une expression corporelle que je veux créer, je rencontre des gens, des cliniciens qui s'occupent du somatique. Je leur fais part de mes préoccupations sur les impressions corporelles et leurs significations. Ma question ressemble à celle-ci : « Est-ce qu'on peut comprendre les mouvements corporels extérieurs et intérieurs comme significatifs de la personne ? ».

La réponse évoque un problème de mécanique somatique, un trouble d'articulations - je veux dire de ligaments - et ils parlent d'une réparation par une réhabilitation des gestes. Ma réaction en est une de dépit par rapport à cette réponse au premier degré : une réponse littérale. Nous ne parlons pas le même langage, mais il est vrai que je n'arrive pas à communiquer clairement ce que je désire découvrir exactement ! Cependant, je reste convaincu d'un manque dans la réponse, d'une réponse qui manque : il me faut aller voir ailleurs...

Je traverse alors l'océan vers un nouveau continent. Ce qui devait être un aller-retour dans ces terres lointaines devient un rendez-vous marquant. Dans le même domaine psychiatrique, je trouve cette fois des ouvertures nouvelles quant aux approches cliniques. Le champ est plus vaste ; en tous cas, il est plus diversifié. Les patients n'y sont point vus seulement comme des malades, on y

---

7. L'hospitalisme est « l'ensemble des effets nocifs, physiques et psychiques engendrés par un confinement prolongé dans un hôpital » (Henri Piéron, Vocabulaire de la psychologie, Paris, PUF, 1963). Le terme a été utilisé par Spitz au sujet des enfants institutionalisés (R. Spitz, *De la naissance à la parole*, Paris, PUF, 1971). Des études de ce problème chez les adultes ont été continuées par Lucien Bonnafé et Bernard Sigg : Lucien Bonnafé, « Le château en Espagne » in « Programmation, Architecture et Psychiatrie », Paris, Recherches, Juin 1967 ; Bernard Sigg, « Pratique psychanalytique et cadres institutionnels », Lyon, *Entrevues*, n° 4, janvier 1983.

dit aussi qu'ils crient au secours[8]. Dans cette contrée j'anime des groupes où les personnes malades peuvent parler de leur hospitalisation, ce qui est paradoxal si l'on tient compte du fait que ces réflexions institutionnelles ont été formulées ailleurs[9]. Je travaille avec les familles de ces patients, ce qui est remarquable puisque les approches systémiques de ce genre arrivent tout juste d'un autre pays[10]. J'anime des équipes où les différents professionnels ont une place que je ne leur avais jamais vu prendre auparavant. Le Québec reçoit l'Europe et l'Amérique ne s'en souciera que quelques années plus tard[11] ; l'Amérique bat son plein et l'Europe n'en aura vent que quelques années plus tard[12].

Point étonnant alors que j'entende parler d'un lieu où on laisse se mouvoir le corps, où ses différentes parties ont un sens : elles peuvent parler et se taire. On en voit des mobiles et des bloquées ; il y aurait même des courants d'énergie. Fantastique. J'y retrouve mon intuition, même si les langages semblent différents ; il ne s'agit pas de mime mais de thérapie. On appelle cela la bioénergétique[13]. Je rencontre deux des pionniers[14] et j'ai le plaisir de travailler avec eux.

8. J.-Charles Pagé, *Les fous crient au secours*, préfacé par le Dr Camille Laurin, Montréal, Éditions du Jour, 1961.

9. Jean Oury, « Notes et variations sur la psychothérapie institutionnelle », Paris, Recherches, no 2, 1966.

10. Jurgen Ruesch et Gregory Bateson, *Communication : the social matrix of psychiatry*, New York, W.W. Norton & Company, 1951.

11. Jacques Lacan, *The four fundamental Concepts in Psychoanalysis*, New York, W.W. Norton, 1978.

12. J. Miermont, S. Sternschuss-Angel, R. Neuburger et P. Segond, *Thérapies familiales*, Paris, Éditions Techniques, *Encycl. Méd. Chir., Psychiatrie*, 37819 F10, 4-1980, 8 p.

13. Georges Lapassade, *La bio-énergie*, Psychothèque, Paris, Éd. Universitaires, 1974.

14. Stanley Kelleman, *Living your Dying*, New York, Random House, 1974. Lowen, Alexander, *La dépression nerveuse et le corps*, Paris, Tchou, 1975.

Le corps touché

À cette époque, ce qui m'importait, c'était d'avoir trouvé non seulement une théorie, mais un outil de travail utilisable en clinique. Je pourrais donc atteindre directement le corps, et y arriver sans l'emploi obligé et unique de la parole ? J'avais trouvé un outil qui n'était ni médical - puisqu'il procédait, pourrait-on dire, d'une anatomie émotionnelle - ni psychanalytique - puisqu'il employait de façon usuelle le toucher corporel - et l'on connaît le tabou du toucher en psychanalyse !

Les contacts

Cette théorie et cette technique reconnaissent un corps dynamique, et pas seulement anatomique et physiologique[15]. Ce corps est le lieu d'une histoire, il en porte les marques inscrites musculairement ; ses adaptations forcées sont organisées autour d'interruption de mouvements et de blocages d'énergie. Donc, l'histoire y laisse ses traces en immobilisant des muscles, des articulations, des circulations : le présent du corps peut ainsi rendre compte de son passé. Quant au concept d'énergie qui en est la base, on peut le comprendre comme un courant autre que nerveux[16]. Cette énergie, on peut vouloir la prouver scientifiquement et la mesurer, certains s'attachent à le faire. On peut aussi la prendre simplement comme une notion correspondant à des impressions subjectives de mobilité, de bien-être, d'expansion, d'élégance, donc dans un sens général et approximatif. C'est tout ce qu'il faut car c'est de ces impressions que les gens rendent compte.

Cette découverte d'un toucher à la fois non médical et non érotique me laissera une marque salutaire et indélébile dans mes pérégrinations ultérieures. Cette expérience fera « empreinte »[17] dans

---

15. Alexander Lowen, *Pleasure : a creative approach to life*, New York, Lancer Books, 1970.

16. John C. Pierrakos, *The Energy Field in Man and Nature*, New York, Institute for Bioenergetic Analysis, 1971.

17. Nous faisons référence à ce terme dans sa signification éthologique : « Fixation irréversible de l'animal nouveau-né au premier objet qui se présente à lui... », *Le Petit Larousse illustré*, 1993.

mon aventure et me permettra ensuite d'écouter avec indulgence toutes les discussions enflammées autour de la question du toucher en thérapie : entre les pourfendeurs d'une façon de faire considérée quelque peu démoniaque et les défenseurs de pratiques collectives parfois suspectes. De l'eau a coulé sous les ponts depuis : de nouvelles formes de thérapie et de psychanalyse se sont développées[18] ; des abus délictueux ont été et sont encore mis à jour, et la pratique s'en trouve assainie. Heureusement en ce temps-là, hasard ou chance, je n'ai pas eu à subir moi-même ce genre d'abus. Cela m'a permis de découvrir une autre vision du corps, pas commune, et de trouver un début de réponse à la question qui me tenait à cœur.

Je n'ai pas eu non plus à me battre contre des jugements arbitraires. J'avais en effet entrepris en même temps une psychanalyse dite classique, et jamais celui qui m'accueillait sur son divan ne fit de remarque destructive au sujet de l'expérience que je vivais dans le toucher du corps et le corps du toucher. Que de temps gagné à ne pas être interdit de ce double séjour ! Que de forces gardées à m'ouvrir et à m'enrichir de ces deux approches dont je cherchais dès lors les complémentarités.

Les distances

Ainsi, peu à peu, je tentais d'intégrer les deux démarches fort différentes de la psychanalyse et de la bioénergétique, y dégageant les correspondances et les incompatibilités.

Parmi les correspondances, je reconnaissais une certaine conception dynamique de l'être qui conjugue avec plus ou moins de bonheur des pulsions et des résistances. La levée de barrières qui libère les forces vitales était présente dans les deux approches. Cependant, pour les mettre en évidence, la psychanalyse utilise la tension du transfert et l'interprétation alors que la bioénergie se sert de la tension musculaire et de la respiration.

---

18. Jean Ambrosi, *L'analyse psycho-énergétique : la thérapie du mouvement essentiel*, Paris, Retz, 1979. Willy Pasini, Antonio Andreoli, *Eros et Changement*, Paris, Payot, 1981.

L'une et l'autre partagent par ailleurs un même écueil issu de la relation à la théorie. On connaît bien le conflit que peut poser l'incursion d'une théorisation toute faite dans la pratique psychanalytique ; elle la plaque au sol. Je retrouvais le même problème dans les allures de certaines interventions de bioénergie. Des problèmes de diagnostics, de règles, de grilles, d'écoles et de chapelles resurgissaient. Le voyage dans le corps prenait alors l'allure de l'exécution d'une tâche jusqu'à l'exécution d'un sujet. La grande différence vis-à-vis de cette problématique inhérente à toute pratique thérapeutique tenait surtout à l'attitude adoptée par l'intervenant: son questionnement habituel dans le champ psychanalytique, une indifférence fréquente dans le champ bioénergétique.

Mais, c'est surtout dans la pratique que se situaient les incompatibilités entre les deux approches. Tandis que la pratique psychanalytique se voulait principalement évocative et interactive, l'expérience bioénergétique était essentiellement expressive et interventionniste. La première se situait dans l'ordre de l'analogie et de la métaphore, la deuxième dans l'ordre de la littéralité et de la métonymie[19]. Cet antagonisme de source historique aurait pu être très fécond, mais il s'est soldé le plus souvent en une simple opposition d'écoles, bien que les premiers bioénergéticiens fussent tous eux-mêmes d'origine analytique.

D'une part, il y avait ces praticiens qui, clairement ou confusément, écoutaient la personne avant la règle, puis questionnaient eux-mêmes leurs interventions. D'autre part, il y avait ceux qui faisaient converger l'utilisation aveugle de schémas préétablis et l'application littérale de techniques rigides, ce qui aboutissait à des excès de savoir et de pouvoir ; tout ceci, béni par le désir de l'intervenant - parfois dûment autorisé par le patient - de voir la personne guérir.

---

19. Joseph Campbell fait une distinction entre littéralité et analogie : « That is reading the world in terms of prose instead of in terms of poetry, reading the metaphor in terms of the denotation instead of the connotation », J. Campbell, *The Power of Myth*, (with Bil Moyers, Betty Sue Flowers), New York, Double Day, 1988, p. 57.

Ces raisonnements amenaient à considérer le but de l'intervention comme une « normalisation » du corps. À la suite de la thérapie, il fallait que le corps soit totalement libre et équilibré, ayant atteint la perfection d'une statue grecque. Cette visée idéaliste bien connue se repère facilement dans les thérapies verbales : bien penser, faire disparaître les mauvais comportements, éliminer les défenses, s'ajuster aux théories psychodynamiques en usage. Cependant, je constatais qu'elle était tenue comme négligeable dans les disciplines corporelles, comme si curieusement ces dernières pouvaient en être indemnes. Les équilibres énergétiques parfaits, les courants énergétiques libres, plutôt que d'être considérés comme des points de repère, devenaient des normes à atteindre. Une aliénation par le haut.

Le problème finit par éclater lors d'une fin de semaine d'apprentissage où certains se firent violenter sous le prétexte de la technique reine. Violences modérées au vu d'un observateur commun ; violences significatives pour un thérapeute avisé. Sortie : adieu !

Je me retrouve alors seul avec mes questions. Il y a sûrement d'autres façons de laisser s'exprimer le corps que cette manière pouvant aboutir à de tels excès ! Cette expression par force est folle. Puis, tout à coup, la supposition d'un mode expressif qui serait naturel : et si le corps pouvait le faire de lui-même ? Si l'on pouvait trouver des conditions qui favorisent cette expression issue de l'intérieur ? Je rejoins alors, sans m'en rendre vraiment compte, les idées que j'utilisais dans la construction des scénarios de mimes. Et je découvre déjà, sans le savoir encore, les qualités sur lesquelles je m'appuierai par la suite - celles que nous avons esquissées dans les premiers chapitres de ce livre : des conditions optimales soutenant une démarche naturelle et personnelle.

LES LIEUX DU CORPS

Nous organisons alors, avec d'autres intervenants, un groupe de recherche sur l'approche corporelle en thérapie. Notre but est de trouver une méthode qui intègre le corps sans abandonner les valeurs inhérentes à une démarche thérapeutique.

La conception d'une approche

Une suite de tâtonnements commence : il ne faut pas retomber dans un schéma d'interventions normatives, à finalité connue, et exécutées « sur » le client ; mais il faut pourtant élaborer une méthode qui rassemble les conditions propres à une exploration corporelle. Mais comment une méthode peut-elle exister sans finalité ? Et comment une thérapie, en tant que démarche personnelle, est-elle possible dans un contexte de finalité prédéterminée ? Voilà des contradictions embarassantes.

Entre les deux

Il faut d'abord lever des confusions. Le terme « thérapie » est utilisé pour couvrir des interventions très différentes, surtout lorsqu'il est associé à d'autres vocables ; ainsi la psychothérapie, la physiothérapie et la radiothérapie. Cette convention peut être tout à fait acceptable puisqu'elle recouvre des pratiques de soins dispensés à l'occasion de maladies diverses. Mais il nous semble important de donner à la thérapie une signification plus précise et de la différencier de la dénomination de traitement[20].

Nous tendons donc à donner à la thérapie la définition suivante : une approche qui se penche sur la démarche personnelle de quelqu'un. Elle consiste à ouvrir, dans un environnement protégé, un espace psychique où des objets intérieurs peuvent exister, se relier et évoluer. Elle met donc primordialement en scène un sujet qui agit lui-même sur ses propres objets[21]. Et nous tendons à donner au traitement la définition suivante : l'action d'un soignant sur

---

20. Ceci est nécessaire dans le climat actuel : de nombreuses disciplines de soins prolifèrent, les demandes des clients deviennent très diversifiées, les techniques se marient ou se juxtaposent, au su ou à l'insu des intervenants. Les objectifs et les méthodes de chacune peuvent se contredire et se « contrefaire », au grand dam du patient.

21. L'objet est tout ce qui se présente à la pensée, qui est occasion ou matière pour l'activité de l'esprit. *Petit Robert*, 1973.

quelque chose qui échappe à l'individu : c'est le paradigme même de la médecine[22].

L'intérêt de différencier les deux approches est que leurs adresses sont absolument différentes. Tandis que le traitement est orienté principalement vers une action sur des symptômes, c'est-à-dire sur une partie de cette personne, la thérapie met d'abord en cause la personne globalement. La thérapie s'adresse à un sujet, le traitement à une chose. La thérapie nécessite de la part du thérapeute une relation interpersonnelle avec le client plutôt qu'une action sur celui-ci. Quand le patient veut un soulagement, c'est de traitement qu'il s'agit ; quand il veut un changement, il s'agit de thérapie[23].

Les places données au savoir et au pouvoir n'y sont pas les mêmes. D'une part, dans la thérapie, et contrairement au traitement, l'objectif ne peut être fixé que par le client. Le diagnostic n'est pas un outil de thérapie, alors qu'il est utile au traitement. En thérapie, la vérité n'est pas absolue, car elle est personnelle et subjective. C'est la question du savoir. D'autre part, dans la thérapie, l'intervention consiste en une présence qui permet le mouvement de l'autre et non une intervention active « sur » l'autre. La compréhension n'y est pas tout à fait nécessaire, sauf peut-être pour rassurer le thérapeute, alors que, dans un traitement, elle est nécessaire pour aider le soignant à diriger l'acte qu'il pose. C'est la question du pouvoir.

Nous nous retrouvons finalement devant cette même question de finalité soulevée en biologie : comment appeler scientifique une hypothèse déterminée sur des causes finales[24] ? Dans le domaine de

---

22. J.-Charles Crombez, « La supervision de psychothérapie : la supervision d'une rencontre et la rencontre dans une supervision », *InfoPsy*, vol. 9, n° 2, Université de Montréal, déc. 1993.

23. Cette façon de voir est un point de repère et ne force pas à des exclusions simplistes. Par exemple une intervention thérapeutique peut éventuellement amener une disparition de symptômes ; tandis que d'autres symptômes peuvent être à la base d'un début de thérapie ; les deux modalités peuvent aussi se recouper au cours d'une même intervention, et il n'y a là aucun jugement de valeur qui donnerait plus d'importance à l'un qu'à l'autre, ce sont simplement des fonctions différentes.

24. Henri Atlan, *Entre le cristal et la fumée*, Paris, Ed. du Seuil, collection Points, p.14.

l'évolution, la question se pose en partie comme une constatation après coup ; dans le domaine de la thérapie, elle se pose comme une préoccupation avant coup. Comment, en effet, pourrait-on entreprendre une démarche sans avoir un projet, mais comment ce projet peut-il ne pas nuire à la démarche s'il la dirige ?

L'entre-deux

Cette recherche nous amène curieusement à nous pencher d'abord sur des considérations proprement anatomiques. Peut-être est-ce une façon de s'assurer d'une réalité, avant d'appareiller vers des mondes inconnus. Peut-être aussi est-ce une manière de croire que nous pourrions nous appuyer sur un corps organisé comme sur une machine. J'y retrouve étonnamment cet écart que j'avais perçu quelques années plus tôt entre mes questions sur les perceptions corporelles et les réponses fournies : « Ce sont les articulations » ! Ainsi, à l'aube de cette nouvelle recherche, je me penche comme j'avais dû le faire auparavant en médecine, sur des planches anatomiques ! Sans que cela serve directement, nous sommes rassurés car nous pouvons au moins nous approcher de zones inconnues : cette recherche de repères nous sert d'alibi.

Puis, nous tentons de catégoriser les gestes que nous posons : une sorte de sémiologie de l'intervention. Notre visée est encore dans l'ordre du soin, dans une conception chirurgicale. Il faut déterminer la nature des interventions - les lieux de toucher, leur durée, les impressions qui en émanent - et évaluer les effets sur celui ou celle qui s'y prête - les évocations qui en émanent, les mouvements, les perceptions. Nous sommes encore attachés au schéma causaliste coutumier.

Cependant, à force d'essais et de répétitions, « quelque chose » de nouveau apparaît, inattendu, en deçà des zones et au-delà des gestes : quelque chose de vivant, à la fois ténu et intense. On découvre alors ce qui sera le cœur de cette nouvelle façon de concevoir, dans les deux sens du mot, de créer et de penser. Nous observons en effet que, sous certaines conditions, quelque chose naît du corps qui peut être reçu plutôt que voulu, soutenu plutôt que dirigé. Et les conditions sous-jacentes à une démarche corporelle s'éclairent malgré nous, malgré le fait que nous soyons affairés à différencier et à classer ; heureusement ! À partir de ces considérations anatomiques et de ces classements symptomatiques, nous sommes donc amenés à découvrir un entre-deux : entre-faits et entre-temps. Les classifications techniques laissent la place à un concept de présence, et les catégorisations d'événements à une notion de processus. Entre les deux, cette « présence » et ce « processus » constitueront nos repères futurs[25].

La question du corps y est posée de la façon suivante : comme un lieu où est mémorisé le vécu antérieur, frustrant, douloureux[26]. On parle beaucoup moins du vécu jouisseur, mais la jouissance s'y trouve pourtant, tout autant. La situation d'abandon et de permissivité, en même temps que d'écoute et de présence, permet la résurgence de ce vécu corporel. Ce qui émerge est très riche et inclut bien sûr toute une expérience émotionnelle et sensorielle : tactile, labyrinthique, auditive, visuelle, olfactive avec des mouvements musculaires et des réactions vasomotrices.

À ce stade, trois notions émergent : celle d'une mémoire directe du corps, sans nécessité d'une prise de conscience préliminaire, celle d'une catharsis des traumatismes antérieurs dans une situation de régression et celle d'une mobilisation corporelle libérant l'énergie contenue, à expression jusque là interdite[27]. De plus, la recherche révèle des particularités importantes : une capacité du corps à cheminer lui-même vers un mode de restructuration, à diminuer les blocages et à laisser circuler l'énergie, par phases successives ponctuées de la reviviscence de souvenirs corporels. Ainsi, la solution ne

---

25. Aimé Hamann, « L'abandon corporel », *Santé mentale au Québec*, vol. 3, n° 1, 1978, pp. 85-95.

26. Bourdieu parle d'informations incorporées qui sont transformées en habitus. Pierre Bourdieu, *Le sens pratique*, Ed. de Minuit, Coll. Le Sens Commun, 1980, p. 87-134.

27. Ces trois « découvertes » se situent dans la suite des préoccupations de nombreux auteurs : la cuirasse caractérologique de Wilhelm Reich comme repère d'événements passés (W. Reich, *L'analyse caractérielle*, Paris, Payot, 1971), la théorie de la catharsis et la méthode cathartique de Sigmund Freud, (S. Freud, , *Psycho-Analysis*, S.E., XX, 1926, 263-264), la résurgence d'expériences primitives, (Arthur Janov, Th e *Primal Scream*, Delta Book, 1970).

réside pas dans le remodelage en force d'un corps, mais plutôt dans la proposition de conditions propres à une autorestructuration[28].

L'approche d'une conception

Au fur et à mesure que nous avancions, nous posions diverses hypothèses quant au langage du corps, rejoignant en cela des figures et des réflexions antérieures. Nous en venions à penser que le langage ou les langages corporels ne diffèrent pas seulement selon les personnes ; ils dépendent aussi du point de vue, de l'intention et des actions des intervenants. Plusieurs réflexions se précisèrent.

Le corps décrit

En médecine, le corps est parcellisé, désérotisé : corps-matière, corps-organe. On est proche de l'âge de la pierre, c'est-à-dire de l'inanimé.

Pour les tenants de l'énergétique, le corps représente une matière en vibration - ce qui est déjà plus vivant - que l'on cherche à libérer. Il s'agit encore d'une conception matérialiste, mais cette fois il est question de matière fluide ou, plus justement, de l'aspect fluide de la matière.

Puis d'autres attribuent au corps des capacités de mémoire[29]. Celui-ci pourrait garder trace de traumatismes antérieurs, inscrits musculairement ou viscéralement. On tente alors de faire exprimer, ressurgir ces inscriptions.

On passe ensuite dans l'ordre de la parole où le corps peut être reconnu comme émettant des messages : une sorte de clé des songes[30]. Un sens caché que l'on peut retrouver si on s'interroge : « Qu'est-ce que cela signifie, qu'est-ce que cela rappelle ? »

Toutes ces formulations tentent d'appréhender le corps en le définissant. Elles s'appuient sur le style des planches anatomiques,

---

28. Aimé Hamann et col., *L'abandon corporel*, Montréal, Stanké, 1993.
29. Alexander Lowen, *The Betrayal of the Body*, Collier Books, 1969.
30. S. Freud, *The Psychopathology of Everyday Life*, S.E., vol. VI, 1901.

en en distinguant les parties. Cette manière d'envisager un corps amène de curieux résultats quand on l'applique aux dynamiques psychologiques, quand on se propose de faire parler les organes. Dans certains ouvrages, on voit ainsi un corps à nouveau découpé, mais cette fois en significations à décoder ; cette interprétation littérale prête à de nombreux faux sens. Dans d'autres, il est reconnu non pas comme parole mais comme un ratage du langage qui évite le sens[31] ; les manifestations en seront donc absurdes. On y reviendra au chapitre suivant.

Alors, toute expression corporelle qui n'est pas classable devient indication de dépersonnalisation, comme une perte de corps. Cette façon de penser rendrait-t-elle compte d'un statut particulier du corps, définissable objectivement, ou de la perception subjective d'une étrangeté déroutante ? De quelle disparition du corps s'agit-il ? De la perte d'un corps visible, délimité, construit raisonnablement ? Ou d'une perte de contact due à une rencontre manquée : le corps continant à vivre à sa manière et l'écoute se faisant ailleurs. Comme dans ce film où l'on voit un personnage marchant dans une rue, à la rencontre d'un autre qui vient en sens inverse ; ils ne se rencontreront jamais. La raison : ce n'est ni la même rue, ni la même date !

Le corps élaboré

C'est alors que se conçoit l'idée d'un corps comme un langage, mais un langage qui n'a pas les caractères que l'on attribue à la parole : pas la même conjugaison, pas la même grammaire. Il s'agit plutôt de la combinaison d'une structure holographique et d'une Conquête de l'Ouest ! Le paradigme holographique[32] permet d'admettre une information globale dispersée en tous points d'une structure. La Conquête de l'Ouest représente notre image de la construction d'un réseau qui modifie le terrain que l'on découvre.

---

31. Michel De M'uzan, « Thérapeutique psychosomatique de l'ulcus gastroduodénal », La Clinique, vol. 547, 1969, p. 233-238.

32. Karl Pribram, Daniel Goleman, « Holographic Memory », Psychology Today, February, 1979, p. 71-84.

Une autre analogie serait celle d'un crayon avec lequel on inscrit des points sur une feuille blanche et d'une forme qui se dégage progressivement de la liaison de ces points. On ne sait guère si la forme est préexistante sous la feuille ou dans la main qui tient le crayon, ou si cette forme se constitue comme résultat du mouvement. On sent bien l'ambiguïté qui est là. On retrouve ainsi les deux modalités de présence et de processus que nous avions découvertes à travers les méandres des détails anatomiques et techniques : présence qui permet à des structures de prendre place, processus qui favorise des explorations.

Ainsi, les évocations corporelles font partie, avec les éléments verbaux, de chaînes d'événements ; c'est-à-dire qu'on peut décrire les manifestations corporelles et les productions verbales comme les composants d'un langage élaboré. Il ne s'agit donc pas d'un cheminement parallèle, de ce qui serait de l'ordre du non-verbal et de l'ordre du verbal. Il ne s'agit pas plus d'assimiler l'un à l'autre[33]. C'est un langage holographique et processuel ; le corps et la parole sont intégrés dans un langage. En d'autres termes, le corps ne se constitue pas uniquement d'un ensemble de charges énergétiques ou du réceptacle d'une mémoire ; il ne s'exprime pas seulement par une parole accessoire ou un langage accidentel. Le corps et le verbe sont « un » langage.

Il n'est donc pas question de ramener l'un à l'autre et d'interpréter « du corps » à un niveau verbal, mais plutôt de permettre « le corps » dans un champ associatif. C'est une situation qui peut se vivre phénoménologiquement comme une insécurité : la personne se perçoit comme un objet de sensations plutôt que d'en être le sujet, comme si, au lieu de tenir un verre d'eau à la main, elle se retrouvait dans ce verre. Elle est brusquement transportée dans une sensation ou une énergie qui était auparavant à l'intérieur d'elle-même. Ceci peut faire comprendre du même coup la tendance à une insensibilité pour éviter cette insécurité.

---

33. Mauss a étudié certaines questions posées par l'hypothèse d'un langage du corps : langage spécifique, langage sans parole. M. Mauss, « Les techniques du corps », *Sociologie et Anthropologie*, Quadrige, P.U.F., p. 365-385.

Le corps compris

L'émergence d'éléments de réponse à la question de départ, « Comment établir des conditions pour une expression corporelle personnelle ? », s'accompagne de quelques obstacles.

L'exclusion ou l'admission du corps dans le verbal, c'est-à-dire la présence ou non du corps dans le discours, ne semble pas engendrer de difficulté. Cependant l'incapacité de la pensée à penser le corps, et son opposé, parvenir à le faire, semble poser davantage de problèmes : frustration de ne pas comprendre, déception de ne pas pouvoir.

Par contre l'exclusion du langage du corps, c'est-à-dire la réduction du corps à l'inanimé, est déterminante, tout comme l'est l'exclusion du corps du champ du langage. C'est la mise à l'écart du corps de la « trame » de sens et de la « chaîne » associative, donc de la présence et de la démarche.

Cette existence du corps dans le champ du langage modifie l'aspect et la structure du discours. Il faut d'abord l'intégrer dans une chaîne de langage, dont les différents éléments seraient de valeur égale malgré leur différence formelle. Pour utiliser un autre terme que celui d'association, plus coutumier de la technique psychanalytique, nous préférons celui d'*articulation*. L'articulation de séquences verbales et non-verbales ne peut se faire de façon continue comme pourrait le faire croire l'utilisation du langage parlé en tant que seul moyen d'expression.

L'articulation est un phénomène discontinu ; il y a une solution de continuité lors du passage d'une séquence à une autre, d'un événement à un autre. Et c'est aussi une transformation continue; les états différents se poursuivant les uns dans les autres. Chaque passage est donc, infinitésimalement, la perte d'une gestalt, avant d'en reconstruire une autre avec l'élément nouveau qui survient à son

tour[34]. Ces instants entre les événements, ces changements inces-
sants peuvent être perçus comme insécurisants et ceci explique la
tendance à la stagnation pour éviter cette incertitude. Le vécu de
cette solution de continuité est une impresssion de perte, de vide et
de désarroi.

Il faut aussi, à cette existence du corps dans le champ du langage, un enchâssement relationnel, consistant en une présence, une
écoute. Le corps de langage est le fruit d'un réseau de support. Il est
nécessaire de protéger le processus ; c'est-à-dire que tout changement, et ceci est continuel, doit se faire avec l'assurance qu'on n'en
mourra pas. Le corps de langage est la confluence de flux de sou-
tiens.

---

34. Une gestalt est une « organisation dans laquelle les propriétés des parties ou des processus partiels dépendent du tout » : Henri Piéron, *Vocabulaire de la Psychologie*, Paris, PUF, 1963.
Plus récemment, cette notion a été appliquée aux thérapies pour indiquer la nécessité de compléter
des expériences psychologiques avant de pouvoir passer à d'autres nouvelles. F. Perls, R.F.
Hefferline *et al.*, *Gestalt Therapy*, New York, Delta Books, 1951.

LA COUPURE

Un cheminement n'est pas toujours linéaire ; il s'inspire souvent de plusieurs sources et d'expériences diverses. Après coup, on peut parfois y repérer une continuité, tout en y remarquant de nombreuses hésitations et de multiples fourvoiements. Structurellement on pourrait comparer l'évolution d'un tel parcours au développement de la stabilité à bicyclette : quatre roues pour les premiers essais d'un enfant, deux roues pour le cycliste expérimenté. Quant à ces instants d'inspiration exceptionnelle, ils sont à l'image de l'expert qui arrive à se mouvoir sur une seule roue. Mais le caractère imprévisible de l'exploration ne dépend pas seulement des lois de la stabilité et du mouvement ; il est aussi lié à la particularité des environnements[1].

Mon inclination vers le sujet du corps a toujours été évidente et, jusqu'alors, mes voies d'exploration avaient été variées et dispersées, dans des ambiances qui s'y prêtaient. Mais, dans les milieux hospitaliers où je travaillais, il apparaissait impossible d'appliquer tels quels les différents projets exposés au précédent chapitre : les marionnettes, le mime, la bioénergétique, l'approche d'un corps de langage. Dans cet environnement spécifique où je poursuivais ma formation de médecin et de psychiatre, ma recherche prit donc une forme particulière. Elle épousa une préoccupation naissante dans les soins des maladies mentales, aux confins des aspects somatiques et psychiatriques : la psychosomatique.

Globalement, on pourrait affirmer que la psychosomatique se penche sur les questions cliniques du rapport de la psyché et du

---

1. Ainsi, des chercheurs en informatique de diverses nationalités préférèrent travailler ensemble dans un même emplacement, « Silicone Valley », même en se voyant contraints d'utiliser pour communiquer une langue autre que leur langue maternelle. Ils étaient alors côte à côte avec des personnes qui partageaient leurs interrogations dans des secteurs très spécialisés.

corporel. Dans le détail, on constate qu'il y a plusieurs manières de le faire et autant d'écoles.

On peut faire remonter l'existence de la psychosomatique à l'Antiquité[2], à l'origine de sa dénomination[3], à certaines élaborations freudiennes[4], mais c'est son apparition dans les hôpitaux généraux et son développement comme branche particulière de la psychanalyse qui me permirent de la découvrir[5]. L'organisation, durant les années 60, des services de psychosomatique et le développement des conceptions psychosomatiques[6] furent une heureuse conjugaison pour une ouverture des structures et des esprits.

Je me suis donc naturellement embarqué dans ce mouvement naissant qui se propagea à travers le milieu institutionnel psychiatrique. J'espérais pouvoir y trouver une compréhension des maladies physiques d'origine psychique ; j'y découvris une manière d'intervention vis-à-vis des maladies somatiques radicalement différente de celle que j'avais connue auparavant. Cette psychosomatique se distingue autant de la médecine que de la psychiatrie, de la première en s'occupant du porteur de la maladie et non exclusivement de la maladie, puis de la seconde en se penchant sur le somatique en tant que tel[7]. On y considère le somatique comme étant du

---

2. Harold I. Kaplan, « History of Psychosomatic Medicine », in Comprehensive Book of Psychiatry, Freedman A.M., Kaplan Harold I., chap. 29, 1967, p. 1036-1037.

3. Le terme de psychosomatique semblerait dater de 1820. Besançon signale qu'il est dû à Heinroth dans la conception néo-hippocratique de la médecine naturiste allemande (Guy Besançon, Théories en psychosomatique, Paris, Encycl. Méd. Chir. 37400 C10, 1992, 8 p.). Lipowski évoque d'autres précurseurs : Gaub Tuke, en 1872. Lipowski, « Psychosomatic medicine in the seventies : an overview », Am. J. Psychiatry, 134, 1977, p. 233-244.

4. S. Freud, Studies on Hysteria, 1893, Standard Edition, Vol. 2. S. Freud, , The neuropsychoses of defense, 1894, S.E., Vol 3, p. 43-62. S. Freud, , On the grounds for detaching a particular syndrome from neurasthenia under the description « anxiety neuroses », 1895, S.E., vol 3, p. 87-117. s. Freud, Further remarks on the neuro-psychoses of defense, 1896, S.E., vol 3, p. 159-188.

5. Dans ce lieu privilégié qu'est le Québec, au confluent des influences américaines et européennes. Les services se développèrent selon un modèle américain et la réflexion fut nourrie par la pensée française.

6. Ellen Corin, « La santé : nouvelles conceptions, nouvelles images » in Traité d'Anthropologie médicale, Presses Universitaires du Québec, 1985, p. 45-73.

7. J.-Charles Crombez, « Psychosomatique ou psycho-somatique : cherchez l'aire-heure » in Le corps en Psychanalyse, sous la direction de Jeanne Beaudry, Robert Pelletier, Hubert Van Gijseghem, Ed. Méridien, coll. Psychologie, 1992, p. 95-111.

domaine personnel, et la personne comme impliquée dans l'apparition des maladies, ce qui correspondait tout à fait à mes attentes.

Il y a dans la vie certaines rencontres qui orientent toute une carrière, toute une manière de concevoir. Ou plutôt, il y a de ces expériences qui font traverser en un court moment un pan de vérités, une masse de réalités avec puissance et aisance. Comme ces expériences ne durent qu'un bref instant, rien ne semblerait avoir changé ; pourtant, on se retrouve totalement transformé. C'est une rencontre de cet ordre qui me plongea alors dans ce courant de pensée psychosomatique et de pratique clinique nouvelles.

Un homme, clinicien d'expérience, me fit complice de son travail et de sa pensée[8]. Sa conception originale, la bienveillance de son accueil, sa capacité de féconder des idées favorisèrent mon ouverture à une conception large et créatrice de la psychosomatique : une marque qui s'avérera indélébile. Je me sentis propulsé par une énergie de recherche et d'élaboration intenses. Nos conversations furent des sources intarissables d'idées : tantôt des bavardages qui amènent des intuitions fulgurantes, tantôt des discussions qui construisent laborieusement des hypothèses, tantôt des explications rassemblées et partagées pour nous repérer dans notre progression[9].

Une nouvelle conception de la psychosomatique s'élabora. Ce qui suit ne constitue pas un exposé didactique et historique de cette science. Il s'agit plutôt d'un tableau impressionniste rassemblant les théories et les apports de quelques chercheurs, un recueil de morceaux choisis en fonction de ce livre et de la guérison.

---

8. Il s'agit de Paul Lefebvre, psychiatre à l'hôpital Notre-Dame à Montréal, professeur agrégé de clinique à l'Université de Montréal, psychanalyste didacticien à la Société canadienne de psychanalyse. Il me reçut et me proposa immédiatement de travailler avec lui, malgré notre différence d'âge et sa grande notoriété.

9. Diverses communications en seront le fruit visible ; on n'y sait plus guère ce qui provient de l'un ou de l'autre, et c'est fort bien ainsi. Par exemple : Paul Lefebvre et J.-Charles Crombez, « Étude de la fantasmatique de patients soumis à la greffe rénale », *Canadian Psychiatric Association Journal*, vol. 17, 11-15, fév. 1972. Paul Lefebvre, Robert Leroux, J.-Charles Crombez, « Object-relations in the dermatologic patient : contribution to the Psychoanalytic theory of psychosomatic disorder », *Canadian Psychiatric Association Journal*, vol 5, n° 1, mars 1980.

LES DIVERSES PSYCHOSOMATIQUES

Le domaine de la psychosomatique se situe à la frontière entre le corps et la pensée, comme un lieu limite et une zone d'échange. Divers auteurs y ont étudié différentes modalités d'influence de l'un sur l'autre et vice-versa. Si, comme nous le verrons, cette étude amène à des réflexions épistémologiques complexes, les premières questions restent assez simples : comment la psyché peut-elle favoriser ou causer des troubles somatiques[10], et comment les problèmes physiques peuvent-ils entraîner des maladies mentales[11] ?

À partir des relations psyché-soma

Certains praticiens d'orientation psychanalytique s'intéressent davantage à l'action de l'esprit sur le corps[12] ; d'autres, plus somaticiens, s'occupent des effets des maladies physiques sur l'état mental[13]. On peut ainsi, un peu artificiellement, diviser le domaine psycho « - » somatique en deux volets : un volet psychosomatique étudiant le vecteur de l'esprit vers le corps, et le volet somatopsychique examinant le vecteur du corps vers l'esprit[14]. Puis, à mesure que se multiplient les découvertes cliniques, le lien psychosomatique s'enrichit. On découvre ainsi la présence de facteurs mentaux dans des maladies physiques de plus en plus nombreuses, mais aussi la présence de facteurs biologiques associés à un éventail de plus en plus large de maladies mentales.

---

10. R. Kellner, « Somatization : The most costly comorbidity ? » in Comorbidity of mood and anxiety disorder, J.D. Maser, C.R. Cloninger, American Psychiatric Press, Washington, 1990, p. 239-252. Laborit, Henri, L'éloge de la fuite, Paris, Gallimard, 187 p.

11. Robert Duguay, « Maladies mentales d'origine organique » in Précis pratique de Psychiatrie, deuxième édition, Duguay, R., Ellenberger, H.F. et coll., Montréal, Édisem, 1984, p.345-363.

12. M. Schur, *La mort dans la vie de Freud*, Paris, Gallimard, 1975.

13. Arthur Kleinman, *The Illness Narratives : Suffering, Healing, and the Human Condition*, Basic Books Pub., 1987. Jean-Pierre Changeux, *L'homme neuronal*, Paris, Fayard, 1983.

14. G.L. Engel, « The Need for a New Medical Model : A Challenge for Biomedicine », *Science*, vol. 196, p. 4286.

On assiste aux premières tentatives de mise en relief d'une interaction de ces domaines, d'abord selon un schéma linéaire. On observe ainsi que certaines maladies physiques entraînent des désordres mentaux, logique qui trouve ses exemples dans des affections mentales découlant de lésions du système nerveux central[15] ou endocrinien[16]. À l'inverse, on constate que certains mécanismes mentaux entraînent des maladies somatiques. Il peut s'agir de l'expression de pulsions psychiques[17], de désirs inconscients[18], de conflits intérieurs[19], de personnalités particulières[20]. Ces tentatives reprennent, tantôt en s'en inspirant, tantôt en s'en écartant, la notion de complaisance somatique amenée à l'occasion de l'étude de l'hystérie[21]. Elles s'inspirent aussi des recherches sur les effets physiologiques des états affectifs[22].

L'introduction d'un troisième terme rend le système plus complexe. Il faut, de toute évidence, tenir compte de l'effet d'événements extérieurs à l'individu et qui manifestement le bouleversent[23]. Cette composante bio-psycho-environnementale revêt la forme d'une étude des conséquences physiologiques de situations contraignantes[24], traumatiques[25] ou problématiques[26]. Au profit d'études systématiques, différents axes peuvent être

---

15. Démences dégénératives, maladie d'Alzheimer, syndrome frontal d'origine tumorale, paralysie générale, encépalopathie alcoolique, dépression conséquente à une lésion expansive de la tête du pancréas...

16. Les syndromes confusionnels des insuffisances hépatique et rénale, les états d'excitation secondaires aux hyperfonctionnements de la thyroïde ou de la glande surrénale...

17. Georg Groddeck, *Le Livre du Ça*, Paris, Gallimard, NRF, 1973.

18. A. Garma, *Peptic Ulcer and Psychoanalysis*, Baltimore, Williams and Wilkins, 1958.

19. F. Alexander, *Psychosomatic Medicine ; its principles and applications*, Norton, 1950.

20. F. Dunbar, *Emotions and Bodily Changes*, 1946. N. Dantchev, « Stratégie de « coping » et « pattern A coronarogène », *Rev. Méd. Psychosom.*, 1989, 30, p. 21-30.

21. S. Freud, *Cinq psychanalyses,* Paris, PUF, 1954.

22. S. Wolf et H.G. Wolff, *Human Gastric Fonction*, New York, Oxford University Press, 1943.

23. W.B. Cannon, « Vodoo Death », *American Anthropologist*, 44, 1942, p. 169-181

24. H. Selye, *The Physiology and Pathology of Exposure to Stress*, Montréal, Acta, 1950.

25. T. Holmes, T. et R.H. Rahé., « The Social Readjustment Rating Scale », *Journal Psychosom. Res.*, vol. 2, p. 213.

26. J. Guyotat et P. Fédida, *Événements et psychopathologie*, Lyon, Simep, 1985, 275 p.

distingués : socio-psychique (avec, pour exemple, la sinistrose), psycho-sociale (la déviance), socio-somatique (l'épuisement professionnel), somato-social (l'absentéisme)[27].

À travers une rupture épistémologique

Au-delà de la complexité croissante des relations découvertes entre psyché et soma, apparaissent deux questions épistémologiques de première importance pour notre propos : celle de la méthode et celle de la causalité. Elles sont essentielles et elles transparaissent durant toute l'histoire moderne de la psychosomatique. Elles sont de première importance pour notre méthode qui s'appuie, au sujet des rapports psyché-soma, d'un paradigme différent de celui de causalité, plus classique.

Entre deux méthodes

Les recherches en psychosomatique posent un problème de méthodologie. Pour être solides, elles utilisent des outils expérimentaux propres à la science, ce qui permet la reproduction pour preuve. Ce faisant, elles compromettent la possibilité d'appréhender des phénomènes qui ne se prêtent pas à l'utilisation de ces outils : des dynamiques personnelles et, a priori, profondément idiosyncratiques. Si l'on tente d'appliquer ces méthodes à des états intérieurs subtils, elles en ignorent la finesse. Une conséquence souvent décriée est l'impossibilité de réduire le champ psychique à une série de composantes physiologiques.

D'un autre côté, les explorations herméneutiques obligent l'observateur à tenir compte du non-observable ; il doit s'introduire dans la compréhension d'une expérience intérieure : le sens, l'intention ou, au contraire, leur absence tragique. S'appuyant sur des séquences de phénomènes, il découvrira des liens ; mais ainsi il ne pourra rien prouver qu'a posteriori, ce qui n'est guère convaincant

---

27. Claudine Herzlich, *Santé et maladie, analyse d'une représentation sociale* , Paris, Mouton, 1969, 210 p.

d'un certain point de vue scientifique[28]. Et s'il tente d'utiliser des explications comme des preuves, elles se retourneront aussitôt contre l'investigateur, car on présentera d'autres preuves contradictoires.

À force de vouloir préciser les liens du corps et de l'esprit, on en arrive à des contradictions troublantes. Qu'on se rappelle la façon dont des expérimentations de plus en plus fines sur la nature de la lumière ont pu prouver, de manière contradictoire à première vue, qu'elle se compose à la fois de vibrations et de particules. La psychosomatique met ainsi en cause deux champs dont les méthodes d'exploration propres à chacun - et fonctionnant de façon relativement satisfaisante - semblent, au moins à première vue, incompatibles. Leur dualisme méthodologique apparaît de manière spectaculaire.

Il faut donc se fonder sur un autre paradigme. D'abord, accepter les différents résultats d'investigation, les comprenant comme particuliers à leur domaine. Ensuite, ne pas exclure les contradictions de leurs découvertes. Enfin, les supposer temporairement comme complémentaires, à défaut de les saisir plus tard comme des aspects différents d'un même mécanisme.

Au-delà d'une causalité

La causalité représente une dimension nécessaire à l'usage d'une méthode scientifique, ce qui risque cependant de la faire prendre pour une réalité de fait, comme si la causalité pouvait être un mécanisme inscrit comme tel dans le vivant. Or, le rapport à la réalité ne peut être tout à fait objectif et les instruments d'exploration la déterminent donc en partie. Il n'est pas question d'affirmer que cette détermination soit complète, mais qu'elle est absolue, c'est-à-dire qu'elle fait toujours partie de la découverte. Comme on ne sait guère où, quand et à quel sujet cette détermination s'applique, on est tenu de la considérer comme générale, comme supposément présente.

---

28. Mireille Lafortune, *Le psychologue pétrifié*, Montréal, Louise Courteau éd., 1989.

La notion de causalité, très utile à la construction d'un système scientifique, ne permet toutefois qu'une description incomplète de la réalité.

De la logique linéaire d'un effet corps -> esprit ou esprit -> corps, on se voit obligé de passer à des logiques plus complexes. La première laisse en effet entières certaines questions comme celle de la spécificité de la maladie, du choix de l'organe, du moment d'apparition de l'affection. C'est ainsi qu'on doit considérer d'autres facteurs : convergents, comme les facteurs psycho-sociaux auxquels nous avons fait allusion ; précédents, comme des prédispositions génétiques ; progrédients, comme des aspirations plus ou moins conscientes. Les systèmes de compréhension s'enrichissent alors de la multicausalité, de la rétroaction, de l'intention.

La causalité - même enrichie - utilisée en sciences humaines peut entraîner deux résultats déplorables. Si elle aboutit à des succès patents, elle peut faire croire à sa vérité unique. Si elle conduit à des échecs, elle peut emporter dans sa débâcle la science humaine elle-même, par discrédit. Ainsi, la psychosomatique se voit régulièrement désavouée par une réduction des rapports corps-esprit dans des expérimentations aux preuves tronquées ou dans l'utilisation maladroite de logiques linéaires sur du matériel non expérimental[29].

Le travail en psychosomatique oblige donc à une démarche qui ne sera pas liée exclusivement à la logique de la causalité. On est à la jonction de deux champs que les observations et les méthodologies habituelles divisent constamment. Ce dualisme force penseurs et chercheurs à transcender leur position initiale pour se rejoindre en un autre lieu, s'ils ne s'inquiètent pas trop vite de ce qui les sépare. Certaines notions frontières peuvent servir de laissez-passer entre ces deux contrées aux langages si différents, ce qui ne leur confère pas pour autant une valeur universelle, mais facilite les échanges.

---

29. R. Dantzer, *L'illusion psychosomatique*, Paris, Odile Jacob, 1990.

Le désarroi

La notion qui nous permet ici de rattacher les deux domaines de la psyché et du soma est celle de désarroi ; on la situe à la charnière d'expérimentations sur la détresse[30] et d'expériences de désespoir[31]. On reconnaît ses caractéristiques disséminées à travers les intuitions de plusieurs auteurs : un défaut fondamental[32] qui sera le fondement (ou plutôt le non-fondement) d'une maladie humaine[33], une carence de pensée[34], une absence d'affects[35], un vécu de perte[36], une désorganisation structurelle[37], une dépression essentielle[38], ce qui nécessitera une perfusion narcissique[39].

On retrouve aussi le désarroi dans le courant nouveau de la psycho-neuro-immunologie qui permet d'étudier non plus seulement l'effet de situations psychosociales sur des variables biologiques, mais aussi celui d'états psychologiques[40].

Parallèlement aux nouvelles causalités que la notion de détresse introduit dans la compréhension des phénomènes psychosomatiques, elle introduit aussi un autre paradigme : celui de l'importance de l'expérience. Le désarroi est question d'expérience subjective, et cette expérience construit une réalité, intérieure celle-la, qui sera ou non le reflet de la réalité extérieure. La cause, s'il en est une, ne

30. H. Selye, *Le stress de la vie*, Paris, Gallimard, 1962.

31. A.H. Schmale, « Giving Up Final Common Pathway to Changes in Health », *Adv. Psychosom. Med.*, vol. 8 : *Psychosocial Aspects of Physical Illness* (Z.J. Lipowski, édit.), New York, S. Karger, vol. 8, 1972. p. 20-40.

32. M. Balint, *Le médecin, son malade et la maladie*, 1957, Paris, Payot, 1966.

33. M. Boss, *Introduction à la médecine psychosomatique*, Paris, P.U.F., 1969.

34. M. De M'uzan, P. Marty, « La pensée opératoire », *Rev. Fr. Psych.*, 27, 1963, p. 345-355.

35. P.E. Sifnéos, R. Appel-Savitz et F.H. Frankel, « The Phenomenon of Alexithymia », *Psychother. Psychosom.*, vol. 28, 1977, p. 47-57.

36. G. Engel et A. Schmale, « Psychoanalytic Theory of Somatic Disorder », *J. Amer. Psychoanal. Assoc.*, 15. 2, April 1967, p. 344-360.

37. P. Marty, *Les mouvements individuels de vie et de mort*, Paris, Payot, 1976.

38. P. Marty, « La dépression essentielle », R *ev. Fr. Psych.*, 32, 1968, p. 594-599.

39. J. McDougall, « De la douleur psychique et du psycho-soma », in *Plaidoyer pour une certaine anormalité*, Paris, Gallimard, 1978.

40. S.M. Consoli, « Psycho-immunologie », Paris, *Encycl. Méd. Chir.*, Psychiatrie, 37402 E10, 11-1988, 7 p.

sera effective que par l'évocation d'une expérience. Et dans cette expérience subjective se conjuguent des composantes de prévision, d'action, de perception et de mémoire. Dans le volet psychosomatique de la création d'Echo, ce sont les conceptions issues de la notion expérientielle de la psychosomatique qui nous sont les plus utiles.

Vers un niveau psychosomatique

À une époque, on a parlé de maladies psychosomatiques[41], supposant qu'elles étaient distinguables des autres maladies, et que ces « autres » maladies ne l'étaient pas. Aujourd'hui, on ne peut plus en dire autant. Au cours de l'histoire moderne de cette conception, l'étude de la relation des deux univers de la psyché et du soma s'est complexifiée et approfondie. De causalités uniques, on est passé à des causalités multiples ; de logiques linéaires, on a versé dans des logiques systémiques ; de langages disciplinaires, on a opté pour des langages multidisciplinaires. Détachant le regard de la description des maladies psychosomatiques, on s'est peu à peu penché sur leurs mécanismes. On a supposé d'abord qu'ils impliquaient des personnalités particulières[42], puis qu'il était question d'états psychosomatiques[43]. Finalement, il est utile de poser la question des influences et des composantes psychosomatiques dans tout mal dont on se trouve atteint[44].

Dès lors, nous parlerons d'un niveau psychosomatique possiblement présent dans toute maladie.

Nous poserons qu'à travers différents facteurs favorisant les maladies, il y a des facteurs psychosomatiques, qu'ils ne sont pas les seuls impliqués dans telle maladie, et qu'on peut les retrouver, ou au moins les chercher, dans toutes les maladies.

---

41. F. Alexander, *Psychosomatic Medicine ; its principles and applications*, Norton, 1950.

42. M. De M'uzan et P. Marty, « La pensée opératoire », *Rev. Fr. Psych.*, 27, 1963.

43. C. Dejours, *Le corps entre biologie et psychanalyse*, Paris, Payot, 1986

44. Dejours soulignera alors « qu'il n'y a pas de malade psychosomatique, pas plus que de maladie psychosomatique. Il y a une approche psychosomatique des malades ». C. Dejours, P. Marty et R. Herzberg-Poloniecka, « Les questions théoriques en psychosomatique », Paris, *Encycl. Méd. Chir.*, 37400 C10, 7-1980, p. 2.

Ils sont présents au même titre que d'autres facteurs connus : traumatiques, contagieux, génétiques. Ce qui permet de réévoquer la notion de terrain dont il a été question au premier chapitre.

Et ils seront accessibles aux interventions : ainsi, le taux de glycémie d'un diabète pourtant congénital pourra être modulé par certaines techniques de relaxation, tout comme les besoins en hormones de remplacement[45]. Il faut bien noter que le travail psychique sur une maladie - travail dont on étudiera les instruments, travail indirect plutôt que direct - ne soignera pas celle-ci dans ses divers aspects génétiques, traumatiques, environnementaux, mais à travers sa dimension psychosomatique s'il en est.

UNE PSYCHOSOMATIQUE PERSONNELLE

Nous allons ici reprendre quelques aspects de la psychosomatique à partir de notions qui nous semblent être au cœur de divers travaux dans ce domaine. Comment ces notions se rapprochent-elles des concepts de malaise, malade et maladie, tels qu'élaborés dans la première partie de cet ouvrage ? Les concepts de psychosomatique qui nous apparaissent maintenant essentiels, se pressentaient déjà lors de nos premiers contacts avec cette science, puis, peu à peu, ils se sont dégagés pour en devenir le centre, le cœur.

L'impasse

Un de ces concepts est l'*impasse*. Une situation dans laquelle on est pris, prisonnier. On a tenté de s'échapper, de se battre[46], mais cela s'est révélé impossible, inutile ou perdu. On se retrouve donc sans pouvoir, sans pouvoir faire, sans échappatoire possible[47]. Un

---

45. W. Luthe et J.H. Schultz, *Autogenic Training, Medical Aplications*, New York, Grune & Stratton, 1969.

46. Cannon a décrit la formule désormais célèbre de l'alternative entre la fuite ou la lutte : flight or fight. W.B. Cannon, The Wisdom of the body, New York, W.W. Norton & Company, 1963.

47. Henri Laborit, *L'inhibition de l'action*, Paris, Masson, 1986.

état de désarroi s'installe. On ne sait plus où donner de la tête, on tourne en rond. Les points de repère, les points de perspective, les points de fuite disparaissent ; c'est le piège. Le temps perd son sens, puisqu'il est suspendu ; l'espace aussi, puisqu'il est réduit ; les événements ne peuvent plus se dérouler. Une sorte de mort où l'individu est pourtant encore vivant. Il s'enfonce, puis est enfoncé dans un état de désespérance[48] : il coupe ses relations avec les autres et avec lui-même, puis se laisse couler vers la mort.

IMPASSE —› MORT

Les situations d'impasse ont été mises en évidence de différentes façons : par expérimentation[49] et par observation[50.] Nous les rencontrons fréquemment dans la vie quotidienne[51]. Elles ne sont pas

---

48. Nous référons ici à la notion de G.U. (giving up-given up) de Engel et Schmale. G. Engel et A. Schmale « Psychoanalytic Theory of Somatic Disorder », *J. Amer. Psychoanal. Assoc.*, 15 : 2, April 1967.

49. Nous voulons parler d'expérimentations chez les animaux. Un stress inévitable diminue les défenses immunitaires, humorales et cellulaires (Consoli, S.M. « Psycho-immunologie », Paris, *Encycl. Méd. Chir.*, *Psychiatrie*, 37402 E10, 11-1988, p. 2.). Des situations expérimentales, permettant à l'animal d'éviter un stimulus nociceptif, n'ont pas d'effet évident sur l'immunité ou même renforcent les défenses immunitaires (Keller, S.E., Weiss, J.M., Schleifer, S.J., Miller, N.E., Stein, M., « Suppression of immunity by stress. Effects of a graded series of stressors on lymphocyte stimulation in the rat », *Science*, 213, 1981, p. 1397-1400. Laudenslager, M.L., Ryan, S.M., Drugan, R.C., Hyson, R.L., Maier, S.F., « Coping and immunosuppression : inescapable but not escapable shock suppresses lymphocyte proliferation », *Science*, 221, 1983, p. 568-570. Monjan, A.A., Collector, M.I., « Stress-induced modulation of the immune response », *Science*, 197, 1977, p. 307-308).

50. Nous voulons parler ici d'observations qui concernent les humains. Plusieurs études tendent ainsi à démontrer l'impact biologique - sur certaines variables des processus immunitaires - de conditions provoquant des situations vécues comme des impasses par les sujets : J.B. Jemmot, M. Borysenko, J.Z. Borysenko *et al.*, « Academic stress, power motivation, and decrease in salivation rate of salivary secretory IgA », *Lancet*, 1, 1983, p. 1400-1402. R. Glaser, J.K. Kiecolt-Glaser, C.E. Speicher, J.E. Holliday, « Stress, loneliness, and changes in herpes virus latency », J. Behav. Med., 8, 1985, p. 249-260. B. Dorian, P. Garfinkel, G. Brown et al., « Aberrations in lymphocyte subpopulations and function during psychological stress », *Clin. Exp. Immunol.*, 50, 1982, p. 132-138. D.C. Mac Clelland, E. Floor, R.J. Davidson, C. Saron, « Stressed power motivation, sympathetic activation, immune function, and illness », *J. Human Stress*, 6, 1980, p. 11-19. Ces impasses sont à la fois objectives et subjectives, c'est-à-dire qu'elles joignent des faits repérables et des impressions phénoménologiques.

51. Louis Malle le décrit dans son film *Mon oncle d'Amérique* en illustrant les thèses d'Henri Laborit.

seulement la conséquence d'événements concrets et observables extérieurement, mais aussi de perceptions subjectives, chez l'humain en tout cas.

L'impression d'impasse peut même primer sur la réalité. On n'a qu'à se rappeler ce que nous avons dit sur l'importance du subjectif et le fait que le corps discrimine peu, dans ses réactions, une situation réelle d'une impression subjective. Ainsi, un homme fut un jour emprisonné dans un wagon frigorifique où il mourut de froid. À l'autopsie, les experts purent observer de nombreux signes confirmant cette hypothèse, bien que ces signes étaient d'intensité modérée. Or, il s'avéra que le wagon dans lequel cet homme s'était enfermé par erreur ne fonctionnait pas et que c'était l'été, en pays tempéré. L'individu *pensait* être prisonnier d'un froid glacial.

La situation inverse peut tout aussi bien se produire : une impasse réelle peut être rêvée comme inexistante ou plus ou moins présente[52]. Ainsi, certains détenus des camps de concentration ont survécu, malgré les entraves et les menaces de mort, en inventant des scénarios de liberté[53]. On peut donc se laisser prendre dans des impasses uniquement subjectives ou sortir subjectivement d'impasses concrètes :

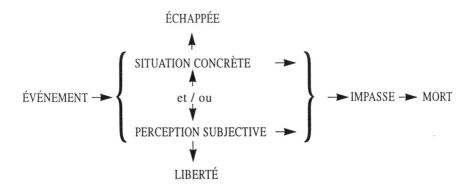

---

52. On peut en rapprocher la question du « processus d'illusion », décrit par Winnicott et nécessaire à la maturation de l'enfant. D.W. Winnicott, *De la pédiatrie à la psychanalyse*, Paris, Payot, 1969.

53. *La vie est belle*, film de Roberto Benigni, Italie, 1997.

Un « événement », selon la définition adoptée ici, peut être interne ou externe à la personne. C'est moins le lieu d'origine qui le définit que son caractère étranger : son étrangeté, son *étrangéité*. En ce sens, un événement survenant psychiquement, comme un rêve, peut surprendre autant que l'apparition d'un ovni. Externe ou interne, l'événement nous importe par son impact, par ce qui peut mettre la personne dans une position malaisée.

Les interprétations et les manipulations dépendent de nombreux facteurs personnels, historiques, structurels, culturels ou psychiques. Il n'est donc pas valable d'envisager les événements selon leurs seules caractéristiques concrètes. Un événement crée un malaise qu'on interprète d'abord, puis qui permet d'agir ou non de façon concrète sur une situation pour la modifier, et ainsi de suite. L'interprétation qu'on en déduit ou la manipulation qu'on en fait peuvent transformer le malaise en impasse ou l'impasse en délivrance[54].

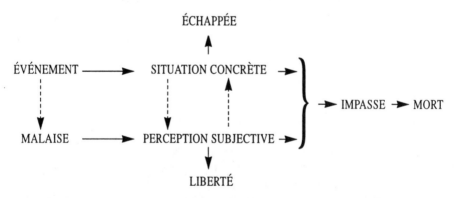

La perception d'impasse doit obéir à certaines conditions pour être vécue subjectivement. On peut ainsi reconnaître quatre modalités qui la favorisent. L'une a été longuement étudiée par la psychosomatique moderne, il s'agit de la capacité psychique. Deux autres concernent les relations d'objets et l'identité narcissique, et

---

54. H. Selye, *Stress sans détresse*, Montréal, Éd. La Presse, 1974.

celle dont nous allons d'abord parler appartient au champ des théories systémiques par lesquelles nous avons été influencés, principalement dans notre travail en psychothérapie familiale[55].

Le saut

La première modalité qui nous intéresse fait appel à une conception systémique. Un système consiste en un certain ordre logique, par exemple celui de l'addition qui permet de manipuler avec la même opération des nombres divers. Les systèmes peuvent s'emboîter les uns dans les autres comme un ensemble de poupées russes, comme les niveaux hiérarchisés d'électrons autour d'atomes. On retiendra cependant un principe : on ne peut passer d'un système donné à un système plus vaste qu'en observant certaines conditions, par exemple celle d'un apport d'énergie. Dans le domaine humain, pour passer d'un système connu à un autre plus large, les conditions prennent les formes de support, de protection, de connaissance. Parfois ces passages se déroulent bien : la personne laisse une situation devenue insatisfaisante, négocie la transition avec sécurité, entre grandi dans un nouvel équilibre. Parfois même les personnes se retrouvent sans l'avoir prévu dans un nouveau système plus large. De toute façon, la vie est relancée.

Mais en dehors de ces conditions minimales, on reste dans le système précédent : les personnes demeurent prisonnières de leur état si elles n'ont pas la perception qu'un autre système peut les accueillir. En effet, une sortie de ce système optimal serait irrévocablement dommageable pour l'individu, comme un équivalent de la mort[56]. Ainsi, les enfants accepteront de continuer à être battus et

---

55. A.C. R. Skynner, *Systems of Family and Marital Therapy*, Brunner Mazel, New York, 1976. L. Morissette, E. Beltrami, D. Laurendeau, J.-Charles Crombez, « Métacommunication et communication paradoxale », Montréal, *Interprétation*, vol. 2, n° 4, oct-déc. 1968, p. 59-72.

56. Il est possible d'envisager le suicide comme la seule porte de sortie d'un système. Il est parfois réalisé comme une rupture absolue (« désir de mort »), et parfois dans l'intention de passer dans un autre système (« désir de vivre une autre vie »). De la vie perçue comme insoutenable (« refus de vivre ce qu'on vit »), pour une disparition définitive ou pour un ailleurs meilleur. Quant aux « conditions » de passage, on peut donc différencier deux sortes de suicides : ceux qui visent à détruire les conditions de vie passée dans un environnement connu et ceux qui tendent à améliorer les conditions de vie futures dans un environnement supposé.

violés pour garder leur famille, perçue comme biologique et seule admissible - famille qu'ils croient ne jamais pouvoir retrouver ailleurs. Ainsi, les gens resteront dans des métiers insatisfaisants ou avec des patrons harcelants pour ne pas sombrer dans la misère. Ainsi, des patients déçus persisteront avec des thérapeutes contraignants pour ne pas perdre tout le temps déjà passé avec eux. En termes plus simples, on peut affirmer que l'impression d'impasse est fonction de la perception que l'on a de l'attachement absolu à son environnement. On n'échappe donc pas d'un système si on ne pense pas pouvoir survivre à l'extérieur de celui-ci ; on y reste même si on en meurt[57] :

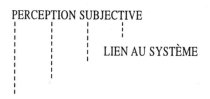

Les passages d'un système à un autre se font parfois de façon malencontreuse, lorsque les personnes se voient forcées d'aller vers cette « mort » risquée. Certaines, désirant ardemment sortir d'un système qui ne leur convient pas ou qui ne leur convient plus, s'en échappent les yeux fermés sans s'assurer de conditions de repli vers l'ancien ou de rétablissement dans le nouveau : parfois elles en

---

57. Bollas étudie la différence entre fatalité et destinée. La fatalité est l'enchaînement au passé ; la destinée est l'élan dans l'avenir. C. Bollas, *The forces of destiny*, Londres, Free Association Books, 1991.

meurent[58]. Un exemple de passage forcé et manqué se retrouve dans l'histoire suivante. Un noir, membre d'une

isolée, est exclu de sa communauté pour une faute grave. L'unique punition consistera à l'envoyer à jamais dans la forêt. Il y mourra, non pas de faim puisqu'il est tout à fait habitué à survivre dans un tel milieu, mais d'impasse, car selon lui il n'existe plus pour personne et aucun lien n'est possible en dehors de cette communauté qui l'a rejeté[59].

Les expériences rituelles[60] et les mouvements de développement personnel visent généralement à favoriser et à faciliter ces passages intersystémiques. Pourtant, les techniques utilisées obligent parfois à une sorte de plongeon dans le vide, sous l'impulsion de guides qui exigent la fidèle adhésion des participants et en qui les gens mettent toute leur confiance. Ces guides, ils peuvent être un leader religieux, un thérapeute charismatique ou le directeur d'une entreprise prestigieuse. Il est prévu qu'on s'en réchappe, mais certains y succombent, le plus souvent par aliénation psychique[61]. Quel en est l'intérêt ? Le désir de changer. Pourquoi la soumission à l'autre ? Le besoin de durer.

Par contre, il arrive aussi que des outils soient offerts aux personnes pour qu'elles contrôlent elles-mêmes les étapes permettant des passages plus progressifs, évitant ainsi qu'elles restent prisonnières par autoprotection ou qu'elles deviennent prisonnières par subordination.

---

58. Dans le film *La fureur de vivre*, James Dean participe à un rituel qui consiste à se lancer vers un ravin en automobile pour s'arrêter au dernier moment au bord de la falaise. À la frontière où l'on perd pied, limite que le perdant ne rejoint pas, et que le non gagnant dépasse.

59. B.W. Lex, « Vodoo Death : New Thoughts on an Old Explanation », *American Anthropologist*, 76, 1974, p. 818-823.

60. J. Doherty, « Hot Feat : Firewalkers of the World », *Science Digest*, août 1982, p. 67-71.

61. F. Jandrot-Louka et J.-M. Louka, , « Vol au-dessus d'un nid de gourous » in « À corps et à cri ! », *Autrement*, n° 43, octobre 1982.

L'attachement

Ce qui nous amène à parler d'une deuxième modalité, plus psychodynamique que la première mais qui la rejoint cependant : l'attachement aux choses et aux personnes, en fonction de la théorie des relations d'objets[62]. On peut à ce propos énoncer cet aphorisme : on ne peut se séparer que de ce qui est déjà séparé !

Tout objet – ce qui comprend dans ce vocabulaire autant les choses que les personnes –, avec lequel l'individu est en rapport fusionnel, provoque lors de sa disparition une blessure intense : une atteinte à l'identité, comme si on arrachait à la personne un morceau de corps[63]. On appelle le rapport à un tel objet, une relation *narcissique*. Une situation d'impasse se crée dès qu'il n'est plus possible de retrouver cet objet, d'une manière ou d'une autre, ou dès qu'il n'est plus possible de garder son statut narcissique. L'impasse n'est donc pas reliée directement à la perte de l'objet lui-même, mais à la relation préexistante de la personne à cet objet. C'est ce qui explique l'effet parfois nocif du décès d'êtres et l'incapacité à en faire le deuil ; c'est ce qui explique les réactions désespérées lors de la perte de choses de valeur perçues comme irremplaçables[64] :

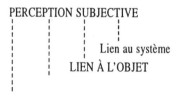

PERCEPTION SUBJECTIVE

Lien au système
LIEN À L'OBJET

62. M. Bouvet, *Œuvres psychanalytiques*, Paris, Payot, 2 vol., 1968. B. Grünberger, *Le narcissisme*, Paris, Payot, 1971. O. Kernberg, *Les troubles limites de la personnalité*, Toulouse, Privat, 1979.

63. On peut rapprocher ceci de la relation spéculaire comme début de l'apparition de l'autre. Jacques Lacan, « Le stade du miroir comme formateur de la fonction du je » in *Écrits*, Paris, Éd. du Seuil, 1966, p. 93-100.

64. « Mais le deuil ne rend pas seulement malade, il peut aussi tuer... ». Nago Humbert, *La douleur : un cri du corps et de l'âme*, Neuchâtel (Suisse), Éd. Victor Attinger, 1989, p.104.

Cette relation est à l'inverse de celle où un objet est perçu comme pouvant être à soi sans devoir être soi, d'où la possibilité de s'en séparer sans blessure[65].

L'idéal

Une autre modalité concerne la relation dynamique entre idéaux et identité : la quête irréalisable. Des psychanalystes modernes en ont traité[66], mais pas directement dans le champ de la psychosomatique. L'individu en quête d'existence se trouve insatisfait de la sienne et veut en changer. Il modifie donc son environnement et se retrouve à nouveau avec une impression d'incomplétude. Il continue ainsi éternellement sa recherche du Graal. On peut utiliser la grille systémique précédente pour décrire son incapacité à demeurer dans un système donné, même si celui-ci peut être considéré comme satisfaisant d'un point de vue objectif. L'individu perçoit tout système assez bon[67] comme trop mauvais. Il se voue donc à ces sauts continuels d'un système incomplet à un autre supposément parfait, ce qui l'amène immanquablement à des échecs et à un épuisement ; encore une impasse :

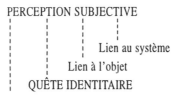

PERCEPTION SUBJECTIVE

Lien au système

Lien à l'objet

QUÊTE IDENTITAIRE

---

65. « Toute possession nous possède ; or les circonstances de la vie nous rappellent que nous ne possédons pas ces egos, et qu'ils peuvent changer ou disparaître... ». J.-Charles Crombez, « Voyage au pays des selfs », *Revue Québécoise de Psychologie*, vol. 11, n° 1-2, 1990, p. 82-88.

66. H. Kohut, « The Analysis of the Self », New York, *Intern. Univ. Press*, 1971.

67. D. Winnicott, *Collected Papers. Through Pediatrics to Psychoanalysis*, New York, Basic Books, 1958.

On touche ici la satisfaction de vivre, l'acceptation des limites, le plaisir des mouvements simples de l'existence. Sont mises en cause la question d'identité et son contraire, la carence narcissique[68]. Ne pas se sentir existant comme personne, ne pas se sentir partie intégrante d'un réseau, amènent la recherche éperdue d'identités et de réseaux plus étendus, mais tellement plus que les plus étendus se révèlent toujours insuffisants. De passage en passage, l'insatisfaction persiste. Le but, masqué au début et qui se découvre peu à peu, se révèle grandiose. L'ambition, dit-on communément, la poursuite d'idéaux, dit-on pudiquement, les personnalités « A », affirme-t-on scientifiquement[69]. Une impasse potentielle continuelle apparaît à chaque pause.

La carence

La quatrième modalité concerne la structure mentale de la personne. On entre de plus en plus profondément dans l'humain, ce qui explique l'intérêt particulier des psychanalystes pour ce champ psychosomatique. Le principe en est simple : l'impasse intérieure existe à la mesure de l'incapacité à résoudre psychiquement les situations problématiques. Comme on le dit un peu cavalièrement : c'est dans la tête que cela se passe. Mais on devra plutôt dire ici que c'est dans la tête que cela *ne se passe pas*.

Car ce qui est en cause, c'est la carence de processus mentaux particuliers. Certaines personnes n'arrivent pas à identifier leurs émotions[70], à penser de façon créative[71], à percevoir leur corps[72]. Il y a comme un vide, un handicap psychique. L'origine de cette carence peut être de nature génétique ou acquise. Cependant elle se

---

68. J. Bergeret, *La dépression et les états-limites*, Paris, Payot, 1974.

69. N. Dantchev, « Sratégie de coping et pattern A coronarogène », *Rev. Méd. Psychosom.*, 1989, 30, p. 21-30.

70. P. Sifnéos, « Reconsideration of psychodynamic mechanisms in psychosomatic symptoms-formation in view of recent clinical observations », *Psychother. Psychosom.*, 24, 1974, p. 151-154.

71. Cf. le concept de pensée opératoire. P. Marty et M. De M'uzan, *L'investigation psychosomatique*, Paris, P.U.F., 1963.

72. Roger Gentis, *Leçons du corps*, Paris, Flammarion, 1980.

manifeste dans certaines circonstances ; ainsi elle peut apparaître dans une situation d'urgence ou lors de pertes brutales. On peut alors ressentir la suspension des mécanismes psychiques fins et habituels. Le fonctionnement affectif et mental est perturbé, comme une sidération[73].

En d'autres termes, et en rapport direct avec la méthode Echo, on dira qu'il y a carence de l'imaginaire : l'esprit ne peut ou ne veut plus « jouer », plus rien ne s'y passe, il est frigide ou paralysé. Il devient incapable d'apprivoiser les événements et d'élaborer des solutions[74], il les reçoit de plein fouet :

PERCEPTION SUBJECTIVE

Lien au système
Lien à l'objet
Quête identitaire
CARENCE IMAGINAIRE

En mettant ensemble tous les ingrédients des quatre ordres différents, on commence à percevoir un tableau intéressant de la notion d'impasse. Une situation extérieure piégeante, une impossibilité d'en sortir pour aller au-delà, une identité fragile, une carence des processus imaginaires, tout ceci en proportions différentes et avec des effets réciproques :

73. G. Burloux, « Traumatophilie, Destin et Primary Care », *Revue de Médecine Psychosomatique*, 2, 1985, p. 73-86.

74. Warren B. Miller, « Psychological reactions to illness » in *Psychiatric Treatment : Crisis/Clinic/Consultation*, C. Peter Rosenbaum, J.E. Beebe III, New York, McGraw-Hill Book Company, 1974. p. 478-495. Z.J. Lipowski, « Physical Illness, the Individual and the Coping Process » in *Psychiatry in Medicine*, vol. 1, n° 2, Greenwood Periodicals, 1970.

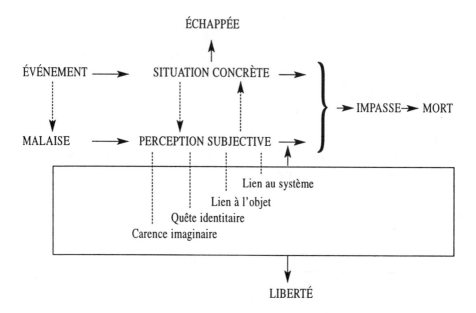

La psychanalyse s'est attachée à travailler sur les facteurs de vulnérabilité (encadrés dans le tableau précédent) : les origines du désespoir, les deuils non réalisés, les intentions idéales. Nous verrons comment et pourquoi Echo ne travaille pas exactement de la même façon vis-à-vis des causes et des origines. Les contenus conflictuels, les aplatissements émotionnels et les carences mentales seront abordés indirectement, accessoirement, plutôt que directement, comme s'il s'agissait d'une difficulté à résoudre[75].

Les pertes

Nous avons parlé précédemment des pertes, d'une part vécues comme essentielles par les gens et, d'autre part, comme sources possibles d'impasses et facteurs déclenchants de glissements mortifères[76] : la perte d'un passé, avec la sensation d'avoir tout perdu.

---

75. Car directement, c'est la liberté psychique et somatique qui sera abordée. Ceci touche à nouveau à la notion de fantasia de Castoriadis. C. Castoriadis, « La découverte de l'imagination », *Libre*, 78-3, Petite bibliothèque Payot, 340, Paris, Payot, 1978, p. 161.

76. P. Lefebvre, A. Nobert et J.-Charles Crombez, « Psychological and Psychopathological Reactions in relation to Chronic Hemodialysis », *Can. Psych. Ass. J.*, vol. 17, 1972, p. SS9-SS13.

La dissolution

Mais certaines pertes ne sont pas nécessairement le produit de situations dramatiques avec impasse conséquente, mais parfois celui d'une situation sans perspective : la perte d'un futur, avec la sensation d'avoir tout obtenu. Ce qu'on pourrait prendre pour une sorte de liberté totale, et qui ressemble davantage à une réalisation narcissique absolue[77]. Il suffit de penser à ces femmes nobles ou ces rentiers qui, n'ayant soudain plus rien à faire, se retrouvent sans aucun des objectifs les ayant jadis orientés. C'est une dispersion totale dans l'illusion de l'atteinte d'un nirvana terrestre[78] : une *dissolution*, notre deuxième concept de psychosomatique. On le dit bien d'ailleurs : «il mène une vie dissolue». Et ceci s'accompagne de la disparition de liens humains féconds.

À y regarder de près, cette dissolution est un phénomène concomitant à des pertes de toutes sortes. Elle en est le côté diffus. Une perte est vécue comme la disparition d'un tout, de ce qui semblait tout[79] ; mais elle est aussi, en conséquence, l'apparition d'un rien, qui laisse donc la place à tout. Par exemple, la perte d'un comportement habituel ou d'un statut cher à la personne peut amener une sensation de perte d'identité. Ceci ouvre à de nombreuses possibilités, à une liberté possible ; mais cela peut aussi entraîné la personne dans une dispersion affolée. Sur le plan psychique, on nomme cette dispersion bien connue un état maniaque ; mais l'aspect moins évident est celui qui se déroule sur le plan psychosomatique : une agitation somatique. Par exemple aussi, la perte d'une relation significative pourra laisser la personne sans amarres, balottée dans une solitude sans liens. Ceci est particulièrement puissant dans les

---

77. S. Freud, , « Pour introduire le narcissisme » in La vie sexuelle, Paris, P.U.F., 1969, p. 81-105.

78. Dans la sagesse bouddhique, le nirvana est l'anéantissement suprême. Ici nous utilisons ce mot pour désigner un anéantissement terrestre. C'est une dissolution du corps, un corps dissolu ; non pas surtout au sens de mœurs dissolues, mais plutôt d'une substance qui se dissout.

79. Voir «L'attachement», p. 169.

pertes de filiation, les rejets familiaux dont on est la victime ou les ruptures familiales dont on est le protagoniste ; un égarement s'ensuit.

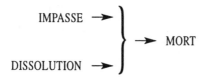

Un rapport à la liberté

On se trouve ainsi devant un système mortifère à deux tendances : un vecteur centripète qui mène à *l'impasse*, un vecteur centrifuge qui entraîne vers *la dissolution*. D'un côté la personne est prise dans un *dead end*, d'un autre elle est perdue dans un *nowhere*

La première tendance oblige à un repli mortifère : une réduction de la liberté qui se retrouve dans des situations imposant des obstacles infranchissables, acheminant vers des pièges inattaquables. Sur un plan plus sociologique, elle est le propre de cultures ou de milieux à forte composante répressive.

La deuxième provoque une expansion tout aussi mortifère : une trop grande liberté joue dans l'apparition de maladies psychosomatiques de type centrifuge. Les esclaves ne peuvent guère se permettre ce genre de luxe[80], si bien que cette voie se retrouve plutôt dans les sociétés d'abondance et dans des secteurs protégés.

---

80. M. Tousignant, « La construction culturelle des émotions », *Regards anthropologiques en psychiatrie*, Montréal, Éd. du GIRAME, 1987.

D'une manière centripète ou centrifuge, un processus entropique s'installe et s'accentue, sorte de démantèlement généralisé où tout prend la même valeur, où les hiérarchies s'estompent : une dispersion de chaleur diraient les physiciens[81], une dispersion d'énergie comme on le dit communément. On passe d'un état de néguentropie dirigé vers une certaine construction à celui d'une entropie glissant vers un démantèlement ; il n'y a plus d'organisation structurelle, les énergies diffusent, les connexions lâchent.

La désorganisation

Ces phénomènes d'impasse nous mène à la troisième notion majeure en psychosomatique, soit la *désorganisation*[82]. L'individu ne peut donc plus se sortir d'une situation piégeante pour toutes sortes de raisons déjà évoquées ; son action est inhibée ou ses actes disséminés. Alors, il subit progressivement une détérioration. Les états de désorganisation constituent, on l'a vu, une étape dans l'apparition de maladies ainsi que dans leur aggravation et dans l'adjonction de complications ; nous les désignerons globalement sous le terme d'*état-malade*. On peut en distinguer deux aspects : l'éclatement et l'affaissement, ou, en termes plus communs, l'anxiété et la dépression[83]. Ces états sont corollaires d'un blocage ou d'un ralentissent les processus de guérison.

Le délaissement et le désespoir

L'impasse et la dissolution ne sont donc pas uniquement les causes d'une souffrance psychologique mais aussi d'une souffrance biologique : le corps se décompose. Après avoir franchi plusieurs étapes physiologiques, la désorganisation amène une dégradation

---

81. L'entropie est une « grandeur qui, en thermodynamique, permet d'évaluer la dégradation d'énergie d'un système » (P *etit Larousse Illustré*, 1993). Hubert Reeves en fait cependant une analyse plus complexe dans un de ses livres (Reeves, Hubert, L'heure de s'enivrer, Paris, Éd. du Seuil, 1986, p. 89-106).

82. P. Marty, « A major process of somatization : the progressive disorganization », *Intern. J. Psych.*, 49, 1968, p. 246-249.

83. On retrouve chez Kübler Ross la description d'états qui rejoignent ces observations. E. Kübler Ross, *La mort, dernière étape de la croissance*, Montréal, Éd. Québec-Amérique, 1977.

qui ressemble à celle de cadavres dans leurs tombes. Cependant, dans le cas de la désorganisation, cette décomposition se produira aux yeux de tous, ici et maintenant :

IMPASSE ➤
}
➤ DÉSORGANISATION ➤ MORT
DISSOLUTION ➤

La désorganisation physique et psychique passe par deux stades : le délaissement et le désespoir[84]. Le délaissement se caractérise par une réquisition éperdue des aides possibles et leur rejet enragé au vu de leur insuffisance[85], une sorte de lutte finale avant la retraite. L'individu est en train d'abandonner la partie : il se sépare. Dans le désespoir, l'affect principal est la perte d'espoir[86], une sorte de rétraction. L'individu s'abandonne, se sent abandonné par lui-même, il se meurt[87] :

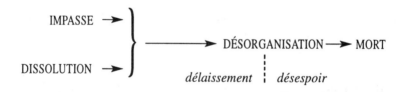

Il faut insister sur le caractère psycho-physiologique de la désagrégation, en faire un phénomène psychosomatique. Chaque partie part à son compte, comme elle le peut, plus ou moins vulnérable, plus ou moins fragile, plus ou moins handicapée. Il n'est plus ques-

---

84. G.L. Engel, A.H. Schmale Jr., « Psychoanalytic Theory of Somatic Disorder », *J. Amer. Psychoanal. Assoc.*, 15 : 2, avril 1967.

85. « Giving-up » et « helplessness », selon les termes donnés par Engel et Schmale.

86. « Given-up » et « hopelessness », selon Engel et Schmale.

87. On peut éclairer cet abandon par la notion d'envie chez Mélanie Klein : M. Klein, *Envie et gratitude et autres essais*, 1957.

tion de désordres psychosomatiques focalisés mais de plaintes et de signes somatiques variés, généralisés. On y trouve surtout des symptômes dits fonctionnels, c'est-à-dire essentiellement subjectifs sans base anatomique évidente ou à forme anatomique variable – ce qui rappelle exactement l'état-malade. On peut utiliser la comparaison d'un loup pris au piège, se débattant et s'agitant : désorganisé, affolé.

Comprendre un tel syndrome de désorganisation permet de le différencier de l'autre syndrome, courant en psychiatrie, soit la dépression[88].

Les états-malades

La vie se déroule entre ces trois risques : être étranglé dans des restrictions qui étouffent, être perdu dans une liberté où l'on se disperse, être soumis à des idéaux qui épuisent. Entre la mort centripète et chronique de la néguentropie, la mort centrifuge et aiguë de l'entropie et la mort happée « push-pull » de l'idéalisation.

Tout cela n'est pas nouveau, contrairement à ce que pourraient le laisser entendre certains passéistes de la psychosomatique. En d'autres termes, les accidents somatiques ne datent pas de la révolution industrielle ou de la société de consommation. Ils existent bel et bien, même si on en était moins conscients auparavant. La religion pouvait offrir une solution aux impasses et aux dispersions, en même temps qu'elle représentait un instrument privilégié d'impasse par ses interdictions ou ses répressions. À partir de ce point, le questionnement psychosomatique peut se rapprocher d'une réflexion sociale et politique.

L'utilisation de relations interpersonnelles profondes reste le meilleur traitement de ces états-malades. Par leur ouverture systémique, elles permettent aux personnes de sortir de leur isolement. Par le concours de la présence, elles contrebalancent en quelque

---

88. P. Marty, « La dépression essentielle », *Rev. Fr. Psych.*, 32, 1968, p. 594-599.

sorte les pertes insupportables. Par leur apport narcissique, elles redonnent à la personne la sensation d'exister. Par les interactions suscitées, elles stimulent son imaginaire.

Le piège

On sait fort bien ce qui arrivera au loup : il se sectionnera la patte pour pouvoir se libérer. Ce qui amène notre quatrième concept majeur en psychosomatique : la *coupure*.

Le corps abandonné

Pris dans une situation d'impasse et ne pouvant s'en dégager indemne, on fait face à un choix : s'y perdre et ne pas s'en sortir ou perdre quelque chose pour en sortir. Mourir ou laisser aller une partie de soi.

Certains choisissent la mort, une sorte de mort aiguë, l'état-malade dont nous avons déjà parlé. En somme, plutôt mourir que de perdre une partie de soi : disparaître en toute intégrité.

D'autres choisissent la vie au prix d'une perte : plutôt s'échapper, fût-ce en y laissant une partie de soi. Plutôt la coupure, un morceau de corps laissé pour compte, pour régler le compte. En termes cybernétiques, une partie du corps servira de lieu d'entropie, tandis que le reste de la personne retrouvera sa position néguentropique.

Le corps coupé, c'est une façon de parler, car il peut s'agir d'autres éléments corporels, d'une fonction physiologique par exemple ou d'un canal énergétique[89]. Comme analogie, sans obligatoirement les considérer pour autant comme des malades psychosomatiques, mentionnons cette découverte au sujet de certains obèses : on dit qu'ils ne possèdent pas d'horloge interne quant à leurs besoins nutritifs. Contrairement aux autres, ils sont incapables de se fier à leur perception de faim et doivent se repérer uni-

---

89. *Précis d'acupuncture chinoise*, Pékin, Académie de médecine traditionnelle chinoise, Édition en langue étrangère, 1977.

une horloge. Sinon, ils se laissent entraîner par la seule vue de la nourriture.

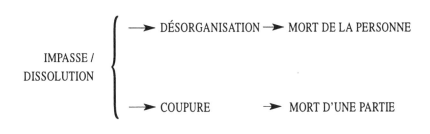

Le corps de personne

Un morceau de corps abandonné, esseulé, part à la dérive : il n'est plus le corps de personne[90]. Tandis que le mental lui-même se détache et fonctionne comme isolé, désincarné, le bout de corps perd ses communications avec l'ensemble ; c'est le vestige d'un corps entier, le reliquat d'une personne, le reste d'un monde.

Séparé et oublié, il en devient plus vulnérable. Soumis à des événements pathogènes, il ne peut plus se défendre aussi bien, n'ayant plus à sa disposition les mécanismes complexes de l'ensemble de l'organisme dont il s'est coupé : l'intendance ne suit plus. Selon cette conception, c'est là que se développe la maladie. La maladie dans sa dimension psychosomatique se situe au bout d'une longue chaîne de situations et de limites conjuguées.

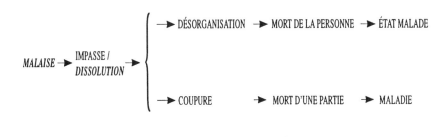

Cette élaboration sur la psychosomatique a préparé la voie à la construction d'Echo. La méthode opère au niveau d'un champ in-

---

90. J.-Charles Crombez, « Le corps de personne », *Psychologie médicale*, 12, 2, 1980, p. 307-309.

térieur que nous avons représenté dans le schéma suivant : d'une part entre l'environnement avec les contraintes de cette réalité extérieur d'un côté, et d'un autre côté le terrain, chargé de sa génétique et de son histoire ; d'autre part entre des événements et des malaises déclencheurs d'un côté, et d'un autre côté les états-malades et les maladies conséquentes. Ainsi, l'impasse, la dissolution, la désorganisation et la coupure sont quelques repères de ce drame vécu par un sujet pris au piège des événements et de ses limites :

L'action d'écho se fera vis-à-vis de la levée de l'impasse, du renversement de la dissolution et de l'arrêt de la désorganisation,

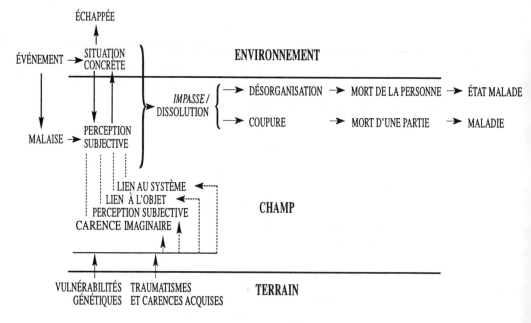

par le jeu. Résultat : un effet sur la coupure et la reprise de corps, une possibilité d'émergence d'autres systèmes, dans d'autres systèmes et vers d'autres systèmes.

LE CORPS SAUVAGE

Les études psychosomatiques tentent de comprendre les origines de ces fonctionnements devenus permanents : sont-ils génétiques, traumatiques, carentiels ? Elles tentent de mettre en cause les relations parent-enfant[91], les différents besoins de contrôle externe ou interne[92], les questions de dépendance et de soumission, d'autonomie et de rébellion. Par exemple elles questionnent les problèmes d'identité et de relations d'objets : sont-ils secondaires aux influences du milieu, à ses interdits, à ses ignorances, à une transmission familiale de dépossessions corporelles ?

Le corps de famille

Le corps de personne actuel renvoie à un corps refusé auparavant comme corps d'une personne. Autrement dit, des parties de corps ou des fonctions corporelles ont pu être « proscrites », pour différentes raisons[93], par les environnements nourriciers. Ils enrichissent alors le lot des secrets de famille.

Au pôle silencieux, on reconnaît les familles qui semblent normales mais où tout le monde meurt à petit feu. Le corps y est interdit de plusieurs manières : les fonctions alimentaires y sont régies par l'arbitraire d'horaires absolus, les besoins affectifs, dont celui du toucher, y sont ostracisés, les libertés d'expression motrice ou verbale y sont entravées.

Au pôle dramatique ont lieu de véritables meurtres de corps[94]. Ce qui domine dans ces milieux, ce sont l'anarchie dans les attentions au corps, y compris lors du nourrissage des bébés, la subordination de l'intimité à l'inquisition, y compris celle sexuelle, l'invasion des limites par la violence ou le chantage.

D'où l'hypothèse qu'il est nécessaire qu'un réseau reconnaisse le corps existant et intègre pour que celui-ci puisse exister, un peu

---

91. Guyotat élabore sur les problèmes de filiation : « De cet enchaînement d'événements, il ne faut pas parler... C'est un corps à corps, une guérison pour une maladie, une mort pour une naissance », J. Guyotat, « Traumatisme psychique et événement », *Psychologie médicale*, 8, 1984, p. 1363-1367.

92. J.B. Rotter, « Generalized Expectancies for Internal versus External Control of Reinforcement », *Psychological Monographs*, 80, 609, 1966.

93. Jean Guir, *Psychosomatique et cancer*, Paris, Point Hors Ligne, 1983.

94. À rapprocher la question du meurtre des sœurs Papin analysé par Lacan. Et lire : Jacques Lacan, « La psychose paranoïaque dans ses rapports avec la personnalité », Le François, 1932.

comme le langage exige un milieu adéquat pour son développement. Sinon un *corps sauvage* apparaît, l'équivalent de l'enfant sauvage[95]. À partir de cette vulnérabilité acquise par les carences familiales, se construit la situation que nous avons décrite au plan individuel à propos de l'état-malade[96] : les gens tournent autour de cette fatalité, la déclarent inaltérable et y livrent leur existence.

Le corps vulnérable

Traversant le temps et l'espace, sortons temporairement de cette « préhistoire » d'Echo pour prendre connaissance d'un échange qui a eu lieu récemment dans un atelier de formation. On y voit comment des préoccupations d'ordre psychosomatique apparaissent en toile de fond dans la pratique des échos. Ceci cadre tout à fait avec la question de la transmission du corps dans un réseau, et montre aussi la façon dont on travaille ces aspects psychosomatiques[97] :

P : - Dans ma famille, des deux côtés, les gens font du rhumatisme et j'en ai fait quand j'étais petite. Cela a disparu un moment puis est revenu quand j'étais enceinte. Mon bébé a commencé à avoir mal aux jambes à l'âge de 2 ou 3 ans, ce que la famille interpréta comme normal. Alors, ulcérée, j'ai décidé de couper avec cette fatalité générationnelle. Depuis lors, mon fils ne s'est jamais plus lamenté du mal de jambe, et ça a été terminé.

I : - Cela me fait penser à deux choses :

D'abord l'interaction de deux éléments : les vulnérabilités et les circonstances. Au lieu de définir des maladies comme définitivement génétiques ou comme absolument somatiques, il vaudrait mieux, pour être plus souple, parler de vulnérabilités. Ces vulnérabilités sont plus ou moins lourdes ; et ce terme permet de ne pas enchâsser le mal dans une forme statique.

D'une part, les vulnérabilités génétiques issues de notre enfance et celles provoquées par l'environnement préparent le terrain de ce qui adviendra.

---

95. Lucien Malson, *Les enfants sauvages*, 10/18, Paris, Union Générale d'Éditions, 1964.

96. Voir « Le mal-être », p. 40.

97. « Pour nous, il existe un événement, lorsqu'il fait partie d'une chaîne dite symbolique ou magique ». Nago Humbert, *La douleur : un cri du corps et de l'âme*, Neuchâtel (Suisse), Éd. Victor Attinger, p. 51.

D'autre part, des circonstances supplémentaires et particulières amènent jusqu'à une limite qui devient dépassée : c'est alors qu'une maladie se déclare.

Ensuite, l'action sur les vulnérabilités : cela permet d'ouvrir à des interventions telles que celle que vous avez utilisée pour moduler la vulnérabilité en question. L'action de guérison n'a pas agi sur la vulnérabilité génétique elle-même. Si cela était possible, cela prendrait peut-être plus de temps et de générations pour en modifier les inscriptions. Mais la force de votre conviction a suffisament joué dans un équilibre assez complexe pour en modifier le résultat.

C'est, à proprement parler, un processus de guérison selon notre conception ; non pas une action miraculeuse mais le remaniement global d'un système, ce qui, en conséquence, modifie l'impact de cette vulnérabilité.

Parler de vulnérabilités, c'est une astuce de langage pour ne pas préjuger de la permanence d'un handicap ou de la flexibilité d'une habitude.

Ainsi, cette description d'une inter-relation entre des vulnérabilités inscrites et des circonstances révélantes n'aboutit pas seulement à une synthèse théorique[98]. Elle pose aussi les jalons d'une action possible. Pour illustrer davantage ce cheminement, on peut utiliser deux exemples : celle d'une balance à peu près équilibrée que le dépôt d'une légère tare dans l'un des plateaux fait pencher d'un côté ; celle d'une surface marine avec un sol qui y affleure, apparaissant sous forme d'îles ou disparaissant quand le niveau d'eau monte.

La conviction que l'on remarque dans le témoignage qui précède illustre non seulement un état de pensée mais aussi une modification corporelle, la transformation étant réalisée dans ce que nous avons nommé plus haut la matière fluide[99] : une évidence sentie et non une croyance sans fondement. Les interprétations de cette transformation peuvent être très variées sans que cela pose un problème pratique : certains parlent alors de pouvoir divin, d'autres de pouvoir intérieur. Peu importe la façon dont chacun reconnaît et

---

98. Anne Ancelin Schützenberger, *Aïe, mes aïeux*, Paris, EPI et la Méridienne, 1993.

99. Voir « Le corps décrit », p. 145.

utilise ces énergies, le principal, c'est le comment de l'utilisation et l'effet de l'application.

Le corps de culture

Le corps psychosomatique pourrait tout aussi bien s'appeler la psyché interdite, puisque celle-ci n'est pas au rendez-vous du corps, n'est pas ou n'est plus. L'objet d'intérêt de la psychosomatique pourrait donc se définir comme la rupture de la personne dans le biologique. Il s'agit d'un mouvement régressif ou de l'échec d'un mouvement progressif.

Dans une perspective plus anthropologique ou phylogénétique, on peut concevoir le psychosomatique comme le somatique non encore ouvert au psychologique ; selon cette optique, l'humain d'autrefois pouvait être tout autant potentiellement psychosomatique. Mais les vies étaient plus courtes, les morts plus radicales. De toute façon, les manifestations n'étaient pas reconnues comme telles ; mais peut-être étaient-elles considérées très justement comme des états d'âme.

Certaines transformations de société ont peut-être exigé des personnes beaucoup plus qu'elles n'en étaient capables à cause de leurs limites d'intégration psyché-soma[100]. Le développement de phénomènes psychosomatiques en tant que tels se situe non dans l'élargissement d'un champ corporel étranger à la psyché, ce qui en serait seulement la conséquence, mais dans l'explosion des transactions obligées, source de ruptures et d'échecs, ce qui en serait l'origine : des modifications insupportables vers une régression globale.

Le corps ouvert à la psyché se révèle beaucoup plus libre de ses fatalités héréditaires et fonctionnelles. Cependant, il n'est pas sauvé pour autant de toutes les transactions frauduleuses dont il sera l'objet. Certains, comme parents, pourraient ainsi sacrifier au profit de leur propre survie et de celle de leur enfant, une partie du corps de ce dernier, comme tribut pour la liberté du reste. Le fait même de pouvoir nommer les choses, et donc les réalités corporelles, permet

---

100. Christophe Dejours, Le corps entre biologie et psychanalyse, Paris, Payot, 1986.

des transactions de mots plutôt que des transactions de corps –
comme les transactions électroniques de banque remplacent des
transferts d'argent.

L'accession de la psyché dans le corps ou l'accession du corps à
la psyché représente ainsi un mouvement progressif phylogé-
nétiquement et ontogénétiquement[101]. Comme tout mouvement
humain, il n'est jamais acquis définitivement, ni jamais totalement
oublié. À la faveur d'impasses diverses, se révèlent ses limites et ses
conséquences dites psychosomatiques.

---

101. Ces mouvements se retrouvent dans les écrits de spiritualité. Ainsi, dans l'Évangile,
les phases d'incarnation et d'ascension.

LA GREFFE

Le champ de la psychosomatique est en fait bien plus vaste qu'il n'y paraît et ne recouvre pas que les réflexions spécifiques et les actions particulières que l'on peut poser vis-à-vis des maladies. Il comprend aussi de façon plus générale toute une conception des relations au corps, de la place de la pensée et des émotions dans la dynamique et la structure des personnes. Causes ou conséquences de cette conception élargie de la psychosomatique, les circonstances de notre parcours nous ont mené en un lieu limitrophe de la pathologie, dans un domaine relativement nouveau des rapports de corps et de pensée. Ce lieu est celui de la greffe d'organes.

La greffe nous permet d'approfondir les questions posées au chapitre précédent. Celles d'un langage du corps, de la dynamique et de la fonction des significations corporelles. Toutes les transactions que nous avons décrites (le corps abandonné, le corps de personne, le corps de famille, le corps de culture) se déroulent ici de façon manifeste. Les coupures y sont concrètes, elles sont du domaine de la chirurgie. Les corps étrangers, des greffons d'origine humaine, se font évidents. Les impasses sont biologiques puisqu'il n'y a plus ou peu d'espoir de continuer à vivre avec le délabrement de certains organes. Le désarroi est intense. Les échanges sont parfois familiaux lorsque les proches seront sollicités ou offriront eux-mêmes un don d'organe, une partie de leur corps.

Même évidentes, ces transactions se déroulent pourtant de façon bien différente de ce que nous avons dit de la psychosomatique, car la coupure survient en conséquence de la maladie plutôt que d'en constituer la prémisse. Elle y est décidée d'avance et n'est pas une éventualité, elle introduit un morceau de corps nouveau, vivant, celui d'une autre personne, et elle annonce, par la transplantation qui s'ensuit, le début d'une nouvelle aventure.

Il y a, par contre, plusieurs similitudes entre le lieu psychosomatique et l'action de greffe - c'est d'ailleurs ce qui en fait ici le premier intérêt. D'abord cette coupure arrive au terme d'une longue affection, affection que nous avons située comme prémices de la maladie. Puis la greffe, dans un premier temps d'ablation, exclut la maladie avec le corps qui en est le support. Enfin la dépossession puis l'acquisition d'un organe révèle toute la question des attachements narcissiques, des arrachements et des intrusions.

Il est donc important d'y faire référence parler, non seulement en rapport avec la psychosomatique, mais aussi avec la méthode Echo puisque le mécanisme de la greffe l'a influencée et qu'on en retrouve les traces dans certaines façons de procéder. L'écho ressemble à une transplantation où le donneur et le receveur sont la même personne : il s'agit de se pencher sur des rejets, de réinsérer du corps, d'en relier des morceaux, de réintroduire de l'esprit.

La greffe représente en effet un maillon important dans la mise en place d'Echo, car elle pose le corps comme situé entre des faits objectifs que sont la maladie et les interventions d'une part, et des perceptions subjectives impressionnantes d'autre part. Les échos empruntent ce passage des faits aux perceptions pour pouvoir ouvrir, en retour, le chemin des perceptions aux faits.

Enfin, nous verrons que la conception de la greffe comme mécanisme général peut avoir une autre portée : celle d'une réflexion sur les applications de sens, « application » avec la signification du dépôt d'une substance sur une matière. La question de la transplantation d'un sens devient frappante dans ce que nous avons découvert concernant les greffons et dont ils sont porteurs. Du coup, elle peut être interrogée quant à sa présence et sa fonction dans toute maladie. En d'autres termes, lorsqu'on cherche et qu'on trouve du sens dans les pathologies, s'agirait-il d'une greffe de sens ?

L'AVENTURE

Du domaine des altérations corporelles par maladie, passons à celui des modifications corporelles que constituent les transplanta-

tions d'organes. Parallèlement à l'opération chirurgicale qui est préparée, pratiquée puis surveillée, les médecins nous ont demandé de
nous intéresser aux incidences psychiatriques, mais surtout aux dimensions psychiques et psycho-dynamiques de ces transactions
corporelles, puis de les faciliter. C'est donc admettre que deux actes
se font conjointement : une intervention chirurgicale et une action
psychologique, toutes deux complexes. Il est intéressant de noter
qu'à ce niveau de haute spécialité médicale, incluant plusieurs corps
et disciplines, l'ouverture à un champ phénoménologique s'est imposée naturellement.

Nous rencontrions les personnes devant subir la greffe et celles
qui donnent une partie de leur corps, non pas à cause de quelcon-
ques troubles mentaux, mais bien pour accompagner les uns et les
autres dans une aventure corporelle délicate[1]. Nous avons donc eu
l'occasion d'étudier ce qui se vit intérieurement lors de la greffe
d'organe : comment le changement de corps est perçu, comment le
greffon est reçu. C'est ce versant interne de la transplantation qui
entre en rapport avec notre propos, et plus précisément avec ce
qui est dit de la démarche concrète d'Echo : une mise en objets intérieurs, puis un travail sur les objets.

L'annonce

Il arrive qu'une personne consulte son médecin pour un examen de routine, peut-être pour quelques symptômes[2]. Il arrive que
ce praticien lui annonce, avec toute la délicatesse qu'il a su développer, que l'affection est grave, et qu'un jour ou l'autre, une transplantation sera nécessaire, quelquefois le plus tôt possible. Vlan ! Si
nous partons de cette histoire qui n'est pas fictive, c'est qu'elle évoque un moment important dont il a été peu question jusqu'à pré-

---

1. Lefebvre, P., J.-Charles Crombez, LeBeuf, J., « Psychological dimension and
psychopathological potential of acquiring a kidney », Can. Psychiatr. Assoc. J., Vol. 18, 1973, pp.
495-500.

2. Le matériel suivant est tiré d'un ouvrage sur la greffe qui est déposé à la bibliothèque de
l'Hôpital Notre-Dame à Montréal. J.-Charles Crombez, Étude de la fantasmatique au sujet de la
greffe rénale », Montréal, Bibliothèque de l'Hôpital Notre-Dame, 1970. 214 p.

sent : l'explosion, la soudaineté, l'intrusion d'une maladie qui se déclare et le bouleversement qui s'ensuit. Chacun a déjà vécu ce genre de situation, même de façon moins spectaculaire.

La personne sort de cette consultation toute retournée. Maladie, greffe, mort ; car si l'on parle de la maladie et de son traitement, c'est bien la mort qui s'annonce, n'est-ce pas ? On ne l'a pas vraiment nommée, mais l'individu se retrouve somme toute seul avec une mise en sursis. Il est donc confronté à la mort et ses atours : régimes, règles, limitations, interdictions.

Par contre on lui a promis un traitement exceptionnel, spectaculaire, presque magique. Bien sûr le médecin lui en a indiqué les limites, les étapes et les obstacles, mais ce qui surnage c'est l'espoir immense de pouvoir s'en sortir. Il n'écoutera guère le détail ; il fera confiance. Moment fragile que celui-là où l'on est prêt à tout, prêt à se jeter dans les bras de tous les moyens de délivrance et de tous les *maîtres-sauveurs*[3] patentés. Voilà l'un des facteurs qui a préludé à la forme de l'Écho : protéger les personnes de leur recherche éperdue de techniques bouleversantes, à la mesure et à l'encontre de leur propre bouleversement. Mais, dans cet hôpital, ce qui est proposé est sensé.

L'opération chirurgicale représente donc un point tournant tout aussi attirant que dangereux : point de non-retour, décision de vie ou de mort. On peut y voir la démonstration spectaculaire du paradigme médical : l'intervention d'un tiers qui tente de modifier dramatiquement une évolution inéluctable. L'intervention amène aussi, en contrepoint, à se questionner sur l'appel à « l'exceptionnel » quant au cheminement de guérison ; car l'insistance sur l'exceptionnel peut oblitérer le recours au naturel. On sait bien qu'on ne peut contrôler l'avenir, quel que soit le paradigme, mais il est important que la maîtrise de la démarche se trouve plutôt du côté de la personne, dans la guérison, que du côté de l'événement, comme dans la médecine.

---

3. Une sorte de maître-nageur !

L'épreuve corporelle et vitale devient parfois une occasion de croissance, d'ouverture, de maturation, permettant à la personne d'appréhender son corps avec une intensité jamais connue auparavant, lui offrant la possibilité d'un échange, d'une nouvelle vie. C'est du moins ce qu'elle se répète à l'aube de ses décisions. C'est ce que se disent les gens à la veille d'entreprendre le traitement d'une grave maladie. C'est aussi ce dont ils tentent de se convaincre à l'amorce d'une démarche de guérison qu'ils décident d'entreprendre.

Le chemin

Devant le désastre que représente la déclaration soudaine de maladie, pendant l'attente d'un traitement miraculeux, tout au long des multiples épisodes qui ponctuent le décours de l'intervention[4], chacun se débrouille comme il le peut[5]. Comme on le disait à cette époque, certains refusent d'être malades et continuent de vivre comme si de rien n'était, au jour le jour. Aujourd'hui, pour être plus précis, nous utiliserions le vocabulaire proposé dans la première partie[6]. Nous dirons donc que les personnes, pour éviter d'être « malades », c'est-à-dire submergées, se défendent d'avoir une maladie.

Cette manière de faire peut poser problème lorsque le refus d'une réalité difficilement supportable entraîne dans son sillage l'interruption de certaines précautions ou de certains traitements visant la maladie. Par contre, cette façon de faire a pour fonction de permettre à la personne de survivre, c'est-à-dire de ne pas être « malade ». Solution imparfaite que l'individu choisit pour son bien, au moins à court terme[7]. Le déni, souvent décrié par les tiers observa-

---

4. Après la greffe, les receveurs doivent continuer à revenir à l'hôpital pour recevoir des médications, pour surveiller leur greffon, pour déceler et traiter des complications.

5. Lefebvre, P., J.-Charles Crombez, « The one-day-at-a-time syndrome in post-transplant evolution : the regressive-megalomanic model versus the progressive hypomanic-model », Can. Psychiatry Ass. J., Juin 1980.

6. Voir « Malaises, mal-être et maladies », p. 38.

7. Dans l'article déjà cité (cf note 1 : Lefebvre, P., J.-Charles Crombez, LeBeuf, J., « Psychological dimension and psychopathological potential of acquiring a kidney », Can. Psychiatr. Assoc. J., Vol. 18, 1973), un des auteurs donne à cette libération défensive le nom de « syndrome de Lazare » (p. 496).

teurs, offre ainsi une fonction salvatrice. On peut le comprendre, mais la question serait de savoir dans quelles conditions cette solution salvatrice mais précaire pourrait faire place à un mouvement de reconnaissance supportable de la maladie. Nous verrons d'autres manières de survivre qui peuvent permettre de ne pas expulser la réalité pour autant. En tous cas, ce n'est certainement pas la confrontation aux faits, le passage aux aveux qui constitue la solution.

En général, l'attitude privilégiée d'échappatoire est plus nuancée, moins absolue. L'attention sera concentrée sur des accidents mineurs qui ne comportent pas de danger mortel. Parfois, dans le cas où le rejet possible n'est pas considéré comme une issue fatale, il devient lui-même l'objet majeur de l'intérêt. Parfois la maladie est reconnue mais les gens refusent d'y penser davantage. Ils acceptent de faire traiter leur corps, mais ils n'envisagent mentalement ni le mal, ni les soins : ne pas en parler, ne pas y songer et, si possible, ne pas en rêver[8]. L'un d'eux dira qu'il a « *de la difficulté à entendre ce qu'on lui sous-entend* ». Il tentera de retenir ses émotions, ses désirs et ses craintes : une strangulation affective.

P : - Il s'en passe des choses dans ma tête... c'est « jonglant », je vous assure !

I : - Quelles affaires ? Vous « jonglez » à quoi ?

P : - Ah, des folies... des folies !

Le déni de la maladie et des affects est un procédé fragile, surtout en regard de l'accentuation des symptômes, de l'imminence des interventions ou de la menace de mort. Alors, à l'occasion de ces événements brusquement révélateurs, les personnes peuvent se jeter à corps perdu dans les traitements, « *le tout pour le tout* », « *pour en finir au plus vite* ». Un saut dans le vide, un abandon à la providence, à l'aube d'une désorganisation. Des adhésions aveugles à des techniques providentielles se font parfois lors de ce bond.

---

8. J.-Charles Crombez, Lefebvre, P., « The behavioural responses of those concerned in renal transplantation as seen through their fantasy life », Can. Psychiatr Assoc. J., Special Supplement II, 1972, pp. 19-23.

Et si une personne ne veut pas être malade, même au prix de ne pas percevoir de maladie, qu'elle s'accroche désespérément à la vie, qu'elle tente de rester dans le monde des vivants, elle considérera alors tous les autres, soignants et proches, comme désirant la rejeter dans le monde des morts. Elle ne fait plus du tout confiance à aucun médecin.

C'est ainsi que certaines personnes arrivent en Echo dans un élan d'adhésion totale et parce que la médecine « n'a rien pu faire pour eux ». Il y a là une confusion et un malentendu, car on interprète la guérison comme une discipline médicale particulièrement nouvelle et puissante, alors qu'elle est un fait non médical, ancien comme le monde et non miraculeuse. Mais la facture de la méthode révèle bientôt le paradoxe piégeant : comment peut-on se vouer à une méthode qui propose, au contraire, la maîtrise d'un processus par un sujet !

La rencontre

La greffe crée une expérience de rencontre, un lieu d'échange où la maladie ne met pas en cause un individu mais une collectivité. En ce sens, elle met en évidence ce qui reste souvent caché : qu'un mal n'est pas seulement individuel mais aussi collectif, c'est-à-dire qu'il met toujours en cause le collectif.

Nous avons vu précédemment[9] que les représentations corporelles pouvaient se transmettre de génération en génération, avec des effets à différents niveaux. La transmission de corps très concrète dont il est maintenant question permet d'en préciser les caractères. Il peut s'agir de la question d'une greffe interfamiliale, mais le même problème se pose quand le greffon provient d'une autre personne, même décédée. En réalité, toute la question du corps social, *corps de famille* et *corps de culture,* est à nouveau posée, quant à l'origine de la maladie, quant à la responsabilité dans sa manifestation, quant à son implication dans les échanges de soins. La ren-

---

9. Voir « Le corps de famille », p. 181.

contre obligée de deux corps distincts ramène à l'histoire des rencontres corporelles familiales précédentes, et à leurs absences[10].

Le travail sur la greffe montre que la transaction corporelle, même avec un étranger, met en question le corps familial. Ce qui était admis des représentations habituelles de cette structure sera mis en péril, à tel point d'ailleurs que le conjoint de la personne est parfois mis à l'écart de cette remise en cause, car il ne fait pas génétiquement partie de la famille. L'échange de cellules invoque la cellule familiale.

En Echo, cette dimension collective s'appelle *le réseau*. On le retrouve dans l'interaction continuelle avec la maladie individuelle. Certes les coupures inaugurent les maladies, qu'elles soient corporelles ou sociales. Mais des ruptures de réseau entraînent elles-mêmes des impasses et des atteintes narcissiques.

Car, par leur existence et par leur signification, les maladies peuvent à leur tour entraîner des ruptures sociales. À leur apparition, à leur contact, le corps social se disloque. Or, ces ruptures de réseau concernent au plus haut point la guérison, car elles la mettent en danger[11]. Dès lors apparaissent toutes les conséquences d'un apartheid. Un apartheid « externe » vis-à-vis de certaines maladies considérées comme graves par leur potentiel d'extermination (sida) ou de déstabilisation (maladies mentales). Et aussi un apartheid « interne » beaucoup plus fréquent : l'individu devient secondaire par rapport à la maladie, et la personne se trouve paradoxalement exclue de sa propre maladie.

Un cercle vicieux s'établit ainsi de coupure en rupture, et de rupture en coupure.

Ainsi, le processus de guérison ne peut s'envisager uniquement du point de vue individuel. Ce qui se présente en négatif comme interruption dans la maladie doit se retrouver en positif comme

---

10. McDougall, Joyce, Théâtres du corps, Paris, Paris, NRF, Ed. Gallimard, 1989. Nous faisons ici notamment référence au chapitre intitulé « Un corps pour deux », pp. 179-204.

11. Eisendrath, R.M., « The Role of Grief and Fear in the Death of Kidney Transplant Patients », Amer. J. Psychiat., 126, Sept. 1969, pp. 381-387.

interaction dans la guérison. Il s'agit d'inverser une épreuve, de la développer comme on le fait en photographie. Un processus de guérison implique un ensemble[12].

L'ÉCHANGE

Dans l'acte chirurgical les organes en jeu sont tout à fait définis. Le chirurgien peut donc les repérer précisément et les interchanger exactement, en tenant compte des particularités individuelles. Il fait ainsi de son métier un art, notamment dans ce type d'interventions délicates[13].

Le sens de l'organe

Mais notre découverte - en est-ce vraiment une ? - a été de constater que, sous le nom habituel d'une partie de corps, se rassemblent des réalités fort diverses, subjectives celles-là. Les caractéristiques intérieures de ces organes apparaissent différentes selon les gens, et bien au-delà des idiosyncrasies anatomiques que le médecin peut découvrir. « Mon » cœur, « mon » foie n'ont pas toujours à voir avec « le » cœur ou « le » foie. On peut même dire qu'ils n'ont rien à voir essentiellement[14]. Cela donne lieu à de curieux dilemmes dans les arrangements du schéma corporel lorsque cet univers intérieur rencontre des anatomies définies par une réalité extérieure :

> P : - Je croyais que cet organe était en arrière, et je vois que l'opération se fait en avant ; mais c'est peut-être à cause de cela que c'est en avant ? ... Enfin, je ne sais plus !

---

12. D'ailleurs le médecin représente une partie de ce réseau dans lequel la personne se situe. Voir l'histoire de la démarche d'une personne à travers les traitements : « La réalité de la guérison », p. 89.

13. Debray, J.R., Le malade et son médecin, Paris, Flammarion, 1965.

14. A la suite d'Husserl, on peut reprendre la distinction établie par deux mots différents de la langue allemande : Korper, qui est le corps organique perceptible par observation ; Leib, qui est le corps-sujet, uniquement appréhendable par a-perception.

Les limites des anatomies subjectives sont floues, les localisations tout autant, les maladies encore plus[15]. Ce qui importe, c'est de comprendre que ces descriptions ne sont pas fausses, mais justes et adéquates selon une autre réalité. Elles ne peuvent généralement pas guider le bistouri du chirurgien, mais elles demeurent nettement pertinentes quant à un vécu intérieur. Car les confusions, par exemple entre la fonction d'un organe viscéral et celle d'un autre, musculaire ou squelettique, peuvent être utilisées précisément dans ce travail. On ne les considère plus comme des erreurs mais comme des révélateurs.

Ces délimitations bizarres obligent à des interventions réfléchies : pas assez vraies objectivement pour être utilisées pour un acte médical précis, mais pas tout à fait fausses pour autant ; pas assez loufoques pour être rejetées du revers de la main, et assez justes pour être prises au sérieux. De plus, curieusement, elles se révèlent parfois d'une curieuse intelligence du point de vue de l'objectivité. Vraies objectivement ou justes subjectivement, il convient de toute façon de ne pas les considérer a priori comme insensées.

Ces esquisses anatomiques et ces ébauches physiologiques, à la frontière des réalités, réunissent - et cela les rend d'autant plus complexes - des éléments relevant de la maladie concrète et des impressions qui concernent la totalité de la personne. Ces perceptions joignent des observations objectives et des sensations subjectives à partir des impressions corporelles, de la vision personnelle de la maladie et des dangers en cause, et au sujet de ses capacités de guérison.

Ainsi, il n'est plus anecdotique qu'une personne ressente, par exemple, que la perte d'un de ses reins va lui enlever de la force, lui briser la colonne vertébrale, l'empêcher de conduire un camion ou même de se tenir debout. Qu'une autre personne soit désolée du fait que le rein lui ait été greffé à droite car, « *en tant que gaucher, il aurait mieux valu avoir la force à gauche* ». Qu'une autre encore soit ravie que ce rein soit greffé en avant, puisque « *les efforts se font*

---

15. Sontag, Susan, La maladie comme métaphore, Fiction & Cie, Paris, Éd. du Seuil, 1979.

toujours par l'avant ». Ces manières de penser le corps feront toute la différence dans la manière de le vivre.

Le débordement psychique des limites anatomiques et physiologiques des organes est un fait généralisé dans le domaine. Il prend de l'importance au niveau de vécus subjectifs, telles la rétraction et l'expansion corporelles[16]. L'organe amputé entraîne une rétraction de l'ensemble de l'image du corps ; l'organe ajouté, au contraire, en gonfle la représentation.

Le sens du greffon

Les représentations corporelles des organes sont donc subjectives et ne suivent pas les lignes de démarcation anatomiques et les fonctions physiologiques admises. De plus, elles ne se rapportent pas à l'organe précis, mais plutôt à l'ensemble des perceptions d'une partie du corps, avec l'intégralité de l'esprit et la totalité de l'histoire. Il en est de même de l'objet de la greffe : le greffon.

Le greffon n'est pas une chose purement objective, on l'investit de qualités supplémentaires. Ses dimensions débordent largement les mensurations physiques ; il est doté des caractères du donneur. Ainsi, la personne trouve important de savoir que le donneur est jeune, fort, en santé, maigre, homme ou femme[17]. Les qualités subjectivement attenantes au greffon seront perçues comme essentielles puisqu'elles font partie de celui-ci. La transplantation consiste en l'introduction non seulement de l'organe, mais aussi de ces caractéristiques impliquées.

Une greffe est autant psychologique que physique mais, plus littéralement, la greffe concerne autant un objet psychologique que physique.

En conséquence, les hommes peuvent craindre ne plus pouvoir boire d'alcool avec un rein de femme, de recevoir la mort par un rein de cadavre ou d'attraper certains défauts du donneur. Par

---

16. Castelnuovo-Tedesco, P., « Psychoanalytic Considerations of cardiac Transplantation », New-York, Annual Meeting of Amer. Psychiat. Ass., Dec. 1969.

17. Kemph, J.P., « Renal Failure, Artificial Kidney and Kidney Transplant », Amer. J. Psychiat., 122, 1966, p. 1270.

contre, d'autres désireront recevoir un rein d'homme pour profiter de sa force virile. Il y a quelques années, on pratiquait des greffes de rein entre vivants de même famille ; il n'était pas rare d'observer, bien après l'intervention, ce que l'on a pu appeler le syndrome des siamois[18] : toute maladie de l'un déclenchait la perception de la même maladie chez l'autre.

À l'époque de ce travail sur la greffe, nous avons été particulièrement attentifs à déceler les significations données au greffon, mais aussi leur influence sur le comportement psychique : l'impression d'avoir quelqu'un d'autre en soi, ou au moins certaines influences internes. Nous avions constaté que le corps ne fait pas de différence entre une réalité objective et une réalité subjective. Il était donc important de faire, littéralement, la part des choses, c'est-à-dire de libérer le greffon de son poids de fantasmes. À première vue, ce travail semble un peu curieux - surtout pour un psychanalyste -, de faire passer du rêve à l'éveil, mais peut-être comporte-t-il, au contraire, une véritable fonction analytique. Ainsi, la greffe psychique peut se faire plus facilement[19].

Nous avions à reconnaître les sens donnés par le patient à sa maladie et à les faire reconnaître au chirurgien comme éléments personnels dont il fallait tenir compte. Nous avions en même temps à reconnaître les actes posés par le chirurgien, et à les faire reconnaître par le patient comme réalité à tenir en compte. Double décodage dans les deux plans parallèles de l'objectif et du subjectif, pour que les deux personnes puissent « s'entendre »[20].

Le sens de la greffe

La transplantation se réalise tout autant sur des entités psychiques que physiques. L'organe est introduit dans le corps, puis ce

---

18. Muslin, H.L., « On acquiring a Kidney », Am. J. Psychiatry., 127 : 9, 1971.

19. J.-Charles Crombez, Lefebvre, P., « La fantasmatique des greffés rénaux », Rev. Fr. Psychanalyse, vol. 37, 1-2, 1973, pp. 95-107.

20. J.-Charles Crombez, Table ronde sur « Le corps modifié : exérèses, transplantation et réparation », Psychologie Médicale, 6, 6, 1974, pp. 1113-1128.

dernier est suturé ; mais sur le plan psychologique, la greffe se suf-fit-elle de l'intervention ? Quelle que soit sa signification, cadeau ou détritus, l'organe est-il intégré automatiquement, est-il psycho-logiquement intériorisé en même temps ? Il se révèle que non.

Il existe différentes études sur les phénomènes psychiques ac-compagnant l'acquisition d'un organe, quant à la transplantation psychologique parallèle à la transplantation chirurgicale[21]. Elles ont permis d'observer trois stades concernant l'internalisation du nou-vel organe et sa représentation mentale. Dans un premier temps, l'organe est perçu comme un élément étranger dans le corps ; la greffe paraît fragile et la personne redoute le rejet. Dans un deuxième temps, il est davantage appréhendé comme faisant partie de la représentation de soi : c'est une incorporation partielle. Dans un troisième temps, l'incorporation est totale et le nouvel organe est accepté mentalement comme faisant partie du corps propre. La progression d'un stade à l'autre n'est pas continue et des régres-sions peuvent se produire temporairement, lors d'un rappel de la qualité étrangère de l'organe, par exemple lors des examens médi-caux de contrôle, même s'ils ont lieu une année après l'interven-tion.

Si la greffe psychologique ne se suffit pas de l'intervention chi-rurgicale, elle ne lui est pas non plus obligatoirement synchrone. Le processus d'internalisation est certes déclenché par la réalité de la greffe, mais il débute néanmoins dès son annonce et pas seulement à partir de l'intervention. Tant que celle-ci est attendue, l'introduc-tion se réalise lentement ; quand l'espoir de la greffe diminue, à cause de la réalité d'un recul ou à cause d'une autre perte, le proces-sus se ralentit et régresse.

Ainsi, cette personne devant subir une transplantation rénale, intériorise la situation dans ses fantasmes et ses rêves. Au début, elle parle du « *rein artificiel* » qui doit lui être greffé, ce qui évoque une perception de la nature non humaine de cet élément à trans-planter. Puis, elle se représente ses reins qui volent dans l'air. Tout

---

21. Muslin, H.L., « On acquiring a Kidney », Am. J. Psychiatry., 127 : 9, 1971.

se passe alors comme si le corps et le rein étaient perçus comme des éléments éloignés, hors de portée, presque hors de vue. Peu à peu, les deux éléments que sont l'organe et la personne se rapprochent, tandis que le rein prend corps, c'est-à-dire prend un corps. Cette personne rêve alors qu'elle va chercher les reins d'un homme mort allongé sur le dos :

> P : - *Avec un couteau, je lui découpe le ventre et trouve deux reins ronds et gros comme des prunes. Alors je me les place dans le fond de mon ventre en les entrant par en avant.*

Elle considère ainsi cette possibilité qu'un organe étranger puisse être greffé en elle : la transplantation est donc envisagée, tout comme le protocole opératoire d'ailleurs. Lorsqu'elle se réveille, après le rêve, elle s'aperçoit qu'elle n'est pas encore greffée : « *et je me réveille sans rein* ». Il s'agit bien là d'une intériorisation anticipée psychiquement.

Une autre personne se réveille de son opération de greffe et cherche à palper la masse oblongue du rein dans un de ses creux inguinaux pour vérifier si elle y est ou non. Ce geste peut sembler banal et plein de bon sens, mais justement il rejoint une attitude humaine généralisée vis-à-vis des changements corporels. L'organe est encore tellement étranger et extérieur que la personne doute de sa présence, ne le considère pas comme « à soi ».

Une autre personne opérée annonce : « *C'est comme avant, ça ne me fait rien* ». Le rein est encore absent avant d'être intériorisé ; en effet ce « rien » est assez curieux, vu les circonstances d'alitement, de traitements et de soins intensifs qui l'accompagnent. « *C'est comme s'il n'était pas là* », ajoute-t-elle, confirmant que l'organe est toujours dehors.

On a même pu observer que, juste après la transplantation, le processus d'internalisation psychique prend un recul : l'inexistence de l'organe greffé. La greffe fait donc parfois reculer le processus d'intériorisation ! Dans les temps qui suivent, le processus reprend, et le premier temps qui suit cette sensation d'inexistence est à nouveau celle de l'étrangeté :

P : - *Des greffes, on m'en avait parlé, mais l'expérience, c'est diffé-*
rent : je ressens la moitié d'un autre dans mon corps.

L'« accorporation »

Pour souligner ce travail d'intériorisation dans la greffe, il nous
a semblé propice de créer un terme nouveau. Il s'agit de
l'*accorporation*. Cela désigne le phénomène mental par lequel un
organe greffé passe du caractère d'être étranger à celui d'être propre, au sens d'être à soi.

On utilisait déjà le mot internalisation pour regrouper les différents mouvements de choses et d'événements d'une place externe
par rapport à la personne à une perception interne au-dedans
d'elle[22]. Mais il décrivait mal la particularité de cet échange de corps,
où un morceau de chair doit se fondre avec le nouveau porteur,
tout en laissant au dehors les caractéristiques particulières du donneur.

Un autre terme, celui d'introjection, décrit une modalité
d'internalisation où l'« objet » qui est mis à l'intérieur reste indé-
pendant de soi ; en d'autres termes, cet objet est *du non-soi*. Il désigne donc mal un processus qui doit aboutir à l'assimilation d'un
greffon.

Quant au terme d'incorporation, on l'utilisait pour le passage
d'objets par des orifices naturels[23] et pour décrire un état où la représentation des choses se confond avec celle de la personne ; en
d'autres termes, cet objet est comme *du soi*. Il était donc mal adapté
car le receveur doit justement se dégager des caractéristiques du
donneur.

La greffe concerne des morceaux de corps à recevoir, des morceaux de plus en plus greffés, de moins en moins étrangers. Ils sont
cependant reçus d'un autre qui, lui, doit être de moins en moins
attaché et de plus en plus étranger. On voit donc un double mouvement contraire « à réussir » : introduire le greffon en laissant le don-

---

22. Ceci se compare à une définition de l'acculturation.
23. Schafer, R., Aspects of Internalisation, New-York, Int. Univ. Press, 1968.

neur, posséder le corps en n'étant pas possédé par le donneur. La manœuvre se révèle délicate.

Nous pouvons définir l'accorporation comme l'intériorisation progressive d'un objet sur un plan somatique et mental. Cette appropriation nécessite à la fois une intégration à soi et une renonciation à l'autre.

Le préfixe utilisé dans la formation de ce mot rend compte de la fusion progressive durant laquelle les frontières s'estompent entre l'organe greffé et la personne. Du même coup il renvoie à son autre pôle : le dégagement de ce dont il provient.

Ainsi, l'accorporation représente un processus psychologique qui débute lors de l'introduction d'un élément étranger dans le corps, mais qui peut s'amorcer avant l'introduction réelle de cet élément. L'intervention chirurgicale de greffe se situe à un moment du processus d'accorporation, moment différent pour chaque personne. En d'autres termes, l'accorporation n'est jamais nulle ni jamais totale au moment de l'intervention.

La dynamique d'intériorisation ne s'applique pas seulement à des greffons, mais à tout objet véhiculé dans des échanges interpersonnels. En somme, tout objet appartient à quelqu'un jusqu'au moment de devenir nôtre, ce qui réintroduit activement et absolument la composante collective dans tout processus intérieur[24].

Cette dynamique d'appartenance se manifeste dans l'évocation des échos. L'univers intérieur ne révèle pas que des objets, mais aussi des propriétaires, immanquablement. À tout objet se relie un droit de propriété et nombre de ces contrats n'ont jamais été clairement signés[25]. Ceci a pour conséquence l'existence de corps non « appartenus » par leur propriétaire actuel : des corps étrangers à

---

24. Stolorow, Robert D., « The Unconscious and Unconscious Fantasy : An Intersubjective Developmental Perspective », Psychoanalytic Inquiry, 9, 1989, pp. 369-374.

25. Paul Lefebvre a utilisé le terme de « contrat faustien ». Lefebvre, Paul, « Psychanalyse d'une patiente atteinte d'une rectocolite hémorragique », Revue française de Psychanalyse, 54, 1990, pp. 809-825.

qui ils ne peuvent recourir en cas de nécessité. Ils sont en location. On se retrouve à nouveau au cœur des processus de guérison et de leurs conditions de fonctionnement.

LA GREFFE DE SENS

Les greffons qui, d'un point de vue objectif, paraissent neutres, peuvent en fait être doués de propriétés nombreuses et plus vastes, ceci parce que des sens multiples leur sont donnés. Ainsi est rappelé le problème de l'origine du sens : immanente ou appliquée ? La question de la greffe de sens donc. S'il y a un sens préexistant, d'où vient-il : d'une signification innée, qui date de l'origine ou qui en est même l'origine, ou d'une signification apposée ultérieurement et qui depuis lors est attachée au greffon ? Le cercle est vicieux.

Pour en revenir à ce greffon, on constate que la greffe de sens - en acceptant l'hypothèse que le sens n'est pas dans le greffon - est un processus actif. Il provient de celui qui reçoit, ce qui n'est pas sans importance. Si l'on peut dire, il y a greffe de sens par le receveur sur le greffon qui lui est donné. Une sorte de prêté pour un rendu.

On ne met pas en doute que des événements, des êtres et des éléments puissent avoir du sens en eux-mêmes, mais on remet en question l'affirmation que le sens trouvé aux choses proviendrait uniquement d'elles, et non de soi-même. Ce problème est au centre des significations trouvées dans les maladies, ou plutôt données à ces maladies.

La nécessité du sens

Nous proposons qu'un sens sera accordé précipitamment à quelque chose qui a trop de sens, pas assez de sens ou pas du tout de sens. Par exemple, ce greffon qui vient de l'extérieur, on peut supposer qu'il n'a pas de sens en soi et qu'on lui en attribue. On peut aussi penser que d'autres choses ont déjà un sens, ce qui n'empêche pas de pouvoir leur en procurer de nouveaux.

La maladie, elle, arrive de l'intérieur, mais, elle est inattendue et apparaît tout aussi étrangère et absurde que la mort ; d'ailleurs, n'est-elle pas le signe d'une mort locale et particulière ? Dans le chapitre sur la coupure, nous avons vu que le symptôme somatique résulte fatalement, biologiquement, d'une coupure : il se développe sur du corps mort. On pourrait presque dire qu'il se greffe sur du corps mort. La maladie est donc une formation étrange, une création dans un *no man's land* : elle n'est le corps de personne. Moins encore : elle n'est que le rebus d'un corps de personne. Devant cette chose insolite qui apparaît en soi[26], une des premières réactions est d'y mettre un sens. Tout comme les futurs greffés, les blessés disent par exemple : « *Je me suis cassé la jambe car je ne voulais pas voir cette personne* ». Éperdus, ils demandent alors « *le pardon de Dieu, en promettant prières et pèlerinages* », en se persuadant de ne plus fumer. Ils décident de changer leur existence d'une manière ou d'une autre, de « *faire une vie pleine de bien* » pour se faire pardonner, de « *se marier avec une femme dure* » pour expier.

La venue de la maladie est dévastatrice sur le plan biologique, ce qui provoque une demande urgente de soins, et elle est traumatique sur le plan psychologique, car elle n'a aucun sens. Du même élan, un sens doit lui être donné. Les personnes cherchent d'abord des explications à l'apparition de leur maladie, « *la prise d'une quantité trop importante de boissons alcoolisées* », « *l'oubli d'avoir déposé du papier aseptique sur les bols de toilette, ceci à l'encontre des conseils maternels* », « *d'avoir trop travaillé* », « *d'avoir vécu en ville* », « *de s'être marié trop jeune* ».

> *P :- C'était trop beau ; je me doutais bien que quelque chose m'arriverait. Je suis punie parce que j'ai été méchante envers ma mère.*

La maladie qui s'ensuit, à partir de ce morceau de corps esseulé, n'a pas de sens : elle est d'ailleurs perçue comme n'ayant pas de bon sens. Cette maladie peut se déclarer comme l'aspect d'un moins : littéralement une dé-gradation, c'est-à-dire l'inversion d'un mouvement de croissance. Elle peut se déclarer comme l'aspect d'un

---

26. Tout à fait à la manière d'un « alien », au sens anglais différent de celui de « stranger ».

plus : littéralement une ex-croissance, c'est-à-dire une matière qui se développe en dehors d'un lieu. Les scénarios qui tentent de l'expliquer utilisent comme matériaux ces profils différents : par exemple la destruction de pulsions inavouables, l'explosion de vies interdites. Mais d'une manière ou d'une autre, la maladie reste étrangère. Ainsi, remplir ce non-sens de sens est tout à fait compréhensible[27]

Mais ce n'est parce qu'on met un sens sur une maladie qu'on peut dire pour autant que la maladie a du sens, sinon le sens qu'on y a mis. Il y est donc apposé, comme il pourrait l'être sur toute autre chose.

Par exemple, une personne qui a subi un accident cérébral est devenue anosognosique[28], sans perception d'une partie de son corps. Ce symptôme représente l'exemple parfait, littéralement, du résultat d'une coupure somatique : un morceau de corps devenu perceptuellement étranger. Or, cette femme a l'impression que son bras appartient à son mari et qu'il va venir le chercher à Noël ; puis, un peu plus tard, elle le prend pour son enfant. Ce corps rendu neurologiquement étranger sert de lieu de projection de ses désirs[29].

L'abus de sens

Les maladies graves sont le lieu privilégié de tels sens surajoutés. « Graves » selon deux points de vue : objectivement, à cause de leur prévalence de morbidité et de leur incidence de mortalité, subjectivement, par les significations dramatiques qui leur sont appliquées. Ce dernier point d'ordre psychique aura des conséquences somatiques quant à la guérison. Les significations ajoutées se cons-

---

27. Gergen, Kenneth J., « The Social Constructionist Movement in Modern Psychology », American Psychologist, Vol. 4, no 3, Mars 1985, pp. 266-275.

28. « Au sens littéral du mot, anosognosie signifie méconnaissance d'une maladie (« nosos ») ou d'une infirmité (déficit moteur ou sensoriel) ». Porot, Antoine, Manuel alphabétique de psychiatrie, Paris, P.U.F., 1960.

29. Voir aussi : Sachs, Oliver, « L'homme qui prenait sa femme pour un chapeau, Paris, Éd. du Seuil, 1988.

truisent comme une autre maladie qui alourdit la première de ses sens surajoutés.

Cette deuxième maladie prend une ampleur beaucoup plus générale et peut même devenir plus importante pour l'individu que la première. Car la personne devient la maladie ; « être cancéreux » sera alors équivalent à être condamné, comme cela l'était auparavant de devenir lépreux ou syphilitique. Plus une maladie est alourdie par des pronostics de mort, chargée sur le plan social, dense de significations, plus elle a tendance à écraser la personne en importance.

Dans ce contexte, on peut se questionner sur ces groupements qui font leur cheval de bataille de la recherche de significations dans les maladies. Ils diront par exemple que l'otite d'un enfant est secondaire à son incapacité à supporter les engueulades de ses parents[30]. Il existe ainsi des explications pour les différentes localisations des maladies : proposées, et parfois même proférées. À part le fait que ces explications risquent d'être trop simplistes, univoques ou allégoriques, elles ne donnent pas d'outils précis aux personnes et laissent trop de champ à l'intervenant pour utiliser cette hypothèse intéressante autrement que comme une vérité aliénante : « *Si vous n'exprimez pas vos émotions, vous allez développer un cancer du cerveau* ». Ainsi toute interprétation peut devenir violente, non seulement par son contenu, mais accablante aussi par sa formulation insistante et définitive. L'intervenant impose alors son imaginaire, ce qui empêche la personne de reconnaître sa propre symbolique et de se reconnaître comme sujet[31].

À partir de là, il faut réviser la formule habituelle qui consiste à dire que la personne est « responsable »[32] de sa maladie. Nous pensons justement qu'elle n'en est malheureusement pas du tout res-

---

30. Cette manière de catégoriser du symbolique se retrouve dans de nombreux ouvrages. Certains traitent de la signification des rêves ; d'autres reprennent des catégorisations semblables pour aborder les maladies. Bourbeau, Lise, Écoute ton corps, Ste-Marguerite (Québec), Éd. ETC., 1987.

31. Aulagnier, Piera, La violence de l'interprétation, Collection « Le Fil rouge », Paris, P.U.F., 1975.

32. Stone, Donald, « Les oncles d'Amérique » in « A corps et à cris », Paris, Autrement, no 43, octobre 1982, pp. 107-129.

ponsable, en ce sens que cela se passe à un moment où il a fallu qu'elle sauve sa peau, qu'elle n'a pas eu le temps de penser ni de prendre de décisions, et que son corps est obligatoirement coupé, sans responsabilité personnelle à proprement parler. Par ailleurs, on peut comprendre pourquoi il est question de supposer et de prétendre une responsabilité personnelle : pour couvrir l'horreur de l'impression de non-responsabilité, de non-contrôle, de non-maîtrise. On couvre le désespoir de ce moment qui a forcé à la coupure et qui renvoie au désespoir de toute la vie humaine.

Le lieu du sens

Si la maladie n'a de sens que par les projections qu'on y envoie, on ne peut en dire autant de la coupure. Celle-ci est porteuse d'histoire[33], ou plutôt elle en est maintenant le mémorial d'une fin puisqu'elle en a été la fin un jour ; et le corps coupé en est la trace silencieuse. La distinction entre corps de la maladie et corps malade peut paraître académique mais elle reste essentielle à plusieurs titres. D'abord parce que la recherche de sens dans la maladie peut être vaine : un *no meaning's land*[34] avec un sentiment d'échec très profond. Ensuite, parce qu'évoquant beaucoup de responsabilité personnelle dans son origine alors qu'elle est issue d'ailleurs, elle amplifie une culpabilité sans bornes. Enfin et surtout, à cause de ses caractéristiques primitives, brutes et morbides, cette découverte évoque immanquablement des images d'horreur qui sont dès lors attribuées au caractère même de la personne : barbarie, violence, démence.

Cette coupure du sens est tue car elle est reliée à la dégringolade dans la mort ; son évocation possible est pressentie comme synonyme de mort. C'est pourquoi tant de sens sont posés en avant, comme des garde-fous. Qu'on se rappelle l'histoire du loup qui se coupe la patte : on préfère rester en aval de la coupure, analyser le bout de patte restant, la maladie, que de remonter en amont. Reve-

---

33. Engel différencie la lésion d'ordre non symbolique du site à caractère symbolique. Engel, G.L., Schmale, A.H. Jr., « Psychoanalytic theory of somatic disorder : conversion, specificity and the disease onset situation », J. Am. Psychoanal. Assoc., 15, 1967, pp. 344-360.

34. Comme on dit « no man's land ».

nir en amont, remonter dans l'histoire, dans le malaise, oblige à traverser l'horreur de la section : l'état-malade. Et cette section n'a pas plus de sens en soi, elle constitue la fin de l'entendement, la fin du sens.

Ceci étant dit, la recherche de sens dans la maladie, plus que la pose de sens qui s'ensuit, demeure utile. On peut en effet reconnaître les avantages d'un tel procédé : non seulement les avantages de protection vis-à-vis de recherches plus dangereuses ou plus difficiles, mais des avantages tenant à sa recherche même.

D'une part, en tant que ce sens, à travers la projection d'une réalité à soi, c'est soi-même qu'on rejoint, ce qui n'est pas vain. À défaut de retrouver la maladie perdue, on y récupère le sens exclu. En tentant de rejoindre la maladie, on rejoindra sa propre existence.

D'autre part, en touchant à la maladie, il est possible que l'on touche au corps qui en est le lieu, ce corps mort, ce corps porteur de coupure, ce corps détenteur d'histoire et porteur d'histoires[35].

---

35. Nathan, Tobie, Le sperme du diable, Coll. Champs de la santé, Paris, PUF, 1988.

L'ÉQUIPE

Nous approchons maintenant de la fin du périple et de l'avènement d'Echo, mais avant d'y arriver, et après toutes les explorations préliminaires dont il a été question, il aura fallu bien d'autres étapes : celles d'une croissance progressive et d'échanges multiples. Un peu comme un embryon en voie de développement et en contact étroit avec son milieu nutritif : une croissance individuelle et des échanges collectifs. C'est en témoignage de cette construction collective que nous intitulons ce chapitre : « L'équipe ».

Tout le travail accompli eût été irréalisable sans un groupe d'hommes et de femmes qui purent se réunir au cours des ans et œuvrer ensemble. De fil en aiguille, alors que nous cheminions dans notre démarche, des gens se sont joints à nous, à l'occasion du partage de nos découvertes et ces rencontres furent le lieu de dialogues riches et d'inventions. Ensemble nous avons poursuivi notre exploration. Ce cheminement de plus en plus profond amenait d'autres étonnements passionnés et attirait d'autres personnes. Une spirale dont le rayon grandissait peu à peu et qui resta toujours une aventure hasardeuse, remplie de flou, d'incertitudes, d'hésitations. Cela tient au domaine abordé, au caractère précaire de toute recherche ainsi qu'à notre manière de cheminer pas à pas, d'évoluer peu à peu.

À partir du mime, le désir de mettre en scène le corps persistait ; de pouvoir le faire dans le cadre même de notre profession nous attirait. Mais, comment mettre en scène sans les rideaux et tout l'attirail scénique des salles de spectacle ?

À partir de la psychosomatique, l'intention de s'approcher du corps mort était posée ; les outils relationnels (la pratique clinique), les services institutionnels (le service hospitalier) étaient accessibles. Mais comment s'y intégrer sans devoir se limiter à la maladie ou se conformer au fantasme, sans être assujetti au traitement du mal ou à l'interprétation de ce mal ?

À partir de la greffe, finalement, il devenait possible de jouer du corps subjectivement. Mais comment le faire communément, c'est-à-dire comme une habitude, sans la nécessité presque absolue et les circonstances exceptionnelles qui avaient motivé notre présence auprès de ces personnes ?

Il a fallu créer un lieu de croissance, comme un jardin, une zone où pouvaient se développer une pensée, une méthode. Il a fallu créer une éprouvette, lieu de synthèse assez bienveillant pour accepter les contradictions et doutes inévitables.

Ces lieux ont été un hôpital universitaire et l'expérience du corps. Un hôpital comme cadre de science et une expérience comme toile de recherche.

UNE CONCEPTION

L'expérience du corps a pris plusieurs formes au cours des années[1].

Les ateliers

Elle fut d'abord questionnement sur le vécu intérieur des thérapeutes[2] dans la fonction de leur art. Nous avons cherché à trouver des moyens cliniques et pédagogiques par lesquels les intervenants pourraient prendre en compte les perceptions subjectives qui survenaient en eux-mêmes alors qu'ils étaient en relation d'écoute avec leurs clients. Ces sensations, parfois considérées comme étrangères, distrayantes, sinon inavouables, nous semblaient au contraire

---

1. « L'expression d'une subjectivité à tête multiple aux prolongements indécidables », in Gilles Deleuze, et Félix Guattari, *L'Anti-Œdipe*, Paris, Éd. de Minuit, 1972.

2. Le terme de « vécu » est malheureusement très galvaudé dans les milieux de thérapie humaniste. Nous l'utilisons ici pour désigner l'ensemble des événements perçus subjectivement, donc la réalité telle que reconnue existentiellement. J.-Charles Crombez, « Changement des contrôles et contrôle d'échange », *Cahiers de Santé Mentale du Québec*, vol. 3 no 2, nov. 1978.

très significatives. Non pas significatives d'un égarement de l'intervenant[3], mais d'une intelligence profonde des dynamiques en présence[4].

Cette position permettait en conséquence d'utiliser les perceptions comme matériel d'information de ce qui pouvait se produire dans la relation thérapeutique. On sortait ainsi du dilemme, au moins théorique, de deux consignes contradictoires et pourtant parfois exigées côte à côte : rester neutre vis-à-vis de l'autre personne tout en étant profondément sensible à ce qu'elle peut éprouver[5]. Bien des caractéristiques des expérientiels que nous avons décrit plus haut[6] ont été élaborées lors de cette étude, car nous avions trouvé des outils pédagogiques permettant de préparer et de simuler l'attitude intérieure que les intervenants prenaient lors de leurs rencontres avec leurs clients[7].

Voici l'annonce d'un atelier qui invitait à cet apprentissage :

ATELIER SUR LE VÉCU DU THÉRAPEUTE
Hôpital Notre-Dame, Montréal
Département de psychiatrie, 1973.

Lors de rencontres avec des patients, nous vivons, comme thérapeutes, beaucoup d'impressions et d'événements en nous-mêmes. Ces réalités intérieures ont pu être tantôt considérées comme indésirables, tantôt comme étranges ou sans intérêt. L'atelier vise, au contraire, à les reconnaître inévitables, essentielles, et utilisables comme outil de compréhension et d'efficience dans la rencontre thérapeutique.

---

3. C'est une des conceptions du contre-transfert qui, si elle n'est plus partagée par tous, reste cependant une des lois de l'interprétation.

4. Plus tard, nous avons intitulé cela le « co-transfert » par opposition au concept de contre-transfert dans son utilisation restreinte. Nous voulions de plus signaler ainsi la participation étroite en cause entre les deux protagonistes œuvrant au sein d'une psychanalyse.

5. La neutralité « comme une observation de soi-même en situation, comme un regard posé sur ce qui se passe dans la rencontre... et non pas comme un flegme ou une impénétrabilité légendaires », J.-Charles Crombez, « La rencontre : créditable ou discréditée ? », *Can. Psychiatry Ass. J.*, vol. 25, n° 5, août 1980, p. 381-385.

6. Voir « Les expérientiels », p. 111.

7. J.-Charles Crombez, « L'issue de l'insu », *Transition*, mars 1988.

Nous tenterons, pour ce faire, de découvrir ou/et d'élargir les pos-
sibilités perceptuelles et imaginaires, de tenir compte du vécu cor-
porel, et d'étudier une position permettant à la fois d'être impliqué
dans la relation tout en observant une neutralité vis-à-vis cette
résonance personnelle.

L'autre forme d'expérience du corps s'est réalisée à partir de
notre travail sur le corps psychosomatique et sur le corps greffé.
Notre objectif était de rapprocher les phénomènes énergétiques et
les systèmes de représentations, ce qui a amené des hypothèses sur
leurs correspondances. Nous nous demandions, d'une part, si les
représentations mentales sont des formes d'énergie, et, d'autre part,
en quoi les énergies peuvent être influencées par la pensée. Nous
avons donc été amenés à concevoir les représentations comme des localisations d'énergie jouant deux rôles. Un rôle de « repaires », lieux où
les énergies sont liées, sortes d'énergies liées, au sens où il y a dans l'organisme de l'eau libre qui circule et de l'eau liée qui n'est pas visible
directement, car elle est présente sous forme moléculaire à l'intérieur
des cellules. Puis, un autre rôle de « repères », c'est-à-dire prenant la
forme d'énergies informées. Nous pratiquions diverses expériences
entre nous pour mieux saisir les différents aspects des influences
interpersonnelles dans certains états de conscience, les manières de les
percevoir et d'en contrer éventuellement les effets.

Voici l'annonce de cet atelier de travail tel qu'elle fut publiée :

ATELIER SUR LE VÉCU CORPOREL
Hôpital Notre-Dame, Montréal
Département de psychiatrie, 1978.

Cet atelier vise à étudier les phénomènes corporels et leur fonction
ou leur signification dans le réseau d'humanité qui les comprend.
Débordant une tentative de « lire le langage du corps », il procède
ainsi de deux alibis contradictoires, le premier que ce qui est du
corps pourrait être étudié isolément du reste, le deuxième que ce
qui est du corps est indissociable de l'ensemble.

La méthodologie de travail comprend une démarche expérientielle
systématique, un style de recherche-action, un point de vue
processuel. Pour rendre ceci plus clair, il peut être utile de l'oppo-
ser à un autre type d'enseignement qui serait didactique, diagnos-
tique et référant à une information déjà colligée.

Cette méthode amène à découvrir un champ où les points de repère habituels s'estompent ou s'inversent. Par points de repère habituels, nous voulons parler du cartésianisme, de la causalité linéaire, de la compréhension logique et contemporaine de l'acte, des formes fixées et repérables, des distinctions, de la concentration, de l'effort... Ce qui arrive quand les points de repère habituels s'estompent ou s'inversent, nous n'en dirons rien ici... Sachez cependant que cela recoupe parfois ce qui est connu sous les noms de bio-énergétique, d'états de conscience « autres », d'associations libres, de relaxation, de psychosomatique, de stress, de formes de respiration, de langage du corps...

Il s'agit donc d'un enseignement très particulier, non seulement par son contenu mais aussi par sa forme. Et c'est le but de cette présentation que de mettre cela en évidence afin de « prévenir ».

L'outil

Peu à peu, tous ces intérêts et ces apprentissages se sont tournés et concentrés vers les maladies, ou plutôt vers les personnes atteintes de maladies : comment certaines pathologies peuvent être lues comme des configurations énergétiques particulières, et ce dans la plus pure tradition bioénergétique ; comment les mêmes ou d'autres peuvent être influencées par des représentations, et ce dans la plus pure tradition psychanalytique.

Deux traditions qu'on connaît bien ressurgissaient sous des atours nouveaux : le fonds humaniste, la forme expérientielle, l'aspect pratique, l'élan créateur. Et surtout elles réapparaissaient ensemble, jointes, ce qui peut étonner étant donné leurs caractéristiques respectives le plus souvent contradictoires.

Ce qui semble curieux dans ce parcours, c'est qu'il n'a jamais été question d'imagerie mentale ou de visualisation. Il ne s'agissait pas de représenter des organes ou des maladies, mais des impressions, qu'elles soient idiosyncratiques ou significatives de pathologies existantes. Ce qui nous importait dès le début, ce n'étaient pas les représentations elles-mêmes mais le champ de représentation. Ce qui nous importait, ce n'étaient pas les sens cachés mais les processus bloqués. Ce qui nous importait, ce n'était pas l'intervention sur les maladies mais l'action sur le mal-être.

On comprend mieux certains aspects de l'Echo qui ne laisse place à des moments de visualisation de maladies et d'imagerie mentale de réparation que de façon tout à fait accessoire, alors qu'elles sont souvent la caractéristique centrale des techniques qui portent leurs noms : « visualisation », « imagerie mentale »... Les visualisation et imageries ne sont considérées en Echo, ni comme nécessaires ni comme suffisantes, ni comme primordiales ni comme triviales.

Bien après avoir débuté l'application de cette approche, alors désignée sous le nom de *Healing*[8], nous avons pris connaissance des études et des livres qui procédaient d'autres trajectoires et soutenaient d'autres conceptions[9]. On commençait à les publier et à les connaître, et nous avons pu voir comment leurs idées se rapprochaient ou différaient des nôtres.

UNE GESTATION

C'est au sein d'un hôpital universitaire que se créa l'approche, non par volonté délibérée, bien que le site eut une influence cruciale sur le développement et la teneur de la méthode.

La liaison

L'hôpital était l'endroit d'un travail de nature psychologique avec des personnes hospitalisées dans des départements de médecine et de chirurgie. C'est ce qu'on appelle la consultation-liaison[10]. Consultation, car ce sont des professionnels qui demandent de l'aide au sujet de leurs patients ; liaison, car cette demande entraîne une série de rencontres avec les différentes personnes impliquées, étant entendu qu'un problème n'est jamais simple. Suivant les

---

8. Healing signifie guérison, et s'oppose dans la conception américaine au curing qui s'approche davantage de la signification que nous avons donné à traitement (Voir « La recherche de causes », p. 49).

9. Carl S. M. Simonton, *Guérir envers et contre tous*, Paris, E.P.I., 1982.

10. Lipowski, Z. J., « Consultation-Liaison Psychiatry : an overview », A m. J. *Psychiatry*, 131, 6, juin 1974, p. 623-630.

circonstances, des médecins, des chirurgiens, des travailleurs sociaux, des infirmières et des ergothérapeutes se retrouvaient pour partager sur des conjonctures embarrassantes. Le regroupement de différents points de vue, la clarification des enjeux, la réunion des intervenants intéressés permet à des situations conflictuelles de se résoudre.

Bien plus qu'un travail qui aurait pu se limiter à être strictement psychiatrique, il s'est enrichi d'une perspective humaniste, de remises en question d'ordre déontologique, de réflexions touchant à l'éthique. Une position fondamentale était mise en jeu, celle de « tiers ». Le tiers c'est quelqu'un de présent dans une relation mais qui n'y est pas impliqué directement. Quelqu'un qui crée un lieu particulier d'échange, sans but spécifique, contrairement à ce que doivent être les pratiques cliniques orientées vers des tâches précises. Un mi-lieu, un lieu médian, un lieu de médiation, de traduction. Cette disposition tierce, nous la retrouverons d'une certaine manière dans le travail d'écho.

Le contact avec les clients, leurs demandes et leurs intérêts particuliers dont nous avons parlé en première partie[11], ont constitué le terrain de notre élaboration finale. L'approche est donc née naturellement, de l'intérieur d'un lieu de travail, du milieu des rencontres et des besoins des gens. Il n'y a pas eu d'intromission forcée d'une technique à suivre, avec toutes les possibilités de rejet propres à l'introduction d'un corps étranger : pas de greffe sauvage en somme.

Nous avons fait en sorte d'éviter tout prosélytisme. D'ailleurs, le travail même de consultant nous y avait préparé - et ceci s'applique à tout notre travail de consultation-liaison auprès de collègues. Que ce soit dans le champ de la santé ou dans d'autres champs, comme l'industrie ou l'éducation, il apparaît important que le consultant ne se comporte pas comme s'il possédait la vérité absolue, vérité inscrite et finale. Selon l'aphorisme connu, les trois impératifs d'un consultant sont d'écouter, d'écouter et d'écouter ! Cela

---

11. Nous référons à la réappropriation du corps, à la redécouverte d'une subjectivité, à la conjugaison avec la médecine et la psychothérapie : Voir « Un corps et un esprit », p. 92.

suffit, plus souvent qu'on ne le pense, à résoudre des problèmes, à laisser émerger des solutions, à initier une nouvelle dynamique. Parfois, les gens en témoignent : après que le consultant ait si bien entendu et si peu répondu, quelle ne sera pas sa surprise de se faire dire que ses idées ont été très intéressantes et fort utiles !

C'est ainsi qu'on accompagne la trajectoire des demandes : demandes de la part de personnes malades pour une écoute de leur maladie ; demandes des cliniciens pour une participation à leurs interrogations. Ces demandes, souvent non formelles, suivent la course fort irrégulière des témoignages fortuits, des oui-dires, des *bouche à oreille* dans des entretiens entre patients et soignants, au hasard de leurs rencontres. Il fut toujours important pour nous de ne point forcer ce processus d'information, pour nous assurer de l'adhésion naturelle des personnes, pour être certains que leurs désirs ne soient pas gonflés par des promesses grandioses. Une sorte de prévention contre la mystification.

En même temps nous étions parfois déçus que l'approche ne soit pas davantage connue : l'ambivalence à son meilleur. Un confrère à qui nous avions parfois parlé - peut-être vaguement - de nos recherches tenaces et de ce que nous trouvions peu à peu, nous annonça victorieusement qu'il venait de découvrir l'imagerie mentale et qu'un livre avait même été écrit à ce sujet[12] : c'est ainsi qu'il nous a fait nous-mêmes « découvrir » l'imagerie mentale. Ce qui n'est d'ailleurs pas si faux puisque, comme nous le notions plus haut, nous n'en connaissions pas l'existence !

Le rayonnement

Ces ouvrages qui commençaient à circuler[13] eurent un impact majeur sur notre travail. Non par leur contenu, qui demeura parallèle plutôt qu'au centre de notre recherche, mais par la publicité

---

12. O.C. Simonton, Stephanie Matthews-Simonton et James L. Creighton, *Getting Well Again*, Toronto, Bantam Books, 1980.

13. Celui des Simonton (1980), cité plus haut et cet autre : Bernie Siegel, *Love, Medicine and Miracles*, New York, Harper and Row, 1986. Le sous-titre indique *Lessons about Self-Healing from a Surgeon's Experience with Exceptional Patients*.

qui les entoura. Ils ont fait connaître la notion de guérison en la démystifiant, en la rendant accessible. Le public, mieux averti, a pu y trouver une réponse à certaines de ses intuitions. Les médecins, au moins certains d'entre eux, ont pu trouver, même sans les avoir lus, une certaine rationalité à ce champ différent dont leurs patients parlaient. Ils pouvaient nous envoyer des clients volontaires pour *healing* ou autoguérison, sans se sentir renégats face à leur profession. Ils utilisaient d'ailleurs ces termes à notre corps défendant, étant donné que nous n'étions pas prêts, ou pas encore, à les utiliser, car trop spectaculaires ou trop suspects à notre avis.

Une autre découverte, dans un tout autre domaine, nous a beaucoup servi : celui de la biologie neuro-endocrinienne. Il s'agissait des découvertes récentes de l'immuno-neuro-endocrinologie[14]. Cette science commençait à démontrer que le système immunologique fonctionne comme un sixième sens, comme un système nerveux cohérent bien que diffusé dans l'ensemble de l'organisme, comme un ensemble multidisciplinaire par son articulation fine avec ses nombreux transmetteurs neuronaux et hormonaux. Les moyens modernes utilisés pour étudier ce système permettaient d'admettre ses influences psychiques et ses capacités de conditionnement[15]. Il servait au moins de support raisonnable à l'affirmation de l'influence de la psyché sur la vulnérabilité aux infections, et à l'importance de tenir compte de l'ensemble de l'humain pour comprendre les processus de guérison.

Nous avons souvent rapporté ces recherches pour étayer la validité des hypothèses et le fonctionnement de nos interventions auprès des professionnels. Cela permettait de situer notre travail, de le mettre en perspective, par rapport à leurs champs d'expertise et de faire valoir sa qualité complémentaire. Mais nous n'utilisions pas ces arguments auprès des personnes malades elles-mêmes : cette réticence est liée au problème de l'utilisation de la science comme moyen de suggestion, sinon comme outil de séduction.

---

14. G.H.B. Baker, « Psychological Factors and Immunity », *Journal of Psychosomatics*, vol. 31, 1, 1987, p. 1-10.

15. R. Ader, N. Cohen, « CNS-Immune System Interactions : Conditioning Phenomena », *The Behavioral and Brain Sciences*, vol. 8, 1985, p. 379-394.

Peu à peu, d'un client qui travaillait avec nous à un praticien qui l'écoutait en témoigner, d'un intervenant qui nous le référait à un client qui nous découvrait, le cercle s'est agrandi. Certains clients en ont discuté avec leurs proches et certains intervenants se sont mis à parler de notre approche à leurs patients. Façon de parler que de dire « patients », car justement ces intervenants étaient particulièrement sensibles à ne pas considérer les gens dont ils s'occupaient comme des patients uniquement.

Les intervenants n'avaient pas la tâche facile pour présenter une méthode qui portait mal son nom – *healing* faisant plutôt penser aux phénomènes miraculeux –, qui se prêtait mal à une description et qui ne pouvait être prescrite de la façon coutumière dans le cadre de la médecine. Des malades en firent pourtant directement la demande à leur médecin, les informant de l'existence de tels procédés ou leur demandant de trouver les endroits où ces procédés étaient disponibles.

UNE NAISSANCE

L'équipe de recherche et d'intervention sur les processus de guérison s'est constituée dans une optique de synthèse et de synergie. Une synthèse entre des phénomènes énergétiques et des formes représentatives a abouti à une étude sur les représentations énergétiques chez des personnes atteintes de troubles somatiques. Une synergie entre différentes approches a permis une attitude plus ouverte des intervenants et des clients vis-à-vis d'un travail complémentaire à celui des soins médicaux, travail qui ne visait pas obligatoirement une démarche psychothérapeutique.

La formation

Au petit groupe de départ issu des ateliers sur le vécu corporel, se sont joints peu à peu d'autres membres. Au début, le seul intérêt suffisait pour pouvoir se joindre au groupe. Ensemble, nous élaborions des hypothèses, pratiquions des *expérientiels*, rapportions nos premières expériences cliniques. Entendons-nous : il s'agissait de premières expériences cliniques spécifiquement dans ce qui allait devenir Echo, de nombreuses années plus tard ; car tous les premiers participants avaient déjà leur propre pratique en tant que thérapeutes. Heureusement d'ailleurs, car nous étions dès lors moins enclins à verser dans des techniques à la mode ou séduisantes. Le travail de thérapeute, dans sa définition psychanalytique, implique nécessairement un questionnement sur la fonction de l'intervenant, la place de ses désirs, son effet sur la personne en position de client et les effets de cette personne sur lui. Ce travail implique donc un regard sur la réalité interpersonnelle : la psycho-dynamique de la relation est primordiale dans toute intervention thérapeutique[16].

Par la suite certaines règles d'admission furent élaborées. Nous ne détaillerons pas les différentes formules qui ont été élaborées au fur et à mesure des années pour en venir tout de suite à la disposition actuelle. Actuellement, tous les candidats désirant débuter la formation doivent d'abord et avant tout expérimenter la méthode Echo au sein d'un groupe d'apprentissage commun, en compagnie donc de personnes venues pour elles-mêmes : une sorte d'immersion. Puis ils rencontrent individuellement un formateur pour vérifier avec lui leur capacité à vivre des expérientiels. Alors commence la formation proprement dite : ils participent à une démarche didactique avec des formateurs qui sont les membres les plus anciens, en acquérant une maîtrise des données théoriques et des pratiques expérientielles. À la fin de cette étape, les stagiaires sont invités à prendre part aux forums hebdomadaires qui réunissent l'ensemble des intervenants. Débutent alors pour eux, et parallèlement, plusieurs stages cliniques, où ils pratiquent la méthode tout en étant supervisés.

Plusieurs principes sous-tendent cette organisation. D'abord, cette formation joindra dans toutes ses phases les volets conceptuel et expérientiel. Ensuite, lorsque les stagiaires arrivent dans le forum, ils sont censés connaître grâce à leur démarche préliminaire

---

16. Philip M. Bromberg, « Sullivan's Concept of Consensual Validation and the Therapeutic Action of Psychoanalaysis », *Contemporary Psychoanalysis*, vol. 16, n° 2, 1980.

ce qui fait l'objet de notre travail. Enfin, cet enseignement est différent au fur et à mesure des années car la méthode évolue constamment. Comme c'est à un moment précis qu'une personne veut participer, c'est la méthode dans sa forme contemporaine qui lui est proposée. Ce qui est enseigné est donc toujours un portrait de ce qui est partagé à un moment particulier. Ce que nous en exposerons ici variera encore ultérieurement.

Les personnes qui sont admises à entrer en formation ont des qualifications et des expériences différentes. Certains, déjà thérapeutes, ont développé une pratique clinique auprès d'autres personnes. D'autres ne le sont pas et proviennent du domaine des arts, des lettres, des sciences. La longueur de la formation et l'acquisition d'une compétence s'avèrent différentes suivant les stagiaires. Et l'utilisation qu'elles feront d'Echo sera fonction de leur métier : les intervenants dans le domaine clinique l'intègreront dans leur pratique, les professeurs dans leur enseignement, les artistes dans leurs oeuvres, les gestionnaires dans leur entreprise.

Les personnes qui sont admises dans l'équipe ont des statuts variés selon leurs intérêts. Certaines, déjà thérapeutes ou oeuvrant dans le champ de la santé, assureront généralement les apprentissages auprès des gens qui en font la demande. Quelques-unes, qui ne désirent pas avoir une fonction clinique, auront des rôles distincts : d'aucunes font de la recherche, d'autres s'occupent de rayonnement.

Le but de tout le travail de l'équipe consiste à offrir l'enseignement de la méthode à toute personne qui en fait la demande. Tâche centrale qui sous-tend toutes les autres de recherche, de rayonnement, de formation. Au cours des premières années, l'enseignement aux clients s'est fait dans le cadre d'une relation individuelle. Ensuite, en raison des qualifications de certains intervenants et surtout de l'augmentation de la demande des personnes, nous avons été amenés à créer des groupes d'apprentissage. Dans ces groupes, deux des intervenants de l'équipe travaillent ainsi avec une dizaine de participants. Ce sont les personnes elles-mêmes qui choisissent la formule qu'elles préfèrent : en groupe ou de façon indivuelle.

Des lieux de formation continue sont une partie essentielle de l'organisation. D'une part, les forums permettent aux intervenants, aux formateurs et aux stagiaires de se rencontrer, de se connaître, de communiquer. Les participants s'échangent des informations, s'unissent pour organiser des groupes et des conférences. D'autre part, des ateliers sont proposés de temps à autre sur des thèmes particuliers pour améliorer certains aspects de la théorie ou de la pratique. Tous peuvent y prendre part selon leurs intérêts, ce qui favorise le partage des expériences.

La participation

Elle est, avec la formation, l'autre vecteur important du développement d'Echo. Elle est présente à tous les phases : dans l'atmosphère des apprentissages, dans l'importance donnée aux bilans, dans l'implication vis-à-vis des structures officielles comme préliminaire à l'approche.

L'utilisation des groupes dans divers domaines de santé est répandue. Ce peuvent être des rencontres de psychothérapie, des réunions d'entraide, des séances d'information. Il faut donc souligner la différence entre ces groupes et les ateliers d'Echo. Ici c'est un apprentissage qui est proposé, et il consistera en l'acquisition d'outils utilisables par la suite. Il n'est donc pas question d'une prise en charge ; chacun est présent volontairement et activement. Ces apprentissages ont une durée limitée d'une douzaine de semaines. Les gens pourront se réinscrire à des sessions ultérieures pour compléter ou approfondir leur initiation.

Très souvent, et notamment à la fin de l'entraînement des clients, on fait un bilan de l'apprentissage avec la participation de tous. Il ne s'agit pas d'une évaluation des personnes, ce qui aurait une saveur médicale, mais de leur propre réflexion sur le parcours. Dans ces bilans tout est mis en cause : les cheminements des gens, les attitudes des intervenants, la pertinence de la méthode. Ils sont ensuite rapportés à l'ensemble de l'équipe. Ainsi la méthode est constamment réévaluée, et tous les protagonistes s'impliquent dans cette réflexion. Ceci contribue au progrès de la méthode, la transforme progressivement, permet des découvertes soudaines et donne à toutes les personnes un rôle actif.

La réflexion au sujet de l'articulation avec des institutions publiques s'est faite à partir de la collaboration et de la connivence avec nos confrères médecins. Elle était dictée d'abord par l'habitude du mécanisme de référence bien connu dans le domaine médical : la consultation. Mais l'emploi de ce mécanisme a pris finalement une signification et un intérêt beaucoup plus larges. Nous avons toujours voulu que les volontaires nous soient référés par un médecin, avec la raison explicite de leur démarche. Cette sorte de référence a d'abord pour fonction d'impliquer le client par une demande ouverte, à la fois personnelle et publique. De plus, elle l'introduit de façon particulière dans l'Echo, car elle indique qu'il n'y a pas de rupture entre cette méthode et l'usage de soins communs. Ce qui est souligné d'entrée, c'est que la guérison constitue un domaine complémentaire à celui de la médecine, et non alternatif.

Ce type de référence engage tout autant le médecin, et c'en est aussi l'objectif, afin d'assurer la sérénité du client, car la guérison ne peut se faire dans un contexte d'opposition. Il faut une certaine complicité entre les différentes interventions et entre les praticiens :

Les déchirures n'ont jamais arrangé les coupures ! En d'autres termes, les rivalités entre corps de métier n'arrangent pas les ruptures corporelles.

Pourtant l'usage fait de cette requête est particulier, car habituellement, on la complète pour le compte du requérant, pour l'informer et lui donner la possibilité de prendre des dispositions en conséquence. Or, ce qui nous importe ici, c'est l'acte de référence lui-même ; on ne l'envisage pas comme une demande d'informations, et il ne sera suivi d'aucune réponse exhaustive auprès du médecin ou d'aucune attente d'un geste particulier de sa part.

Dans ce sens, l'intervenant d'Echo ne cherchera pas à établir lui-même de liens professionnels avec le praticien : il n'y a donc pas de relation directe entre les deux intervenants. La personne, au-delà de sa maladie, est la seule habilitée à pouvoir faire le lien entre les deux et à pouvoir communiquer les informations qui en ressortent. Il est important qu'elle-même construise le pont entre ces différents domaines et que ce ne soit pas les intervenants qui le fassent pour elle. Si elle ne voulait ou ne pouvait le faire, les intervenants ne pourront que compenser partiellement ce manque de communication. Car ce qui est en cause est moins la difficulté à échanger des informations que celle à rassembler des fonctionnements différents. La synthèse doit passer par la personne.

Cet engagement personnel n'a rien à voir avec une quelconque obligation de responsabilité vis-à-vis de ce qui pourra se passer, tant de la part du client que du médecin. Le requérant n'est pas forcé de faire faire une démarche à son patient, encore moins de l'obliger à réussir. Le participant n'a pas d'obligation de résultat. En ce sens, la personne change de statut : de patient attentif, elle devient acteur participant. Elle n'est pas soumise au praticien et ne doit pas suivre une procédure ordonnée ou atteindre un but prévu. Toutes ces contraintes n'auraient aucun sens par rapport à la guérison et aux principes que nous avons développés en première partie.

Par la formation et la participation, la réflexion continuelle de tous, nourrie des évaluations de chacun, a permis de clarifier plusieurs éléments constituants de l'approche, de mieux les communiquer et de lever les malentendus qui apparaissaient. Il peut s'agir de principes de base, mais aussi de caractéristiques liées au cadre de travail.

UNE RECHERCHE

Dans la conjonction de la formation de l'équipe, de l'apparition des techniques de visualisation, de découvertes immunologiques qui donnaient de la crédibilité à l'aventure et de notre désir d'affirmer notre présence au sein de l'Université, nous avons pensé formaliser notre démarche. Pour ce faire, nous avons accueilli un chercheur qui évaluerait l'effet de la technique d'alors. Nous verrons plus loin en quoi la méthode a évolué mais, pour le propos actuel, ces différences ne sont pas vraiment pertinentes.

Des schémas expérimentaux furent élaborés pour montrer comment la méthode Echo, appliquée durant un temps limité, pouvait atténuer ou faire disparaître des symptômes somatiques chroniques. Il ne s'agissait pas de prouver une guérison, mais, plus humblement et plus réalistement, de montrer l'effet d'une approche subjective sur la diminution d'une maladie objective. Nous voulions voir les chiffres confirmer ce que notre expérience clinique nous démontrait depuis longtemps, et nous désirions que cela soit connu.

Les protocoles

Une première recherche sur un individu[17] fut entreprise à titre d'essai préliminaire, tant pour vérifier la pertinence de l'évaluation que pour tester les instruments méthodologiques. Il fallait en effet construire et utiliser des outils pour vérifier leur compatibilité avec l'étude de la transformation d'un symptôme chez une personne en évolution. L'efficacité de la méthode était évaluée globalement, sans qu'on différencie l'efficacité particulière de ses composants. Pour l'occasion, nous avions décrit la méthode comme une combinaison de deux dimensions : une méditation de type « ouvert »[18] et une visualisation de type spontané.

La méditation était évaluée par rapport à la conscience, à la perception et à l'image du corps, données qui étaient déjà validées[19]. On l'évaluait aussi selon ce qui était désigné sous le terme de « sensations », en rapport avec les sensations fluides dont nous avons déjà parlé : une sensation de mobilité de toutes les parties corporelles[20].

---

17. Recherche dite « à sujet unique ».

18. D. Goleman, *The varieties of meditative experiences*, New York, Dutton, 1977.

19. R.J. Pekela, et R.L. Levine, « Mapping consciousness : development of an empirical-phenomenological approach », *Imag., cogn., and Pers.*, 1(1), 1981, p. 29-47.

20. Voir « Les représentations en scène », p. 129.

La visualisation spontanée signifie que les images surviennent d'elles-mêmes, qu'elles sont déterminées par la personne et non par l'intervenant. Cette imagerie était cependant dirigée vers les symptômes, en vue de leur guérison ; ce dernier élément a été changé dans la méthode actuelle. Nous reproduisons ici le sommaire de l'article[21] qui donne aussi le résumé des conclusions :

> *L'étude consiste à examiner les effets possibles d'une technique de méditation et de visualisation sur la réduction de symptômes de psoriasis. L'évaluation porte sur un sujet unique dans un schéma expérimental A-B-A. Pendant 15 semaines de traitement, le sujet pratique cette technique pour guérir le psoriasis de son cuir chevelu. Celui-ci est chronique et ne régresse pas durant l'été. Des examens de contrôle sont pratiqués quatre semaines avant et après l'application de la technique. Deux dermatologues vérifient la sévérité du psoriasis ; la fidélité entre ces deux examinateurs fut bonne (r=.91, p<.01).*
>
> *Les symptômes de psoriasis s'amendent durant les trois dernières semaines de traitement. L'impact des événements de vie, la détresse psychologique et l'anxiété situationnelle ne sont pas corrélées à la sévérité du psoriasis ».*

À la suite de cette première expérience, une deuxième phase est entreprise avec une vingtaine de personnes pour vérifier si une méthode psychologique peut influencer des processus physiologiques anormaux. On étudie deux groupes témoins parallèlement à ceux qui suivent la méthode. Il s'agit de différencier les deux composantes nommées méditation et visualisation, en les étalant selon deux phases successives. Ces deux composantes n'avaient pas été analysées séparément dans la première recherche. Comme cela n'est pas étudié fréquemment[22], il était d'autant plus important d'étudier l'impact différentiel de différents composants de la technique :

---

21. L. Gaston, J.-Charles Crombez et G. Dupuis « A Meditative and Imagery Technique as Treatment of Psoriasis : A Clinical Case Study in a A-B-A. Design », *J. Ment. Imagery*, 13, 1989, p. 31-38.

22. W.S. Agras, « The behavioral treatment of somatic disorders », in W.D. Gentry (Ed.), *Handbook of behavioral medicine*, New York, Guilford Press, p. 479-525.

Afin d'évaluer l'efficacité d'une intervention psychologique dans le traitement d'une maladie physique, un schème démantelé à séries chronologiques est employé. Des sujets souffrant de psoriasis sont répartis au hasard entre trois groupes : une technique méditative puis d'imagerie (n=4), une technique méditative seulement (n=5), et une liste d'attente (n=5). Un second groupe témoin est formé : les sujets croient participer à une étude portant sur le stress et le psoriasis (n=4). Les phases de prise de mesure durent quatre semaines, tandis que la phase de traitement a lieu pendant douze semaines.

La sévérité du psoriasis est mesurée à chaque semaine selon une échelle en 20 points cotée par un dermatologue. Des coefficients d'équivalence acceptables sont obtenus avant l'expérimentation ($r=.91$, $p<.001$; $r=.89$, $p<.001$), ainsi qu'à trois mois ($r=.94$, $p<.001$) et six mois ($r=.84$, $p<.05$) au cours de l'expérimentation. Les points d'ancrage de cotation des deux juges diffèrent cependant de manière significative à trois mois. Comme les juges sont répartis à travers les groupes, il demeure que des comparaisons inter-groupes pourraient quand même être menées. De plus, comme la moyenne des sujets ne varie pas systématiquement, des comparaisons inter-phases pourraient également être effectuées auprès des sujets expérimentaux »[23].

Cette recherche a été complétée[24], mais elle a aussi posé certaines difficultés, car nous entrions dans un autre monde, celui des standards, des preuves, des groupes contrôles, des tests objectifs, des examens répétés et des schémas expérimentaux stricts, tous éléments totalement opposés à certaines caractéristiques de notre démarche : libre, éventuelle et non prévisible. Il a fallu toute la finesse de nouveaux instruments de contrôle et surtout les connaissances de la personne en charge du projet[25] pour trouver des compromis acceptables pour le chercheur et pour le clinicien.

23. L. Gaston, Efficacité d'une technique méditative et d'imagerie pour traiter le psoriasis, Thèse de doctorat présentée à la Faculté des Études supérieures de l'Université de Montréal, Août 1986, p. xii.

24. L. Gaston, M. Lassonde, J. Bernier-Buzzanga, S. Hodgins et J.-Charles Crombez, « Stress and Psoriasis : A Prospective Study », *J. Amer. Academy of Dermatology*, 17, 1987, p. 82-86.

25. Louise Gaston, et Charles R. Marmor, « Quantitative and qualitative analysis for psychotherapy research : integration through time-series designs », *Psychotherapy*, vol. 26, n° 2, été 1989, p. 169-176.

Selon une analyse statistique de régression généralisée[26], l'intervention pourrait avoir un impact positif sur la sévérité du psoriasis (r=-.30, p<.01). Lors du post-test, une différence peu importante de 2.5 points est observée entre les moyennes des groupes expérimentaux et témoins. D'autre part, la moyenne des groupes expérimentaux diminuerait de manière relativement importante entre le pré-test et le post-test, soit de 3.5 points ou 28%. Enfin, trois sujets expérimentaux sur neuf pourraient être cliniquement aidés de manière importante par l'intervention.

L'impact observé pourrait être attribuable à la technique méditative puisqu'aucune différence ne ressort entre les groupes expérimentaux (r=-.06, p>.05). Par ailleurs, un seul sujet du groupe I réussit à élaborer une imagerie conforme au protocole d'intervention. De plus, des hypothèses rivales tel l'effet placebo seraient également plausibles.

Une seconde variable dépendante est mesurée, soit l'attitude des sujets face aux soins apportés à leur santé. Selon une analyse de variance à mesures répétées, seule l'attitude des sujets expérimentaux s'améliorerait entre le début et la fin de l'expérience (F=6.92, p<.05).

Les contraintes

Ces difficultés méthodologiques se reflètent dans certains résultats. À cause des conditions expérimentales, les personnes devaient passer d'une étape à l'autre de la démarche à un moment fixe : pas avant et pas après ! Les intervenants avaient la charge, entre autres, de faire respecter cette séquence. Nous ne serons pas étonnés que les clients ne s'y prêtaient guère, et certainement pas par mauvaise volonté ! Ils ne travaillaient pas à la vitesse prévue pour tous, tantôt trop lents, tantôt trop rapides : par exemple, ils visualisaient trop tôt ou trop tard, et généralement pas assez[27]. Mais surtout, ils passaient parfois spontanément à une étape « interdite »

---

26. L. Gaston, *Efficacité d'une technique méditative et d'imagerie pour traiter le psoriasis* , Thèse de doctorat présentée à la Faculté des Études supérieures de l'Université de Montréal, août 1986, p. xiii.

27. E.J. Fineberg, « Psychological Methods of Self-Healing : Relaxation and Relaxation plus Imagery in the Treatment of Essential Hypertension », *Dissertation Abstracts International*, 40, 1979, p. 3391B (University Microfilms No. 80-01,373).

pour leur groupe ; il ne pouvait être question, dans le cadre de la méthodologie de recherche, de les faire changer de groupe, mine de rien ! Les personnes, participants et intervenants, se pliaient donc, vaille que vaille et gentiment, aux injonctions formulées... pour l'amour de la science !

Ce qui nous a beaucoup étonné comme membres de l'équipe, ce n'est pas qu'il y ait eu des résultats positifs, c'est que ces résultats aient pu être positifs dans ce cadre exigeant de recherche - nous pourrions dire malgré la recherche ! Suivant un peu la blague qu'il faut être en bonne santé pour pouvoir survivre aux hospitalisations, il faut être en démarche particulièrement intense pour que celle-ci puisse être découpée par une recherche sans être foncièrement interrompue. Ceci n'est pas une critique, mais une constatation. Avec la participation de tous, y compris et surtout des clients, le compagnonnage de la démarche avec la discipline de la recherche a pu se faire, pour le bien de tous, et a amené une reconnaissance mutuelle, une compréhension des disciplines distinctes, une harmonisation de leurs buts respectifs.

Cependant, nous avons été frappés par certains aspects corollaires à la recherche, qui n'apparaissent peu ou pas dans les résultats ; ceci concerne particulièrement les aspects individuels. Il faut d'abord dire que le nombre et la durée des exercices pratiqués[28] n'étaient pas significativement important, comme des observateurs extérieurs auraient pu le penser. Même si la recherche pose comme hypothèse que tous se conforment à la consigne de régularité[29], les intervenants étaient au courant de différences individuelles importantes dans la pratique des exercices quotidiens. L'autre hypothèse nous semble plus proche de nos constatations cliniques : que la qualité de l'état méditatif, son intensité, est plus importante que la quantité ou la durée de ces états.

---

28. C'est-à-dire que certaines personnes faisaient des exercices quotidiennement et régulièrement, alors que d'autres les pratiquaient très rarement.

29. L. Gaston, J.-Charles Crombez, M. Lassonde, J. Bernier-Buzzanga, et S. Hodgins, « Psychological Stress and Psoriasis : Experimental and Correlational Studies », *Acta Derm. Venereol* (Stockh), Supp. 156, 1991, p. 37-43.

Les différences individuelles pourraient concerner[30] la suggestibilité hypnotique, la capacité à produire des images vivides[31], la prépondérance de l'imagerie sur un mode verbal[32], l'implication personnelle dans l'imagerie[33]. Ces différences nous préoccupaient beaucoup dans notre travail. D'une part, pour les implications pédagogiques, c'est-à-dire comment en tenir compte dans l'enseignement. D'autre part, en analysant qualitativement les évolutions de chaque personne au long des semaines, nous avons confirmé la remarque cliniquement évidente : que les processus se font de façon non continue, mais par paliers, par crises pourrait-on dire. L'étude de ces paliers a permis de saisir des séquences entre des expériences, et l'amélioration ou la stagnation qui s'ensuivait.

Les développements

Cependant, nous n'avons plus fait de recherche semblable, et pour plusieurs raisons.

D'une part, il était difficile de trouver des subventions. Du côté des fonds de recherche d'organismes publics, le problème était que le champ dans lequel nous travaillions ne se situait ni du côté médical à proprement parler, ni strictement dans le champ du psychologique. Du côté de l'industrie pharmaceutique, qui devenait un protagoniste de plus en plus important dans le domaine de la recherche, étant donné la diminution de l'implication des gouvernements, la réponse n'était pas chaude. Leurs préoccupations ne rejoignaient pas les nôtres : nos études portaient sur une action autre que pharmacologique. Ce qui nous importait, et qui aurait dû les intéresser, étaient la conjonction des processus de guérison

---

30. L. Gaston, *Efficacité d'une technique méditative et d'imagerie pour traiter le psoriasis* , Thèse de doctorat présentée à la Faculté des Études supérieures de l'Université de Montréal, août 1986, p. 250-254.

31. D Caroll, J. Baker et M. Prenston, « Individual differences in visual imagining and the volontary control of heart rate », *British journal of psychology*, 70, 1979, p. 39-49.

32. R.G. Kuzendorf, « Individual differences in imagery and autonomic control », *J. Ment. Imagery*, 5 (2), 1981, p. 47-60.

33. N. Brehm, « A study of ego strength and field dependance with implications for healing using visualization », *Dissertation Abstracts International,* 43 (9-B), 1982, p. 3023 (University Microfilms No. 8229634).

avec les métabolismes de médicaments pour diminuer leurs doses et l'utilisation de l'effet placebo pour intensifier leurs effets.

D'autre part, les contraintes des protocoles de recherche étaient problématiques pour notre sujet d'étude. On avait pu voir le risque qu'ils présentaient dans l'affaissement des processus qu'ils étaient censés évaluer. Ils nécessitent des éléments quantifiables, mais nos objets sont subjectifs. Ils obligent aux contrôles externes alors que l'efficacité de l'approche est basée sur une maîtrise intérieure. Ils se fixent sur des objectifs fixés au départ et vérifiables par la suite ; or les personnes changent leurs objectifs en cours de route, et cette possibilité de liberté est majeure dans leur processus. Les outils de recherche évaluative n'étaient pas assez fins pour analyser ce domaine et sa globalité, ces processus et leurs fluctuations. En somme, au lieu d'observer l'entrée et la sortie de la boîte, nous désirions ouvrir cette boîte noire pour l'inspecter.

Nous avons par la suite oublié ce genre de recherche. Nous alimentant des recherches expérimentales et évaluatives d'autres qui pouvaient y travailler ailleurs, nous avons plutôt dépensé nos efforts à approfondir la méthode en étudiant, avec les personnes, leur démarche à travers ce processus. D'ailleurs, plus nous avancions, plus il devenait difficile de penser chiffrer des évolutions complexes et des directives tout à fait paradoxales. Peut-on dire qu'il y a deux sortes de recherche : l'une où le matériel se plie à la méthode et l'autre où la méthode s'adapte au matériau ? Ou plutôt qu'on doit créer un terrain intermédiaire d'échanges et construire des méthodologies proches des faits étudiés, laisser les faits transformer les méthodologies ? L'étude de recherches en sciences humaines apporta un nouvel éclairage et de nouvelles avenues[34].

---

34. L'étude des problèmes de recherche en anthropologie est d'une grande utilité. D'abord parce qu'il s'agit aussi d'une science humaine, mais plus précisément si l'on fait l'analogie entre les observations du corps perçu et celles de cultures vécues. À partir de la critique d'une recherche épidémiologique, Bibeau montre les difficultés de reconnaître chez soi une entité dans le contexte de l'autre, de la nommer, de la généraliser et de distinguer des voies interactives pour traverser cet écart. Gilles Bibeau, « Préalables à une épidémiologie anthropologique de la dépression », *Psychopathologie Africaine*, XVII, 1/2/3, 1981, p. 96-112.

Nous avions pu noter, dans la recherche évaluative décrite précédemment, que, parallèlement à la diminution des symptômes, c'est l'attitude des personnes qui change. Or notre hypothèse de travail et notre objet de travail sont bien cette attitude de la personne plus que la configuration de la maladie. Les processus de guérison ont plus à voir avec la personne qu'avec la maladie. Ce sur quoi il faut poser le regard pour en comprendre quelque chose, ce n'est pas sur l'objectif mais sur le subjectif. Délaissant le désir de trouver des instruments d'évaluation pour prouver des résultats objectifs, guidés par la clarification des composantes efficaces dans la méthode, nous avons cherché une nouvelle manière d'aborder le sujet et la recherche.

D'abord, il semble que certaines études sur la fidélité des instruments de recherche montrent que l'évaluation de son état par la personne elle-même n'est pas si éloignée que cela d'une vérification objective[35]. Ainsi, après une période d'adaptation, les personnes engagées dans notre recherche évaluaient l'intensité de leur état méditatif de la même manière que les intervenants[36].

Ensuite, dans le domaine de la santé, les intérêts ont évolué de la stricte étude de l'efficacité des interventions à celle de leur efficience. La valeur d'une intervention ne se calcule plus uniquement par la disparition du mal (de la diminution de la douleur, par exemple) mais aussi par une amélioration du bien-être de la personne (de la diminution de sa souffrance, par exemple). Ceci s'est soldé par la création de nouveaux instruments de recherche. Ce développement vient rejoindre exactement le domaine de la pratique d'Echo.

Enfin, dans le domaine social et dans celui de la psychothérapie, on a porté l'attention sur les changements, non pas leurs

---

35. C'est un point particulier de la question des degrés de validité et d'utilité des méthodes objectives versus les méthodes subjectives. Sur le sujet en général : P.E. Meehl, *Clinical versus Statistical Prediction*, Minneapolis, Minnesota University Press, 1954.

36. L. Gaston, J.-Charles Crombez, J. Joly, S. Hodgin et M. Dumont, « Efficacity of Imagery and Meditation techniques in treating Psoriasis », *Imagination*, Cognition and Personality, vol 8 (1), 1988-89, p. 25-38 [p. 33].

résultats mais leurs conditions. Or ces conditions amènent naturellement à se pencher sur la personne : ses intentions, ses croyances,
ses perceptions, ses motivations. Les changements sont peut-être
observables localement, mais ils sont générés globalement. Pour
modifier un aphorisme connu : il faut observer localement mais
comprendre globalement.

La recherche sur l'Approche Echo s'oriente donc selon ces voies
actuelles et de nouveaux outils sont en train d'être développés. Mais
surtout, c'est toute une transformation des rapports entre la pratique et la recherche qui est en devenir. On envisageait la recherche
comme devant se situer, d'une part avant la clinique pour assurer
son inocuité ou son efficacité et, d'autre part, après la clinique pour
en évaluer les résultats. Il s'agit maintenant de les joindre au long
du processus, non seulement pour en étudier la structure et la pertinence, mais pour que la clinique et la recherche se modifient l'une
et l'autre au cours même de ce processus.

***

UN APPEL DE L'INDÉFINI

La guérison en Echo est donc une guérison en échos.

Elle n'agit pas en ciblant ce qui est défini dans les termes et les formes de maladies. Elle n'agit pas par la recherche des origines de leur existence, par l'analyse de leurs caractéristiques, par la précision de leur diagnostic ou par le raffinement de leurs traitements.

Elle agit en pénétrant le mur de la maladie, en la considérant sous un autre éclairage, un éclairage intérieur, et ce de plusieurs manières et à plusieurs niveaux. D'abord en concevant la maladie comme l'émergence finale de problèmes plus larges et comme le résultat d'un parcours qui n'a pas fonctionné : une sorte de solution en creux, définitive. Ensuite en interrogeant tous les efforts qu'on porte à la définir rigoureusement dans ses formes, ses délimitations et ses particularités. Enfin en la considérant comme un écran, lieu de projection de ce qui est important, de ce qui nous importe, ce qui se déploie de nous et qui nous définit.

La maladie est ainsi une zone de définition dans ses causes, ses formes et ses conséquences. Et le traquenard, c'est justement cette définition qui nous y attire, qui nous y absorbe, qui nous y réduit. Ce qui fait que nous devenons malades, c'est-à-dire que nous n'existons plus que selon elle, qu'avec elle et que pour elle.

Or la guérison se trouve dans ce qui est ailleurs que la maladie elle-même. Elle est dans ce qui l'entoure, dans ce qui la dépasse, dans ce qui la sous-tend. L'approche de guérison consiste essentiellement à entendre et à voir à travers le mur de la maladie pour comprendre cet univers profond. Celui-ci est global, et rassemble par là tous les pans de notre vitalité ; il est personnel, et rejoint par là tous les moments de notre histoire.

Cela rappelle ce que les sagesses populaires, philosophiques ou mystiques décrivent : qu'il faut croire en autre chose que ce qui est évident, qu'il ne faut pas s'appuyer sur l'illusion de la réalité, qu'il faut entendre ce qui n'est pas audible et voir ce qui n'est pas visible[37].

---

37.   Saint-Exupéry, A., Le Petit Prince, Oeuvres complètes, Gallimard, 1999, p.312

Il aura fallu découvrir, dans les deux sens d'un dévoilement et d'un déchiffrage, ce qui n'apparaît pas à première vue, ce qui n'est pas manifeste et qui, pourtant, est primordial ; une profusion de mécanismes, un flot de mouvements, une abondance de rapports, un kyrielle d'inventions qui dépassent tout entendement, qui confondent toutes logiques. Il aura fallu comprendre et conjuguer dans des termes différents la réalité de cette facette de l'univers, à la fois très propice à la narration des expériences qui révèlent cela, et peu propice à la description des parties qui le constituent.

Cette matière de travail, il est intéressant de la présumer comme indéfinie, comme malléable, comme dynamique et comme mouvante. Il est utile de la considérer comme très informée et comme très intelligente. Et il est surtout important de se laisser l'entendre, de se laisser l'éprouver, de s'y rendre accessible. Car il ne s'agira pas de tenter de la saisir – elle est insaisissable – mais de se laisser l'aborder.

Quand on part pour un grand voyage, on se prépare en s'en faisant une idée et en glanant tous les effets dont on aura besoin. Ce fut l'objet de ce livre : développer certaines conceptions sur les processus de santé et témoigner de la conception d'un modèle au cours des ans. Il aura fallu, dans cette recherche, lire entre les faits que sont les maladies, lire entre les lignes que sont leurs explications. C'est avec ce bagage d'idées et d'expériences que nous pourrons, dans un deuxième tome[38], entreprendre le voyage.

---

38.   Crombez, J.-C., La Méthode en Echo, Beauport, M.N.H., à paraître (2003)

BIBLIOGRAPHIE

ARTICLES

Ader, R. ; Cohen, N., « CNS-Immune System Interactions : Conditioning Phenomena », The Behavioral and Brain Sciences, Vol. 8, 1985.

Agras, W.S., « The behavioral treatment of somatic disorders », in W.D. Gentry (Ed.), Handbook of behavioral medicine, New York, Guilford Press.

Alby, Cancer, sens et non sens, Psychologie médicale, 1987

Anzieu, D., Le Moi-Peau, Nouvelle Revue de Psychanalyse, No 9, Paris, Gallimard, Printemps 1974.

Baker, G.H.B., « Psychological Factors and Immunity », Journal of Psychosomatics, Vol. 31, 1, 1987.

Barrault, J.-L., « Le corps magnétique », Cahiers Renaud-Barrault, vol. 99, Gallimard, 1979.

Barthes, R., « Éléments de Sémiologie », In « Revue Communications », 4, Recherches Sémiologiques, Paris, Le Seuil, 1964.

Bégouin, J., « Tuberculose pulmonaire », Encyl. méd.-chir., Psychiatrie, t. II, 37440 C, Paris, Éditions Techniques, 10-1966.

Benier, J. ; Siry, D. ; et Taléghani, M., « D'une pratique théoriste à une théorie à mettre en pratique », in Le Service Social et ses fondements théoriques ; 27e Congrès de l'ANAS, Toulouse (France), Paris, Éditions ESF, 1973.

Besançon,G., « Théories en psychosomatique », Encycl. Méd. Chir, 37400 C10, Paris, Éditions Techniques, 1992.

Bibeau, G., « Préalables à une épidémiologie anthropologique de la dépression », Psychopathologie Africaine, XVII, 1/2/3, 1981.

Bibeau, G. ; Murbach, R., « Déconstruire l'univers du sida », Anthropologie et Sociétés, vol. 15, no 2-3, 1991.

Bibring, E., « The conception of the repetition compulsion », Psychoanalytic Quartely, XII, 1943.

Boilard, J., « Les approches complémentaires en médecine » in Traité d'Anthropologie médicale, Dufresne, J. ; Dumont, F. ; Martin, Y., Québec, Presses de l'Université du Québec, 1985.

Bonfils, S., « Emotionen und experimentelle Ulkusentstehung » in Funktionsablaüfe unter emotionellen Belastungen, Bâle, Ed. K. Kellinger, New York, Karger, 1964.

Bonnafé, L., « Le château en Espagne » in « Programmation, Architecture et Psychiatrie », Recherches, Paris, Juin 1967.

Brehm, N., « A study of ego strength and field dependance with implications for healing using visualization », Dissertation Abstracts International, 43 (9-B), 1982.

Bromberg, P. M., « Sullivan's Concept of Consensual Validation and the Therapeutic Action of Psychoanalaysis », Contemporary Psychoanalysis, Vol. 16, No. 2, 1980.

Burloux, G., « Traumatophilie, Destin et Primary Care », Revue de Médecine Psychosomatique, 2, 1985.

Cannon, W.B., « Vodoo Death », American Anthropologist, 44, 1942.

Caprara, A., « Les interprétations de la contagion : représentations et pratiques chez les Alladian de la Côte d'Ivoire », in « L'univers du Sida », Anthropologie et Sociétés, Volume 15, Numéros 2-3, 1991.

Caroll, D. ; Baker, J. ; Prenston, M., « Individual differences in visual imagining and the volontary control of heart rate », British journal of psychology, 70, 1979.

Castelnuovo-Tedesco, P., « Psychoanalytic Considerations of cardiac Transplantation »,New-York, Annual Meeting of Amer. Psychiat. Ass., Dec. 1969.

Cohen, S. ; Tyrrell, D.A.J. ; Smith, A.P., « Psychological Stress and Suceptibility to the Common Cold », The New England Journal of Medicine, Aug. 29, 1991.

Consoli, S.M., « Psycho-immunologie », Encycl. Méd. Chir, Psychiatrie, 37402 E10, Paris, Éditions Techniques, 11-1988.

Corin, E., « La santé : nouvelles conceptions, nouvelles images » in Traité d'Anthropologie médicale, Dufresne, J. ; Dumont, F. ; Martin, Y., Québec, Presses de l'Université du Québec, 1985.

Crombez, J.-C., « Psychosomatique ou psycho-somatique : cherchez l'aire-heure » in Le corps en Psychanalyse sous la direction de J. Beaudry, R, Pelletier, H. Van Gijseghem, Montréal, Éd. Méridien, Psychologie, 1992.

_____Table ronde sur « Le corps modifié : exérèses, transplantation et réparation », Psychologie Médicale, 6, 6, 1974.

_____« La rencontre : créditable ou discréditée ? », Can. Psychiatry Ass. J., Vol. 25, no 5, Août 1980.

_____« L'issue de l'insu : le déjà-su », Transition, A.S.E.P.S.I., mars 1988.

_____« La maladie, côté pile et côté face » - « Disease : Heads and Tails », Québec, S.E.P., Volume 12, No 50, Novembre 1989.

_____« Un enseignement du savoir-être en psychothérapie », Santé mentale au Québec, vol 7, no 1, juin 1981.

_____« Thérapie expérientielle » in Psychiatrie clinique, Approche bio-psycho-sociale, Lalonde P. ; Grünberg F., Éd. Eska S.A.R.L., Chap. 54, 2001.

_____« Le corps de personne », Psychologie médicale, 12, 2, 1980.

_____« Voyage au pays des selfs », Revue Québécoise de Psychologie, vol. 11, no 1-2, 1990.

_____« Changement des contrôles et contrôle d'échange », Cahiers de Santé Mentale du Québec, Vol. 3 no 2, Nov. 1978.

_____« La supervision de psychothérapie :la supervision d'une rencontre et la rencontre dans une supervision », InfoPsy, Vol. 9, No 2, Univ. de Montréal, Déc. 1993.

Crombez, J.-C. ; Gascon, L. ; Legault, L. ; Pilic, I. ; Plante, G. ; Fontaine, J.-G., « Le burn-out ou syndrome d'épuisement professionnel », Union médicale du Canada, Tome 114, Mars 1985.

Crombez, J.C. ; Lefebvre, P., « The behavioural responses of those concerned in renal transplantation as seen through their fantasy life », Can. Psychiatr. Assoc. J., Special Supplement II, 1972.

_____La fantasmatique des greffés rénaux », Rev. Fr. Psychanalyse, vol. 37, 1-2, 1973.

Dantchev N., « Stratégie de « coping » et « pattern A » coronarogène », Rev. Méd. Psychosom., 1989.

De M'uzan, M., « Thérapeutique psychosomatique de l'ulcus gastroduodénal », La Clinique, vol. 547, 1969.

De M'uzan, M. ; Marty, P., « La pensée opératoire », Rev. Fr. Psych., 27, 1963.

Dejours, C. ; Marty, P. ; Herzberg-Poloniecka, R., « Les questions théoriques en psychosomatique », Encycl. Méd. Chir., 37400 C10, Paris, Éditions Techniques, 7-1980.

Dimond, E.G. ; Finkle, C.F. ; Crockett, J.E., « Comparison of Internal Mammary Artery Ligation and Sham Operation for Angina Pectoris », American Journal of Cardiology, 5, 1960.

Doherty, J., « Hot Feat : Firewalkers of the World », Science Digest, Août 1982.

Dorian, B. ; Garfinkel, P. ; Brown, G. et al, « Aberrations un lymphocyte subpopulations and function during psychological stress », Clin. Exp. Immunol., 50, 1982.

Dorvil, H., « Types de sociétés et de représentations du normal et du pathologique : la maladie physique, la maladie mentale » in Traité d'Anthropologie médicale, Dufresne, J. ; Dumont, F. ; Martin, Y., Québec, Presses de l'Université du Québec, 1985.

Duguay, R., « Maladies mentales d'origine organique » in Précis pratique de Psychiatrie, deuxième édition, R. Duguay, H.F. Ellenberger et coll., Montréal, Édisem, 1984.

Eisenberg, L., « Disease and Illness », Culture, Medicine and Psychiatry, 1, 1977.

Eisendrath, R.M., « The Role of Grief and Fear in the Death of Kidney Transplant Patients », Amer. J. Psychiat., 126, Sept. 1969.

Ellenberger, H. F., « La guérison et ses artisans » in Traité d'Anthropologie médicale, Dufresne, J. ; Dumont, F. ; Martin, Y., Québec, Presses de l'Université du Québec, 1985.

Engel, G.L. ; Schmale, H.Jr., « Psychoanalytic Theory of Somatic Disorder », J. Amer. Psychoanal. Assoc., 15 : 2,. April 1967.

Engel, G.L., « The Need for a New Medical Model : A Challenge for Biomedicine », Science, vol. 196.

_____« Studies of ulcerative colitis. III. The nature of the psychological processes », Amer. J. Med., 19 : 231, 1955.

Fineberg, E.J., « Psychological Methods of Self-Healing : Relaxation and Relaxation plus Imagery in the Treatment of Essential Hypertension », Dissertation Abstracts International, 40, 1979.

Freud, S., « On the grounds for detaching a particular syndrome from neurasthenia under the description « anxiety neuroses », 1895. S.E., Vol 3.

_____« Pour introduire le narcissisme » in La vie sexuelle, Paris, P.U.F., 1969.

_____« Le Moi et le Soi » in Essais de Psychanalyse, Paris, Payot, 1951.

Gaston, L. ; Crombez, J.-C. ; Dupuis, G., « A Meditative and Imagery Technique as Treatment of Psoriasis : A Clinical Case Study in a A-B-A. Design », J. Ment. Imagery, 13, 1989.

Gaston, L. ; Crombez, J.-C. ; Joly, J. ; Hodgins, S. ; Dumont, M., « Efficacity of Imagery and Meditation techniques in treating Psoriasis », Imagination, Cognition and Personality, Vol 8(1), 1988-89.

Gaston, L. ; Crombez, J.-C. ; Lassonde, M. ; Bernier-Buzzanga, J. ; Hodgins, S., « Psychological Stress and Psoriasis : Experimental and Correlational Studies », Stockholm, Acta Derm. Venereol, Supp. 156, 1991.

Gaston, L. ; Lassonde, M. ; Bernier-Buzzanga, J. ; Hodgins, S. ; Crombez, J.-C., « Stress and Psoriasis : A Prospective Study », J. Amer. Academy of Dermatology, 17, 1987.

Gaston, L. ; Marmor, C. R., « Quantitative and qualitative analysis for psychotherapy research : integration through time-series designs », Psychotherapy, Vol. 26, No. 2, Summer 1989.

Gergen, K. J., « The Social Constructionist Movement in Modern Psychology », American Psychologist, Vol. 4, no 3, Mars 1985.

Glaser R. ; Kiecolt-Glaser, J. K. ; Speicher, C. E. ; Holliday, J. E. « Stress, loneliness, and changes in herpes virus latency », J. Behav. Med., 8, 1985.

Guyotat, J., « Traumatisme psychique et événement », Psychologie médicale, 8, 1984.

Hamann, A., « L'abandon corporel », Santé mentale au Québec, Vol. 3, no 1, 1978.

Holmes, T. ; Rahé, R. H., « The Social Readjustment Rating Scale », Journal Psychosom. Res., vol. 2.

Jandrot-Louka, F. ; Louka, J.-M., « Vol au-dessus d'un nid de gourous » in « A corps et à cri ! », Autrement, no 43, octobre 1982.

Jemmot, J. B. ; Borysenko, M. ; Borysenko, J. Z. et al. « Academic stress, power motivation, and decrease in salivation rate of salivary secretory IgA », Lancet, 1, 1983.

Kaplan, H. I., « History of Psychosomatic Medicine », in Comprehensive Book of Psychiatry, Freedman A.M. ; Kaplan H.I. chap. 29, 1967.

Keller S. E. ; Weiss J. M. ; Schleifer S. J. ; Miller, N. E. ; Stein, M. « Suppression of immunity by stress. Effects of a graded series of stressors on lymphocyte stimulation in the rat », Science, 213, 1981.

Keller, S. E. ; Ackerman, S. H. ; Schleifer, S. J. et al., « Efffect of premature weaning on lymphocyte stimulation in the rat », Psychosom. Med., 45, 1983.

Kellner, R. « Somatization, The most costly comorbidity ? » in Comorbidity of mood and anxiety disorder, J.D. Maser, C.R. Cloninger, American Psychiatric Press, Washington, 1990.

Kemph, J. P., « Renal Failure, Artificial Kidney and Kidney Transplant », Amer. J. Psychiat., 122, 1966.

Kuzendorf, R. G., « Individual differences in imagery and autonomic control », J. Ment. Imagery, 5(2), 1981.

Laudenslager, M. ; Capitiano, J.P. ; Reite, M., « Possible effects of early separation experiences on subsequent immune function in adult macaque monkeys, Am. J. Psychiatry, 142, 1985.

Laudenslager, M. L. ; Ryan S. M. ; Drugan R. C. ; Hyson R. L. ; Maier, S.F., « Coping and immunosuppression : inescapable but not escapable shock suppresses lymphocyte proliferation », Science, 221, 1983.

Leblanc, C., « From Cosmology to Ontology through Resonance : A Chinese Interpretation of Reality », in Bibeau, G. ; Corin, E., Beyond Textuality : Asceticism and Violence in Anthropological Interpretation, Mouton de Gruyter, Berlin, pp.70-96, 1995

Lefebvre, P. ; Crombez, J.C. ; LeBeuf, J., « Psychological dimension and psychopathological potential of acquiring a kidney », Can. Psychiatr. Assoc. J., Vol. 18, 1973.

Lefebvre, P. ; Crombez, J.C. « The one-day-at-a-time syndrome in post-transplant evolution : the regressive-megalomanic model versus the progressive hypomanic-model », Can. Psychiatry Ass. J., Juin 1980.

_____« Étude de la fantasmatique de patients soumis à la greffe rénale », Can. Psychiatric Ass. Journal, Vol. 17, 11-15, Fév. 1972.

Lefebvre, P., « Psychanalyse d'une patiente atteinte d'une rectocolite hémorragique », Revue française de psychanalyse, 54, 1990.

Lefebvre, P. ; Leroux, R. ; Crombez, J.-C., « Object-relations in the dermatologic patient : contribution to the Psychoanalytic theory of psychosomatic disorder », Can. Psychiatric Ass. J., Vol 5, no 1, Mars 1980.

Lefebvre, P. ; Nobert, A. ; Crombez, J.-C., « Psychological and Psychopathological Reactions in relation to Chronic Hemodialysis », Can. Psych. Ass. J., vol. 17, 1972.

Lex, B.W., « Vodoo Death : New Thoughts on an Old Explanation », American Anthropologist, 76, 1974.

Lipowski, Z.J., « Physical Illness, the Individual and the Coping Process », Psychiatry in Medicine, Vol. 1, No 2, Greenwood Periodicals, 1970.

_____« Consultation-Liaison Psychiatry : an overview », Am. J. Psychiatry, 131, 6, June 1974.

_____« Psychosomatic medicine in the seventies : an overview », Am. J. Psychiatry, 134, 1977.

Luthe, W., « Le training autogène (thérapie autogène) » in Précis pratique de Psychiatrie, R. Duguay, H.F. Ellenberger et coll., deuxième édition. Edisem, Québec ; Maloine, Paris, 1984. pp. 505-516.

Mac Clelland, D.C ; Floor E. ; Davidson, R.J. ; Saron, C. « Stressed power motivation, sympathetic activation, immune function, and illness », J. Human Stress, 6, 1980.

Marty, P., « La dépression essentielle », Rev. Fr. Psych., 32, 1968.

_____« A major process of somatization : the progressive disorganization », Intern. J. Psych., 49, 1968.

McDougall, J., « De la douleur psychique et du psycho-soma » in : Plaidoyer pour une certaine anormalité, Paris, Gallimard, 1978

Miermont, J. ; Sternschuss-Angel, S. ; Neuburger, R. ; Segond, P., « Thérapies familiales », Encycl. Méd. Chir., Psychiatrie, 37819 F10, Paris, Éditions Techniques, 4-1980.

Miller, W. B., « Psychological reactions to illness » in C. Peter Rosenbaum, John E. Beebe III, Psychiatric Treatment : Crisis/Clinic/Consultation, New York, McGraw-Hill Book Company, 1974.

Moerman, D., « Anthropology of Symbolic Healing », Current Anthropology, 20, 1, 1979.

Monday, J., « Le stress ou : quand l'adaptation devient malaise », Can. Fam. Physician, vol. 34, 1978.

Monjan, A. ; Collector M.I. « Stress-induced modulation of the immune response », Science, 197, 1977.

Morin, E., « De la complexité à la boisson », in De l'Alcoolisme au bien boire, Tome I, Ouvrage collectif, Paris, L'Harmattan.

Morisette, L. ; Beltrami, E. ; Laurendeau, D. ; Crombez, J-C., « Métacommunication et communication paradoxale », Interprétation, Vol. 2, no. 4, oct.-déc. 1968.

Muslin, H.L, « On acquiring a Kidney », Am. J. Psychiatry., 127 : 9, 1971.

Oury, J., Notes et variations sur la psychothérapie institutionnelle, Paris, Recherches, no 2, 1966.

Pekela, R.J. ; Levine, R.L., « Mapping consciousness : development of an empirical-phenomenological approach », Imag., cogn., and Pers., 1(1), 1981.

Pilowsky, I., « The Concept of Abnormal Illness Behavior », Psychosomatics, Vol. 31, Number 2, Spring 1990.

Pribram, K. ; Goleman, D., « Holographic Memory », Psy. Today, 1979.

Rotter, J.B., « Generalized Expectancies for Internal versus External Control of Reinforcement », Psychological Monographs, 80, 609, 1966.

Schmale, A. H., « Giving Up Final Common Pathway to Changes in Health », Adv. Psychosom. Med., vol. 8 : Psychosocial Aspects of Physical Illness (Z.J. Lipowski, édit.), S. Karger, New York, vol. 8, 1972.

Schwartz, M. N., « Stress and the Common Cold », The New England Journal of Medicine, Aug. 29, 1991.

Sifnéos, P. E., « Reconsideration of psychodynamic mechanisms in psychosomatic symptoms-formation in view of recent clinical observations », Psychother. Psychosom., 24, 1974.

Sifnéos, P.E. ; Appel-Savitz, R. ; Frankel, F.H., « The Phenomenon of Alexithymia », Psychother. Psychosom., vol. 28, 1977.

Sigg, B., « Pratique psychanalytique et cadres institutionnels », Entrevues, no 4, Lyon, janvier 1983.

Solomon, G.F., « Stress and antibody response in rats », Int. Arch. Allergy Appl. Immunol., 35, 1969.

Stolorow, R. D., « The Unconscious and Unconscious Fantasy : An Intersubjective Developmental Perspective », Psychoanalytic Inquiry, 9, 1989.

Stone, D., « Les oncles d'Amérique » in « A corps et à cris », Autrement, Paris, no 43, octobre 1982.

Taleghani, M., « Travail Social : Pour une Théorie de l'Aide et des Solidarités », in « Séminaire sur le Droit à la Différence », Cahier de l'Arbresle, 9-10-12, Centre Thomas More, Eveu, France, 1978.

_____« Quelques règles d'épistémologie en Alcoologie », La Revue de l'Alcoolisme, Paris, Masson, no 29, 4, Oct.-Déc. 1983.

Tousignant, M., « La construction culturelle des émotions » in Regards anthropologiques en psychiatrie, Montréal, Éd. du GIRAME, 1987.

Vaillant, G.E., « Theoretical hierarchy of adaptative ego mechanisms », Archives of General Psychiatry, 24, 1971.

LIVRES

Alexander, F., Psychosomatic Medicine ; its principles and applications, Norton, 1950.

Ambrosi, J., L'analyse psycho-énergétique : la thérapie du mouvement essentiel, Paris, Retz, 1979.

Ancelin Schützenberger, A., Aïe, mes aïeux, Paris, EPI et La Méridienne, 1993.

Atlan, H., Entre le cristal et la fumée, Paris, Éd. du Seuil, Collection Points, 1979.

Auel, J. M., Clan of the cave bear, New York, Crown Publishers, 1980.

Aulagnier, P., La violence de l'interprétation, Paris, P.U.F., Collection « Le Fil rouge », 1975.

Bach, R., Jonathan Livingston le Goéland, Paris, Flammarion, 1973.

Balint M, Le médecin, son malade et la maladie, Paris, Payot, 1966.

Baudrillard, J., L'échange symbolique et la mort,Paris, NRF, Gallimard, 1976.

Beaudry, J. ; Pelletier, R. ; Van Gijseghem, H., Le Corps en Psychanalyse, Montréal. Méridien, Coll. Psychologie, 1992.

Benjamin, W., Illuminations. New York, Schoken Books, 1968.

Bergeret, J., La dépression et les états-limites, Paris, Payot, 1974.

Bibeau, G. ; Corin, E., Beyond Textuality : Asceticism and Violence in Anthropological Interpretation, Mouton de Gruyter, Berlin, 1995.

Bohm, D., La danse de l'esprit ou le sens déployé (Unfolding Meaning), St-Hilaire (Québec), Éd. Séveyrat-La Varenne, 1988.

Bollas C., The forces of destiny, New york, Free Association Books, 1991.

Boss, M., Introduction à la médecine psychosomatique, Paris, P.U.F., 1969.

Bougie, S., Les mémoires de mon corps, Montréal, Éd. Québec/Amérique, coll. Santé, 1989.

Bourbeau, L., Écoute ton corps, Ste-Marguerite (Québec), Éd. Etc, 1987.

Bourdieu P., Le sens pratique, Collection Le Sens Commun, Paris, Ed. de Minuit, 1980.

Bouvet, M., Oeuvres psychanalytiques, Payot, Paris, 2 vol., 1968.

Campbell, J., The Power of Myth with Bil Moyers, New York, Betty Sue Flowers Ed., Double Day, 1988.

Cannon, W.B., The wisdom of the body, New York, W.W. Simon, 1939 et W.W. Norton & Company, New York, 1963.

Capra, F., The Turning Point : Science, Politics and the Rising Culture, Toronto, Bantam Books, 1983.

Carroll, L., « De l'autre côté du miroir » in Œuvres, Robert Laffont, 1989.

Castoriadis, C., « La découverte de l'imagination », Libre, 78-3, Paris, Payot, Collection Petite Bibliothèque Payot, 340, 1978.

Changeux, J.-P., L'homme neuronal, Paris, Fayard, 1983.

Chertok, L., L'hypnose, Paris, Petite Bibliothèque Payot, 1965.

Chopra, D., La guérison ou « Quantum Healing », Montréal, Stanké, Parcours. 1990.

Clavreul, J., L'ordre médical, Paris, Ed. du Seuil, 1978.

Coleman, W. ; Perrin, P., Marylin Ferguson's Book of Pragmagic, New York, Pocket Books, 1990.

Crombez, J.-C., La Personne en Echo, cheminements dans la complexité, Beauport, M.N.H., 1998.

_____La Méthode en Echo, Beauport, M.N.H., à paraître (2003).

Cousins, N., La volonté de guérir, Paris, Le Seuil, 1980.

Dantzer R. L'illusion psychosomatique, Paris, Odile Jacob, 1990.

Debray, J.R., Le malade et son médecin, Paris, Flammarion, 1965.

Dejours, C. Le corps entre biologie et psychanalyse, Paris, Payot, 1986.

Deleuze, G. ; Guattari, F, Capitalisme et schizophrénie : l'Anti-Œdipe, Paris, Éditions de Minuit, 1972.

Diesing, P., Patterns of discovery in the social sciences. Aldine-Atherton. 1971.

Dufresne, J. ; Dumond, F. ; Martin, Y., Traité d'Anthropologie médicale, Québec, Presses de l'Université du Québec, 1985.

Duguay, R. ; Ellenberger H.F. et coll., Précis pratique de Psychiatrie, Deuxième édition, Québec, Edisem ; Paris, Maloine, 1984.

Dunbar F., Emotions and Bodily Changes, 1946.

Eberhardt, I., The Oblivion Seekers, London, Peter Owen, 1975.

Escande, J.-P., Mirages de la médecine, Paris, Grasset, 1979.

Fassin, D., Pouvoir et maladie en Afrique : Anthropologie sociale dans la banlieue de Dakar, Paris, P.U.F., 1992.

Ferguson, M., The Aquarian Conspiracy, Granada, 1982.

Freitag, M., Dialectique et Société, tome 2 : culture, pouvoir, contrôle ; les modes formels de reproduction de la société, Montréal, Éd. Saint-Martin, 1986.

Freud S., Further remarks on the neuro-psychoses of defense, 1896. S.E., Vol 3.

_____Essais de Psychanalyse, Paris, Petite Bibliothèque Payot, 1970.

_____Cinq psychanalyses, Paris, PUF, 1954.

_____Studies on Hysteria, 1893. Standard Edition, Vol. 2.

_____La vie sexuelle, Paris, P.U.F., 1969.

_____The neuro-psychoses of defense, 1894. S.E., Vol 3.

_____Psycho-Analysis, S.E., XX, 1926.

_____« Le Moi et le Soi » in Essais de Psychanalyse, Paris, Payot, 1951.

_____The Psychopathology of Everyday Life, S.E., vol. VI, 1901.

Garma A., Peptic Ulcer and Psychoanalysis, Baltimore, Williams and Wilkins, 1958.

Gendlin, E.T., Au centre de soi, Québec, Le Jour, 1982.

Gentis, R., Leçons du corps, Paris, Flammarion, 1980

Gerber, R., Vibrational Medicine : New Choices for Healing Ourselves, Santa Fe (New Mexico), Bear and Company, 1988.

Goleman, D., The Varieties of Meditative Experience, New York, Dutton, 1977.

Groddeck, Georg, Le Livre du Ça, Paris, NRF, Gallimard, 1973.

Grünberger, B., Le narcissisme, Paris, Payot, 1971.

Guir, J., Psychosomatique et cancer, Paris, Point Hors Ligne, 1983.

Guyotat, J. ; Fédida, P., Événements et psychopathologie, Lyon, Simep,1985.

Habermas, J., Theorie des kommunicativen Handelns, 2 vol., Frankfurt, Suhrkamp, 1981.

Hamann, A. et col., L'abandon corporel, Montréal, Stanké, 1993.

Herzlich, C., Santé et maladie, analyse d'une représentation sociale, Paris, Mouton, 1969.

Humbert, N., La douleur : un cri du corps et de l'âme, Neuchâtel (Suisse), Éd. Victor Attinger, 1989.

Jaccard, R., L'exil intérieur, PUF, Perspectives cliniques, 1975.

Janov, A., The Primal Scream, New York, Delta Book, 1970.

Kelleman, S., Living your Dying, New York, Random House,1974.

Kernberg, O., Les troubles limites de la personnalité, Toulouse, Privat, 1979.

Klein, M., Envie et gratitude et autres essais, 1957.

Kleinman, A., The Illness Narratives : Suffering, Healing, and the Human Condition, Basic Books Pub., 1987.

Kohut H., The Analysis of the Self, Intern, New York, Univ. Press, 1971.

Korschelt, E., Regeneration und Transplantation, Bornträger, 3 vol. 1927 et 1931.

Kübler Ross, E., La mort, dernière étape de la croissance, Montréal, Éd. Québec-Amérique, 1977.

Kuhn, T.S., La structure des révolutions scientifiques, Paris, Flammarion, 1972.

Labonté, M.-L., S'autoguérir... c'est possible, Montréal, Éd. Québec/ Amérique, 1986.

Laborit, H., L'inhibition de l'action, Paris, Masson, 1986 .

_____L'éloge de la fuite, Paris, Éd. Robert Lafond, 1976.

Lacan, J., The four fundamental Concepts in Psychoanalysis, New York, W.W. Norton, 1978.

_____Écrits. Le champ freudien, Paris, Éd. du Seuil, 1966.

_____La psychose paranoïaque dans ses rapports avec la personnalité, Le François, 1932.

Lafortune, M., Le psychologue pétrifié, Montréal, Louise Courteau éd., 1989.

Lakoff, G. ; Johnson, M., Metaphors We Live By, Chicago, University Chicago Press, 1980.

Lalonde P. ; Grünberg F., Psychiatrie clinique, Approche bio-psycho-sociale, Éd. Eska S.A.R.L., 2001.

Lapassade, G. La bio-énergie, Psychothèque, Paris, Éd. Universitaires, 1974.

Laplantine, F., Anthropologie de la maladie, Paris, Payot, 1986.

Loux, F., Pratiques et savoirs populaires, Le corps dans la société traditionnelle, Paris, Berger-.

Levrault, coll. Espace des Hommes, 1979.

Lowen, A., Pleasure : a creative approach to life, New York, Lancer Books, 1970.

_____The Betrayal of the Body, Collier Books, 1969.

_____La dépression nerveuse et le corps, Paris, Tchou, 1975.

_____La Bio-Énergie, Paris, Tchou, 1976.

_____Bioenergetics, New York, Coward, McCann and Geoghegan, 1975.

Luthe W. ; Schultz J.H., Autogenic Training, Medical Applications, New York, Grune & Stratton, 1969.

Malson, L., Les enfants sauvages, 10/18, Paris, Union Générale d'Éditions, 1964.

Mannteufel, P., Tales of a Naturalist, Moscou,Foreign Languages Publishing House.

Marty, P., Les mouvements individuels de vie et de mort, Paris, Payot, 1976.

_____Psychosomatique de l'adulte, paris, PUF, Collection Que sais-je, 1990.

Marty, P. ; De M'uzan, M., L'investigation psychosomatique, Paris, P.U.F., 1963.

Maser, J.D. ; Cloninger, C.R., Comorbidity of mood and anxiety disorder, Washington, American Psychiatric Press, 1990.

Mauss M., Les techniques du corps, Sociologie et Anthropologie, Quadrige, P.U.F.

McDougall, J., Plaidoyer pour une certaine anormalité, Paris, Gallimard, 1978.

_____Théâtres du corps, Paris, NRF, Ed. Gallimard, 1989.

Meehl, P.E., Clinical versus Statistical Prediction, Minneapolis, Minnesota University Press, 1954.

Molière, J.B., Le médecin malgré lui, Paris, Livre de poche, 1986.

Nathan, T., Le sperme du diable ; Éléments d'ethnopsychothérapie, Paris, P.U.F., 1988.

Needham, J., La science chinoise et l'Occident, Paris, Ed. du Seuil, Points. 1969.

Nillson, L., Le corps victorieux, Chêne, 1986.

Pagé, J.-C., Les fous crient au secours, préfacé par le Dr Camille Laurin. Montréal, Les Éditions du Jour, 1961.

Pandolfi, M., Itinerari delle emozioni : corpo e identità femminile nel Sannio campano, Milano, Francoangelli, 1991.

Pasini, W. ; Andreoli, A., Eros et Changement, Paris, Payot, 1981.

Perls, F. ; Hefferline, R.F. et al., Gestalt Therapy, New York, Delta Books, 1951.

Piéron, H., Vocabulaire de la Psychologie, Paris, PUF, 1963.

Pierrakos, J. C. , The Energy Field in Man and Nature, New York, Institute for Bioenergetic Analysis, 1971 .

Porot, A., Manuel alphabétique de psychiatrie, Paris, P.U.F., 1960.

Reeves, H., L'heure de s'énivrer, Paris, Éd. du Seuil, 1986.

Reich, W., L'analyse caractérielle, Paris, Payot, 1971.

Rosenbaum, C. P. ; Beebe III, J. E. , Psychiatric Treatment : Crisis/ Clinic/ Consultation, New York, McGraw-Hill Book Company, 1974.

Ruesch, J. ; Bateson, G., Communication : the social matrix of psychiatry, New York, W.W. Norton & Company, 1951.

Sabbagh, K., Le corps vivant, Carrère, 1985.

Sachs, O., L'homme qui prenait sa femme pour un chapeau,Seuil, 1988.

Saint-Exupery, A., Le Petit prince. Oeuvres complètes. Gallimard, 1999.

Schafer, R., Aspects of Internalisation, New-York, Int. Univ. Press, 1968.

Schultz, J.H. ; Luthe, W., Autogenic therapy, Methods, New York, Grune & Stratton, 1969.

Schur M., La mort dans la vie de Freud, Paris, Gallimard, 1975.

Selye, H., Stress sans détresse, Montréal, Éd. La Presse, 1974.

_____The Physiology and Pathology of Exposure to Stress, Acta, 1950.

_____Le stress de la vie, Paris, Gallimard, 1962.

Siegel, B., Love, Medicine and Miracles, New York, Harper and Row, 1986.

Simonton, C. S.M., Guérir envers et contre tous, Paris, E.P.I., 1982.

Simonton, O. C. ; Matthews-Simonton, S. ; Creighton, J. L., Getting Well Again, Toronto, Bantam Books, 1980.

Skynner A.C. R., Systems of Family and Marital Therapy, New York, Brunner Mazel, 1976.

Sontag, S., La maladie comme métaphore, Fiction & Cie, Paris, Éd. du Seuil, 1979.

Souria, J.-C., Ces maladies qu'on fabrique, La médecine gaspillée, Paris, Éd. du Seuil, 1977.

Spitz, R., De la naissance à la parole, Paris, PUF, 1971.

Stengers, I., D'une science à l'autre, Paris, Éd. du Seuil, 1987.

Szasz, T.S., Douleur et plaisir, Paris, Payot, 1986.

Taylor, C., Sources of the Self : the Making of Modern Identity, Harvard University Press, Cambridge, Massachussets, 1989.

Thouless R., From Anecdote to Experiment in Psychical Research, Londres, Routledge and Kegan Paul, 1972.

Weil, A., Health and Healing, Boston, Houghton Mifflin Company, 1985.

Winicott, D.W., Collected Papers. Through Pediatrics to Psychoanalysis, New York, Basic Books, 1958.

_____Jeu et réalité, Paris, Gallimard, 1975.

_____De la pédiatrie à la psychanalyse, Paris, Payot, 1969.

Wolf, S. ; Wolff, H.G., Human Gastric Fonction, New York, Oxford University Press, 1943.

Ziegler, J., Les vivants et la mort, collection Points, no 90, Paris, Éd. du Seuil, 1978.

.

AUTRES SOURCES

Académie de Médecine traditionnelle chinoise, Précis d'Acupuncture chinoise, Éditions en langue étrangère, Pékin, 1977.

Benigni, R., La vie est belle, film, Italie, 1997.

Bergman, I., Le septième sceau, film, Suède, 1956.

Crombez J.C., Étude de la fantasmatique au sujet de la greffe rénale, Montréal, Bibliothèque de l'Hôpital Notre-Dame, 1970.

Gaston, L., Efficacité d'une technique méditative et d'imagerie pour traiter le psoriasis, Montréal, thèse de doctorat présentée à la Faculté des Études supérieures de l'Université de Montréal, Août 1986.

« Livre de Job », 6 et 7 : La Bible de Jérusalem.

Ray, N., La fureur de vivre, film, USA, 1955.

Resnais, A., Mon oncle d'Amérique, film, France, 1980.

Précis d'Acupuncture chinoise, Pékin, Académie de Médecine traditionnelle chinoise, Édition en langue étrangère, 1977. .

Index

Table des matières

MEMBRE DE SCABRINI MEDIA

Québec, Canada
2003